Interkulturelle Arbeitswelten

Europäische Bibliothek interkultureller Studien
Band 11

Herausgegeben von Hans Nicklas

Jochen Dreher, Dr. rer. soc., studierte Soziologie, Philosophie und Politikwissenschaft an der Universität Konstanz und an der Rutgers University, New Jersey, USA.

Jochen Dreher

Interkulturelle Arbeitswelten

Produktion und Management bei Daimler Chrysler

Campus Verlag
Frankfurt/New York

Für Silvana und Salomon

Bibliografische Information der Deutschen Bibliothek
Die Deutsche Bibliothek verzeichnet diese Publikation in der Deutschen Nationalbibliografie.
Detaillierte bibliografische Daten sind im Internet über http://dnb.ddb.de abrufbar.
ISBN 3-593-37840-X

Umschlagmotiv: © DaimlerChrysler
Druck und Bindung: KM-Druck, Groß-Umstadt
Gedruckt auf säurefreiem und chlorfrei gebleichtem Papier.
Printed in Germany

Besuchen Sie uns im Internet: www.campus.de

»So what makes this, this environment unique, what makes the American German experience here unique is that we're very […], we're very ahead in the world of management and in the world of business. We're both on the leading edge when it comes to economies when it comes to business. So putting those two together (-) we're both on the leading edge but we're both very different. We have different approaches. The German approach is successful, the American approach is successful.«

Chrysler-Expatriate
über den Unternehmenszusammenschluß

»Wir sagen auch von einem Menschen, er sei uns durchsichtig. Aber es ist für diese Betrachtung wichtig, daß ein Mensch für einen andern ein völliges Rätsel sein kann. Das erfährt man, wenn man in ein Land mit gänzlich fremden Traditionen kommt; und zwar auch dann, wenn man die Sprache des Landes beherrscht. Man *versteht* die Menschen nicht (Und nicht darum, weil man nicht weiß, was sie zu sich selber sprechen). Wir können uns nicht in sie finden.«

Ludwig Wittgenstein,
Philosophische Untersuchungen

Inhalt

1. Interkulturelle Arbeitswelten bei DaimlerChrysler

Moderne Organisationen und insbesondere Wirtschaftsunternehmen zeichnen sich dadurch aus, daß die in ihnen vorzufindenden Arbeitszusammenhänge durch ein Aufeinandertreffen von Menschen unterschiedlichster kultureller Herkunft geprägt sind. Durch vergangene und aktuelle Migrationsprozesse – verstärkt durch Internationalisierungstendenzen von Wirtschaftskonzernen – sind nicht nur in Deutschland Arbeitswelten entstanden, deren Besonderheit darin besteht, daß sich Mitarbeiterinnen und Mitarbeiter dieser Organisationen begegnen, die sich nicht mehr nur aufgrund eines gemeinsamen kulturellen Hintergrundes vertraut sind. Vielmehr unterscheiden sich die Individuen gerade dadurch, daß sie vielfältigen National-, Regional- oder gar Unternehmenskulturen zugehören.

Was ist damit gemeint, wenn von der »Kultur« der in Organisationen tätigen Menschen die Rede ist, und was ist darunter zu verstehen, wenn eine Begegnung der Kulturen thematisiert wird? Welche Rolle spielt der Faktor »Kultur« für das Funktionieren von Wirtschaftsunternehmen? Wie können die Phänomene der »Interkulturalität« und der »interkulturellen Kommunikation« im Unternehmen näher beleuchtet werden? Mit diesen Fragen beschäftigt sich die vorliegende Studie, die im Automobilunternehmen DaimlerChrysler durchgeführt wurde. Aus sozialwissenschaftlicher Perspektive wird gezeigt, daß die Organisationszusammenhänge eines derartigen Weltkonzerns nicht ausschließlich mit der Vorstellung von ›harten‹ Machtstrukturen und ökonomischen Rationalitäten erklärt werden können, sondern daß auch ›weiche‹ Faktoren, wie die Kultur der in der Organisation beschäftigten Menschen, von entscheidender Bedeutung für die Funktionsweise eines Unternehmens sind. Die Analyse interkultureller Arbeitswelten bei DaimlerChrysler bringt zum Ausdruck, daß der kulturelle Hintergrund der Individuen keineswegs – sozusagen als ›Überbau‹-Phänomen – vernachlässigt werden darf, wenn es darum geht, Handlungsentscheidungen in spezifischen Arbeitszusammenhängen in den Unternehmen zu erklären. Darüber hinaus verdeutlicht der Ansatz dieser Untersuchung, im Gegensatz zu den Annahmen des *interkulturellen* bzw. *Diversity-Managements*, die nachhaltige Relevanz von kulturellen Unterschieden im Unternehmen und beschreibt die Schwierigkeiten, aber auch Chancen, die eine Idee der »Verschmelzung der Kulturen« mit sich bringt.

Hinsichtlich der Bedeutung des Faktors »Kultur« wurden zwei unterschiedliche interkulturelle Arbeitswelten im Automobilkonzern DaimlerChrysler kultur- und wissenssoziologisch analysiert: Zum einen wurden über Jahrzehnte hinweg ›gewachsene‹ interkulturelle Interaktionszusammenhänge in der Automobilfabrik des DaimlerChrysler-Werkes in Sindelfingen in Süddeutschland untersucht. Kontrastierend dazu wurde zum anderen die mit der Unternehmensfusion von Daimler und Chrysler im Jahre 1998 neu entstandene interkulturelle Arbeitswelt des internationalen Managements auf der Ebene des Gesamtkonzerns fokussiert.

Der Daimler-Benz-Konzern spielte insbesondere im Nachkriegsdeutschland eine zentrale Rolle hinsichtlich der wirtschaftlichen Entwicklung der Bundesrepublik. Aufgrund eines Arbeitskräftemangels kam es in den sechziger Jahren zur Anwerbung von Arbeitskräften in südeuropäischen Ländern wie Italien, Spanien, Portugal, der Türkei etc., ein Umstand, der zu international besetzten Arbeitswelten und der Herausbildung interkultureller Arbeitszusammenhänge vor allem in der Produktion führte. Mit der Fusion der beiden Automobilkonzerne Daimler-Benz und Chrysler im Mai 1998 wurde der mutmaßlich größte Industriezusammenschluß der internationalen Wirtschaftsgeschichte besiegelt und mit der Gründung der »Welt-AG« durch die Vorstandsvorsitzenden Jürgen Schrempp von Daimler-Benz und Bob Eaton von Chrysler ein Wirtschaftsimperium von globaler Ausdehnung geschaffen. Folge dieses außergewöhnlichen Unternehmenszusammenschlusses war eine Neustrukturierung des internationalen Managements des Gesamtkonzerns DaimlerChrysler. Auf dieser Hierarchieebene sollten nun Manager kooperieren, die einerseits unterschiedlichen – insbesondere deutschen und US-amerikanischen – Nationalkulturen entstammen und andererseits in außerordentlich verschiedenartigen Unternehmenskulturen sozialisiert wurden. Mit diesen beiden divergent gelagerten interkulturellen Arbeitszusammenhängen in ein und demselben Automobilkonzern befassen sich nachfolgende Ausführungen.

Theoretisch waren für die Untersuchung die zwei Perspektiven der ›Wahrnehmung‹ von und der ›Interaktion‹ zwischen Individuen in den entsprechenden Arbeitswelten von Interesse: Zum einen konzentrierte sich die Analyse auf die subjektive Wahrnehmung des einzelnen in den untersuchten Arbeitswelten, das heißt auf die kulturell geprägten individuellen Wahrnehmungs- und Deutungsmuster mit den besonderen Weltanschauungen und Weltbildern im spezifischen Kontext des Automobilunternehmens. Zum anderen wird die konkrete Begegnung der Individuen unterschiedlicher kultureller Herkunft, die interkulturelle Interaktion untersucht, um herauszufinden, welche Verhaltensformen und Handlungsentscheidungen der individuellen Mitarbeiter auf den Faktor »Kultur« zurückzuführen sind. Bei der Aufgliederung der Fokusse in die Bereiche der ›Wahrnehmung‹ und ›Interaktion‹ handelt es sich um einen theoretischen ›Kunstgriff‹, mit dem untersucht werden kann, welche kulturell geprägten Wahrnehmungsmuster auch im konkreten Handeln des Arbeitsalltags von den einzelnen verwendet, das heißt in Interaktionen umgesetzt werden. So kann beispielsweise die Identifikation der Mitarbeiter mit der Marke Mercedes auf der Wahrnehmungsebene so funktionieren, daß die einzelnen das Produkt als spezifisch *deutsche* kulturelle Errungenschaft empfinden, zu deren Entwicklung und Fertigung sie selbst beigetragen haben. In den Arbeitszusammenhängen wird diese Überzeugung dann relevant, wenn in der Kooperation – in der konkreten Interaktion – der Daimler-Mitarbeiter mit amerikanischen Expatriates[1] von Chrysler vom deutschen ›Kulturprodukt‹ Mercedes als Standard ausgegangen wird, wenn die Produkte des amerikanischen Partners Chrysler beurteilt werden.

Ausgehend von einem spezifisch wissenssoziologischen Standpunkt werden soziale Beziehungen, und somit interkulturelle Arbeitszusammenhänge, immer auf der Basis der Annahme eines ›Wechselspiels‹ von Individuum und Kollektiv durchleuchtet. Kollektive Zugehörigkeiten können in diesem Sinne beispielsweise über die Identifikation mit einer bestimmten Kultur oder einem Unternehmen festgelegt sein.

Die Rekonstruktion der ›Wahrnehmung‹ und ›Interaktion‹ in interkulturellen Arbeitswelten bei DaimlerChrysler erfolgte mit Hilfe von Methoden der qualitativen Sozialforschung, das heißt durch Fallanalysen und die Kontrastierung von Fällen. Die erzielten empirischen Erkenntnisse erheben deshalb keinen Anspruch auf Repräsentativität, beispielsweise bezüglich des gesamten DaimlerChrysler-Unternehmens. Sie wurden jedoch mit der Zielsetzung ermittelt, im Forschungsprozeß am Besonderen, am Einzelfall das Allgemeine sichtbar zu machen. So kann zum Beispiel das im Datenmaterial sich abzeichnende häufige Auftreten spezifischer sozialer Kategorien – wie der des »Nationalgefühls« oder der »Mentalität«, von denen die Informanten sprechen – aufgrund einer Kontrastierung der beiden Arbeitswelten Produktion und Management unbedingt zu Aussagen über eine verallgemeinerbare Relevanz dieser Konzepte führen.

---

1 Bei sogenannten »Expatriates« handelt es sich um Mitarbeiter, die von einem Mutter- oder Partnerkonzern für einen befristeten Zeitraum (in der Regel zwischen drei und fünf Jahren) in eine Auslandsniederlassung entsandt werden. Ein Arbeitsvertrag besteht dabei mit dem entsendenden Unternehmen (vgl. Dreher 2004: 85).

Die empirischen Ergebnisse weisen darauf hin, daß Differenzen zwischen den Mitarbeitern durch die ›Konstruktion‹ *kultureller* – das heißt nationaler, ethnischer, regionaler und Unternehmens- – Zugehörigkeiten geschaffen werden, die für die in den Arbeitswelten tätigen Individuen nach graduellen Unterschieden von Relevanz sind. Es ist mit entscheidend, ob sie italienischer, türkischer, portugiesischer, US-amerikanischer, deutscher etc. Herkunft sind und daß sie sich mit Daimler oder Chrysler und deren Marken identifizieren. Erkennbar wird, daß eine derart kulturspezifische Zugehörigkeit von den einzelnen nur bedingt überwunden wird, das heißt, daß es für sie nicht ohne weiteres möglich ist, sich vom Faktor »Kultur« zu distanzieren. Die in den Interaktionskontexten erzeugten kulturellen Kategorien manifestieren sich in den Wahrnehmungsmustern der Individuen und erzeugen über symbolische ›Kulturkonstruktionen‹ eine Wertsphäre, die für den einzelnen in den Arbeitszusammenhängen der Organisation handlungsleitend ist.

Die Arbeitswelt der Produktion

Eine Fülle von Produktionsbereichen, insbesondere in der Automobilbranche ist in Deutschland dadurch gekennzeichnet, daß eine Vielzahl der Arbeiter und Angestellten sehr verschiedene kulturelle Zugehörigkeiten aufweisen. Unterschiedlichste Nationalitäten, Ethnien und regionale Kulturen und dementsprechend eine Vielfalt an Sprachen und Dialekten finden sich dort versammelt; ›kulturelle Differenz‹ ist zu einem bestimmenden Merkmal dieser alltäglichen Arbeitszusammenhänge geworden. Dies wird offenkundig, wenn man sich etwa Arbeitsmilieus der Produktion der DaimlerChrysler-Automobilfabrik in Sindelfingen im Großraum Stuttgart vor Augen führt, in welcher ein wichtiger Teil der Datenerhebung durchgeführt wurde. Eine ethnographische Beschreibung einer interkulturellen Begegnung an einem Fließband der Sindelfinger Produktionsstätte soll dies exemplarisch veranschaulichen:[2]

Spuren des Fordismus sind auch im Mercedes-Werk Sindelfingen immer noch deutlich erkennbar. An einem Montage-Fließband für das Modell der C-Klasse werden Auto für Auto Airbag-Kabel angeschlossen, Lenkräder verschraubt, Dichtungen eingesetzt, Handschuhfächer montiert, wobei jeder von uns ganz bestimmte, einfache und schnell erlernbare Arbeitsgänge beherrschen und an jeder der Luxus-Karossen erneut durchführen muß. Auch für den Ferienarbeiter oder andere Beschäftigte ohne automobilspezifische Fachausbildung ist

2 Die an dieser Stelle präsentierte Ethnographie resultiert aus einem Einsatz als Ferienarbeiter bei DaimlerChrysler. Über viele Jahre hinweg war ich während der Schul- und Studienzeit als Ferienarbeiter an unterschiedlichen Arbeitsplätzen im Unternehmen tätig. Während der Ferienzeiten, wenn fest angestellte Mitarbeiter ihren Urlaub in Anspruch nehmen, sind Ferienarbeiter vor allem in der Produktion ein wichtiger Bestandteil der Arbeitsmilieus.

es möglich, sich derartige Handgriffe in kürzester Zeit anzueignen und dann in hoher Geschwindigkeit auszuführen. Diese routinisiert und individuell verlaufenden Arbeitsgänge werden eigentlich nur dann gestört, wenn ein für Großbritannien bestimmter »Rechtslenker« auftaucht oder eine C-Klasse mit Sonderwünschen montiert werden muß, da dann ungewohnte Arbeiten bewerkstelligt werden müssen.

Im ersten Moment wird man am entsprechenden Fließband auf die »babylonische Sprachverwirrung« aufmerksam, die am Arbeitsplatz vorherrscht. Arbeiterinnen und Arbeiter aus aller Herren Länder, die immer wieder gleichförmig verlaufende Montagearbeiten vollziehen, verursachen ein Stimmengewirr, das auf eine unglaubliche kulturelle Vielfalt schließen läßt: Schwäbisch in unterschiedlichsten Varianten, Türkisch, Serbokroatisch, Italienisch, Spanisch, Griechisch, Russisch und weitere, nur schwer identifizierbare Sprachen sind dort zu hören. Um mit der Monotonie der Bandarbeiten besser zurechtzukommen, wird am Arbeitsplatz ausgesprochen intensiv miteinander kommuniziert – um den Arbeitsalltag aufzulockern, werden entsprechend viele Späße miteinander und übereinander gemacht. Häufig haben diese Frotzeleien einen Bezug zur kulturellen Herkunft des Kollegen; Italiener werden beispielsweise mit »Pizza«, »Spaghetti«, »Fiat« oder »Ferrari« in Verbindung gebracht, Norddeutsche werden spöttisch als »Fischköpfe« bezeichnet. Zum milieuspezifischen Jargon am »Band 36« gehört ein Wortschatz, der aus einer Vielzahl von Schimpfwörtern aus den entsprechenden Sprachen besteht, die von allen Bandarbeitern gleichermaßen beherrscht werden – diese Ausdrücke sollen und können an dieser Stelle nicht genannt werden. Offensichtlich wird jedoch, daß man sich auf Schwäbisch als Grundlage der Verständigung geeinigt hat, wobei es sich um eine eigenartige Variante handelt, in welcher Verben manchmal nicht konjugiert werden und zahlreiche automobilspezifische Begriffe sowie häufig Worte anderer Sprachen auftauchen. Die Stimmung am Band ist ausgesprochen ausgelassen, man scherzt, singt und versucht sich bei Laune zu halten – nicht zuletzt werden die sich derart in Szene setzenden Arbeiter liebevoll als »Bandjodler« bezeichnet.

Aufgrund ihrer ›abweichenden‹ religiösen Gewohnheiten wird man weiterhin besonders auf die streng gläubigen Sunniten aus der Türkei aufmerksam, die auf Schweinefleisch und Alkohol verzichten und ihre Gebetszeiten strikt einhalten. In abgelegenen Bereichen in der Nähe des Fließbandes kann man Teppiche entdecken, die für die Gebetsrituale verwendet werden. Diese Kollegen sind es vor allen Dingen, die dem Ferienarbeiter aushelfen, der seine Arbeitsgänge noch nicht schnell genug beherrscht, wodurch das Fließband zum Ärger der Kollegen aufgrund irgendeiner Lichtschranke zum Stillstand gekommen ist.

Das dargestellte interkulturelle Arbeitsleben an diesem Montage-Band der C-Klasse ist durchaus der Regelfall und weist darauf hin, daß kulturelle Vielfalt an vielen Arbeitsplätzen prinzipiell mit dazugehört und auch für das Funktionieren des Automobilbetriebes eine Rolle spielt. Solche interkulturellen Arbeitszusammenhänge reflektieren einen spezifischen Ausschnitt einer nach dem Zweiten Weltkrieg durch Zuwanderung geprägten bundesdeutschen Gesellschaft.

Die Arbeitswelt des internationalen Managements

Eine divergent gelagerte Situation der Begegnung der Kulturen zeigt sich im selben Konzern im Rahmen eines völlig verschiedenen betrieblichen Zusammenhangs. Am 6. Mai 1998 wird die Verwirklichung einer der spektakulärsten Unternehmensfusionen der letzten Jahrzehnte verkündet (Appel/Hein 1998: 9ff.): Der deutsche Prestige-Automobilhersteller Daimler-Benz und der traditionsreiche US-amerikanische Automobilkonzern Chrysler geben ihren Zusammenschluß bekannt. »A Wedding Made in Heaven«, »Hochzeit im Himmel« wird die Vereinigung des Daimler-Benz-Konzerns mit dem neben Ford und General Motors zu den ›Big Three‹ zählenden US-amerikanischen Autohersteller Chrysler in den Diskursen des gehobenen Managements feierlich umschrieben. Eingefädelt und vorangetrieben wird das einzigartige Projekt insbesondere von den beiden bedeutendsten Repräsentanten von Daimler und Chrysler – Jürgen E. Schrempp und Robert J. Eaton. Sie folgen der Zielsetzung, eine auf dem globalen Markt konkurrenzfähige »Welt-AG« ins Leben zu rufen.

In der Startphase der DaimlerChrysler-Fusion ergeben sich auf der Ebene des internationalen Managements weitreichende Folgen: Zuvor in diesem Kontext kaum verbunden, begegnen sich nun Führungskräfte vor allem mit deutschen bzw. US-amerikanischen kulturellen Hintergründen. Interkulturelle Interaktionskontexte im Management von DaimlerChrysler sind mit dem Zusammenschluß neu entstanden; welche Spezifik diese aufweisen, soll im Rahmen der Studie analysiert werden.

Interkulturalität in der Automobilbranche

Die vorliegende Untersuchung geht davon aus, daß dem Faktor Interkulturalität nicht erst im Zuge der gegenwärtigen Internationalisierung[3] von Konzernen – insbesondere im Automobilsektor – eine zentrale Bedeutung für das erfolgreiche Funktionieren dieser Organisationen zukam, sondern daß interkulturelle Lebens- und Arbeitskontexte in Deutschland bereits vor Jahrzehnten, mit der Zuwanderung von Gastarbeitern aus diversen Mittelmeerländern besonders wichtig wurden. Interkulturalität stellte so betrachtet auch früher

3 Mit der Bezeichnung »Internationalisierung« werden hier im allgemeinen die über die Grenzen eines Landes hinausreichenden Aktivitäten von Unternehmen erfaßt. In diesem Zusammenhang wird unter »Globalisierung« eine spezifische Form und historische Etappe von Internationalisierung verstanden. Der Globalisierungsbegriff erlangte insbesondere in den neunziger Jahren seine Popularität und wurde vor allem von seiten der am Internationalisierungsgeschehen beteiligten Akteure zu ihrer Selbstbeschreibung verwendet (Pries 1999: 8, Fn. 2).

schon eine wichtige Komponente für die Leistungsfähigkeit deutscher Firmen dar. Seit Mitte der fünfziger Jahre kam es in der Bundesrepublik zu einer Anwerbung von ausländischen Arbeitskräften, um den Anforderungen des »Wiederaufbaus« gerecht werden zu können, aus dem schließlich das »Wirtschaftswunder« hervorging. Die deutsche Automobilbranche, die als Industriesektor für die Volkswirtschaft des Landes essentiell war und ist, benötigte zu dieser Zeit für ihre Produktionsstätten in hohem Maße ausländische Arbeiter (Molter 1990: 149ff.).[4] Eine wachstumsorientierte Wirtschafts- und Arbeitsmarktpolitik konnte den fehlenden Bedarf an Arbeitskräften nur durch gezielte Anwerbung von ausländischen Arbeitnehmern aus südeuropäischen und mediterranen Ländern – insbesondere Spanien, Portugal, Italien, Jugoslawien, Griechenland, Türkei – decken. Dementsprechend sahen sich die bundesdeutsche Gesellschaft und zuvorderst die Arbeitsmigranten rekrutierenden Unternehmen mit dem zum damaligen Zeitpunkt neuartigen sozialen Phänomen der Interkulturalität in spezifischen Sozial- und Arbeitsmilieus konfrontiert, das durch die massive Zuwanderung eine ganz neue Qualität erhielt.

In der Automobilbranche fanden sich internationale Teams nahezu ausschließlich in ›Blue Collar‹-Arbeitsbereichen. Interkulturell geprägte Arbeitsmilieus[5] entwickelten sich also vor allem in der Produktion, im Rohbau, in der Lackierung etc., wo die Unternehmen Personal einsetzten, das keine Fachqua-

---

4 Eine Arbeitsmigration größeren Ausmaßes nach Deutschland ist historisch keineswegs eine neuartige Erscheinung. Gegen Ende des 19. Jahrhunderts waren polnische und russische Wanderarbeiter in der Großlandwirtschaft der ostelbischen Junker beschäftigt, die aus wirtschaftlichen Interessen heraus die polnischen und russischen Landarbeiter gegenüber deutschen Arbeitern bevorzugten (Han 2000: 65; Weber 1988 [1894]). Die wirtschaftliche Entwicklung des Ruhrgebietes im 19. Jahrhundert ist ebenfalls entscheidend auf die nach 1869 einsetzende Masseneinwanderung von ca. 500.000 polnischen Arbeitern zurückzuführen, die aus Masuren und aus den Provinzen Westpreußen, Ostpreußen, Polen und Schlesien kamen (vgl. König 1985: 16-21). Neben den polnischen Einwanderern arbeiteten und lebten 1910 1,2 Mio. Ausländer im Deutschen Reich, von denen die Hälfte aus Österreich-Ungarn stammte (Heckmann 1992: 19). Das nationalsozialistische Regime hatte Millionen von »Fremdarbeitern« aus Polen zwangsrekrutiert, um sie in der Kriegswirtschaft einzusetzen; 1944 befanden sich etwa 7,8 Mio. ausländische Arbeitskräfte im Deutschen Reich: 5,8 Mio. Zivilarbeiter und knapp zwei Mio. Kriegsgefangene (vgl. Han 2000: 65).

5 Unter »Arbeitsmilieu« wird in Anlehnung an die Definition des Milieubegriffes von Aron Gurwitsch (1977: 86) die konkrete Arbeitsumgebung eines Menschen, die Gesamtheit dessen verstanden, was von ihm am entsprechenden Arbeitsplatz als auf ihn wirksam erlebt wird. Zum »Arbeitsmilieu« des Individuums gehören demzufolge die Arbeitskollegen mit ihrem jeweils spezifischen kulturellen Hintergrund und Wissen, Arbeitsvorrichtungen und Werkzeuge, Automobile, Fahrzeugteile, die Fabrikhalle, die Büroeinrichtung etc., aber auch Bilder, Fotos, die die Arbeitsumgebung zieren, und insbesondere auch die Kleidung, Frisur und Barttracht der einzelnen Kollegen. Insgesamt handelt es sich beim »Arbeitsmilieu« um die kleine symbolische Welt des jeweiligen Mitarbeiters mit ihren facettenreichen Bedeutungsgehalten, die es in den Analysen zu rekonstruieren gilt (vgl. auch Kap. 6.2.2. und 6.2.3.).

lifikationen benötigte. Die deutsche Automobilbranche ist somit seit Jahrzehnten – Schwankungen mit eingeschlossen – auf ausländische Arbeitskräfte angewiesen, durch letztere wurde Interkulturalität zum Bestandteil des Arbeitsalltags der Betriebe und eine Bedingung des erfolgreichen Funktionierens der Organisationen. Mit Beginn des exportorientierten »Wirtschaftswunders« und der erhöhten Arbeitskräftenachfrage kam es zu einer starken Zuwanderung in die Bundesrepublik (Münz et al. 1997: 36) und dadurch zu einer Dynamik der Bevölkerungsentwicklung, durch die die Sozialstruktur der deutschen Nachkriegsgesellschaft entscheidend mitbestimmt wurde.[6]

Transnationale Konzerne – interkulturelle Begegnungen

Aktuelle Bestrebungen von Wirtschaftsunternehmen insbesondere im Automobilsektor zielen darauf, eine zunehmende Internationalisierung der Konzerne zu erreichen, um weltweit konkurrenzfähig zu bleiben, wodurch die Frage der Interkulturalität von Arbeitszusammenhängen in multinationalen Unternehmen vermehrt in den Vordergrund tritt. Eine Vielzahl von Fusionen und Joint Ventures sind das Resultat dieses Umstrukturierungsprozesses, in welchem mit dem Ziel einer globalen Präsenz der internationalen Konzerne deren Überleben überhaupt gesichert werden soll.

Die weltweit mächtigsten Automobilkonzerne – General Motors, Ford, DaimlerChrysler, Toyota und Volkswagen – befinden sich in einer Entwicklung von multinationalen hin zu transnationalen Konzernen bzw. haben diese Entwicklung bereits vollzogen. Während multinationale Konzerne noch eindeutig durch ein Zentrum-Peripherie-Verhältnis gekennzeichnet sind, das heißt, daß sie zwar in mehreren Ländern aktiv sind, aber das Stammland bzw. der Sitz der Konzernmutter eine eindeutige Vorrangstellung innerhalb der hierarchischen Differenzierung zwischen den Konzernteilen einnimmt, so sind transnationale Konzerne ebenfalls mit Standorten in mehreren Ländern vertreten, verfügen jedoch über kein einheitliches Funktions- und Entscheidungs-

6 Von 1950 bis 1997 kamen ca. 28 Mio. Menschen als Arbeitsmigranten, Angehörige, Aussiedler, Asylbewerber oder als deutsche Staatsbürger aus dem Ausland nach Deutschland. Im gleichen Zeitraum verließen 20 Mio. Deutsche und Ausländer das Land, manche freiwillig, andere nach Ablauf ihrer Arbeitsgenehmigung oder nach Ablehnung des Asylantrags. Die größten Gruppierungen der ausländischen Wohnbevölkerung bildeten Ende 1997 die Türken mit ca. 2,1 Mio., Staatsangehörige der Bundesrepublik Jugoslawien (Serbien und Montenegro) mit ca. 720.000, Italiener mit 608.000, gefolgt von Griechen mit 360.000, Polen mit 283.000, Bosniern mit 281.000 (Beauftragte der Bundesregierung für Ausländerfragen 1998). Im Jahre 1996 erreichte die Zahl der ausländischen Bevölkerung mit 7,31 Mio. den höchsten Stand in der Geschichte der Bundesrepublik - das waren 8,9% der Gesamtbevölkerung (Münz et al. 1997: 14).

zentrum – global operierende Konzerne sind in diesem Sinne eher netzwerkartig organisiert (Pries 1999: 7-36; Dreher 2004: 85-87). Im Jahre 1964 waren weltweit 52 selbständige Automobilhersteller vertreten, heute sind es nur noch 16 – für das Jahr 2005 prognostizierte die *Wirtschaftswoche* im Jahre 1999 das Überleben von gerade noch fünf Konzernen (vgl. VDWF 1999).

Resultat dieser Entwicklungen im Rahmen von Globalisierungsprozessen sind wiederum spezifische, durch Interkulturalität geprägte Arbeitsmilieus. Diesmal handelt es sich jedoch nicht um die Arbeiter und Angestellten aus den Abteilungen der Automobilfabrik, sondern vornehmlich um den Bereich des internationalen Managements, in welchem nicht nur unterschiedliche Landes- oder Regional-, sondern auch »Unternehmenskulturen« aufeinandertreffen.

Zur Konstrastierung zweier interkultureller Arbeitswelten[7]

Das vorliegende Forschungsprojekt präsentiert die qualitativ-empirische, wissenssoziologisch orientierte Analyse des Faktors der Interkulturalität[8] und darüber hinaus der Funktionsweise der interkulturellen Kommunikation im Automobilunternehmen von DaimlerChrysler. Konzeptionell werden zwei in besonderer Weise durch Interkulturalität geprägte Arbeitswelten kontrastiert:[9] Zum einen werden über Jahrzehnte hinweg entstandene interkulturelle Zusammenhänge im DaimlerChrysler-Automobilwerk Sindelfingen fokussiert, zum anderen im Rahmen der Unternehmensfusion aktuell entstandene interkulturelle Interaktionsbeziehungen im Bereich des internationalen Managements. Die Untersuchung konzentriert sich auf die Fremd- und Selbstdefinitionen, die von den Mitarbeitern[10] für die soziale Konstruktion der kulturellen

7 Mit dem Begriff der »Arbeitswelt« soll in Anlehnung an das Konzept der »social world« von Anselm Strauss (Strauss 1993: 226f.; Clarke 1991: 119ff.) eine Organisationsform verstanden werden, die zum einen durch eine vom Unternehmen vorgegebene institutionelle Ordnung eingegrenzt und zum anderen jedoch kontinuierlich in konkreten Interaktionsprozessen – im vorliegenden Fall in den Prozessen der alltäglichen Zusammenarbeit – reproduziert bzw. immer wieder neu ausgehandelt (»negotiated«) wird.

8 Mit Interkulturalität werden diejenigen Interaktionszusammenhänge beschrieben, in welche Individuen unterschiedlicher kultureller Zugehörigkeit eingebunden sind. Dabei kann die kulturelle Differenz in der Selbst- und Fremdbeschreibung der Individuen über unterschiedliche materiale Bestimmungen wie Nationalität, Ethnizität, Region, Unternehmen etc. definiert werden.

9 Zum Verfahren der der Methodologie der Grounded Theory entlehnten Kontrastierung vgl. Anhang, Kap. 6.4.

10 An dieser Stelle sei erwähnt, daß die Verwendung der männlichen Substantivformen keineswegs weibliche exkludiert, sondern die weiblichen immer schon für die Formulierung mit einschließen soll. Für eine bessere Lesbarkeit des Textes wird auf die Erwähnung der weiblichen Formen verzichtet.

Differenz und dadurch auch der kulturellen Zugehörigkeit verwendet werden. Für die Analyse sind kulturell geprägte Wahrnehmungs- und Deutungsmuster von Interesse, die für die individuellen Mitarbeiter in den Interaktionssituationen des Arbeitsalltags wirksam sind. Ziel der Analyse ist herauszufinden, worin die Bedeutung des Faktors der Interkulturalität für das Unternehmen Daimler-Chrysler besteht und wie interkulturelle Kommunikationsprozesse innerhalb dieser Organisation typischerweise verlaufen.

Stand der Forschung

Die Sichtung des Forschungsstands bezüglich der im Rahmen des Projektes bearbeiteten Thematik ergibt, daß zu der gewählten Fragestellung kaum vergleichbare sozialwissenschaftliche Analysen vorliegen. Ein historischer Überblick über die Entwicklung der Migrationsforschung insgesamt belegt, daß es sich bei einem Großteil um »quantitative« Untersuchungen handelt, welche sozialstatistische Datenanalysen anwenden. Die jüngere Auseinandersetzung der Soziologie mit dem Phänomen der »Migration« läßt sich in drei Phasen aufteilen, in welchen unterschiedliche Aspekte dieser Thematik erforscht werden.

1) Im deutschsprachigen Raum erfolgt ab Ende der sechziger, Anfang der siebziger Jahre die Analyse des Problems der »Migration« im Zusammenhang mit der vorausgegangenen verstärkten Zuwanderung. Hier ist vor allem die klassische Analyse von Hans-Joachim Hoffmann-Nowotny (1970) hervorzuheben, die sich mit den sozial-strukturellen *Determinanten* von Migrationsbewegungen beschäftigt. Hoffmann-Nowotny versteht »Migration« als Ausgleich von strukturellen und anomischen Spannungen innerhalb und zwischen sozietalen Systemen. Dieser Studie folgen mit einer sowohl theoretischen als auch empirischen Analyse des »Fremdarbeiterproblems« in der Schweiz (Hoffmann-Nowotny 1973) und einer vergleichenden Untersuchung der Situation der »Ausländer in der Bundesrepublik Deutschland und in der Schweiz« (Hoffmann-Nowotny/Hondrich 1981) weitere Projekte im Bereich der quantitativen Sozialforschung, die sich der Analyse von Segregation, Integration, Wohnsituation, Einkommensverhältnissen, Organisationsgrad etc. von Ausländern widmen.

2) Im zweiten Stadium der Migrationsforschung stehen nicht mehr die einzelnen Determinanten der Migration im Vordergrund, sondern nun besonders die umfassende Lebenssituation der zugewanderten Menschen. Als klassische Untersuchungen sind die Arbeiten von Hartmut Esser zu »Arbeitsmigration und Integration« (1979) und »Wanderungssoziologie« (1980) zu nennen. Hier wird eine handlungstheoretische Analyse des Problembereichs vorgenommen

und nach Prozessen und Faktoren gefragt, aufgrund welcher der Migrant in der Lage ist, die zur Alltagsgestaltung in der Aufnahmegesellschaft erforderliche Routinisierung von Problemlösungen zu erlangen, sich in Rollenausübung und Statusbesetzung den Einheimischen anzugleichen und eine Identifikation mit der Aufnahmegesellschaft zu entwickeln (Esser 1980: 16).

3) Im dritten Stadium der Forschung zur Migration werden Gesellschaften betrachtet, in denen Migranten bereits über Generationen hinweg leben und zu ethnischen Minderheiten der Aufnahmegesellschaft geworden sind. Aktuelle Studien im Bereich der Migrationssoziologie konzentrieren sich verstärkt auf Themen wie Ethnizität, Konflikt, Nationalstaat und Globalisierung (vgl. Bade 1996). Dabei wählen die Forscher einen sowohl systematisch als auch fallspezifisch orientierten Zugang für die Bearbeitung ihrer Problemstellungen und beziehen sich auf Wanderungsphänomene, die in Verbindung mit dem Zusammenbruch sozialistischer Gesellschaftsstrukturen und neuen Staatsbildungen stehen.[11] Mit der Zuwanderung und Eingliederung von Migranten speziell im Raum Niedersachsen beschäftigt sich eine Reihe aktueller Analysen (Bade 1997), die auf Aspekte wie Migrations- und Eingliederungspolitik, Wirtschafts- und Sozialstrukturen, Lebenslagen und Lebensformen im Eingliederungsprozeß und die Begegnung von Einheimischen und Zugewanderten eingehen. Das Interesse anderer Untersuchungen gilt dem Wohlfahrtsstaat als Vermittlungsinstanz zwischen moderner Migration und Nationalstaatsbildung als ko-evolutive Phänomene der Moderne (Bommes/Halfmann 1998) und der Neuen Migration in Europa nach Beendigung des Kalten Krieges (Koser/Lutz 1998).[12]

---

11 In einem Sonderband der *Sozialen Welt* erfolgt die Auseinandersetzung mit dem Thema »Migration als transnationale Erscheinung«; die Beiträge befassen sich mit der Geschichte und Theorie internationaler Migration, mit der neuen Migrationsforschung in Nordamerika, der transnationalen Migration im neuen Europa und den politischen und sozialen Konsequenzen (Pries 1997). Dabei wird die These diskutiert, daß transnationale Migration am Ende des Jahrhunderts einhergeht mit der Entstehung neuer transnationaler sozialer Räume mit eigener Infrastruktur, politisch-rechtlichem Rahmen, sozialen Institutionen und geographischem Raum, weswegen der in den Sozialwissenschaften vorherrschende klassische Fokus auf Assimilation/Integration erweitert werden müsse.

12 Eine weitere, breit angelegte empirische Studie, die im sozialwissenschaftlichen Diskurs vertreten ist und die sich mit Migrationsfolgen auseinandersetzt, ist die Fundamentalismus-Analyse von Wilhelm Heitmeyer, Joachim Müller und Helmut Schröder, die die Lage türkischer Jugendlicher in Deutschland exploriert. Die Autoren gelangen in einer »modernisierungstheoretischen« Interpretation ihrer Ergebnisse zu der Erkenntnis, daß zunehmende soziale Komplexität und neue Desintegrationsbedrohungen solche klaren Orientierungen (zum Beispiel religiöse Gewißheiten) attraktiv machen, die eine »Integration« in einer zunehmend »desintegrierenden« Gesellschaft versprechen. Dieser Zusammenhang soll den islamischen Fundamentalismus bei türkischen Jugendlichen erklären (Heitmeyer et al. 1997).

Eine bedeutsame These innerhalb des sozialwissenschaftlichen Diskurses formuliert Esser in bezug auf das Problem ethnischer Differenzierung: Er wendet sich gegen die Annahme der traditionellen Theorie moderner Gesellschaften (Karl Marx, Max Weber, Talcott Parsons), daß in der Moderne ein Verschwinden der askriptiv bedingten und somit auch der ethnischen Differenzierungen stattfinde: Modernisierung, so Esser, bedeute eine Entwicklung eines Systems von ungleicher ökonomischer Differenzierung, wodurch bei Zunahme der gesellschaftlichen »Individualisierung« Klassenstrukturen ihre Bedeutung verlierten mit der Folge, daß sich eine gesellschaftliche Mobilisierung nicht nur entlang ökonomischer Linien, sondern auch entlang von Dimensionen wie Geschlecht, Alter, Ethnizität[13] etc. vollziehe (Esser 1988: 235-248; Esser 1996).

Die vorstehende Skizze zum Forschungsstand im Bereich der Migrationssoziologie veranschaulicht, daß es sich beim weitaus größten Teil der Studien um quantitative Analysen handelt, deren Methodologie einen tendenziell *objektivistischen* Zugang zu den Daten verfolgt – das heißt, daß Annahmen über die gesellschaftliche Realität vorab bereits den Zugang der Forschenden zu dieser Realität strukturieren und die Lebenssituation der Migranten quantifizierend in bezug auf vorher festgelegte Begriffe (wie beispielsweise »Integration«, »Assimilation« usw.) analysiert wird.

Anders dagegen der Ansatz von Untersuchungen qualitativer Provenienz: Eine entsprechende Studie über Adoleszenz und Migration wählt zum Beispiel als Vorgehensweise einen wissenssoziologischen, »praxeologisch fundierten« empirischen Zugang zu ihrem Forschungsfeld und hebt auf die Kultur- und Milieuanalyse und die Probleme der Migrationslagerung in unterschiedlichen Milieus von Jugendlichen ab (Bohnsack/Nohl 1998). Eine Verwandtschaft mit vorliegender Untersuchung weisen vor allem Beiträge aus anderen wissenschaftlichen Disziplinen auf: Eine vorwiegend aus Linguisten bestehende Gruppe untersucht konversationsanalytisch »nationale Selbst- und Fremdbilder« in Gesprächen und setzt sich mit kommunikativen Prozessen nach der Wiedervereinigung und dem Systemwandel in Ostmitteleuropa auseinander (Czyzewski 1995). Ausgesprochen elaboriert sowohl »biographisch« als auch »analytisch« in bezug auf ihre Aussagekraft sind die Ethnographien von Werner Schiffauer (1983, 1987, 1991) über türkische Migranten in Deutschland,

13 Bereits Max Weber definierte »Ethnizität« als geglaubte gemeinsame Abstammung; »ethnische Gruppen« stützen sich in Selbstabgrenzung auf diese »Abstammung« und in Prozessen der Gemeinschaftsbildung greifen sie auf Ressourcen geteilter moralischer Überzeugungen, auf gemeinsames kulturelles und soziales Kapital und gemeinsame Organisationen zurück (Weber 1980: 234ff.).

wobei die Forschungen auch in den Heimatdörfern der Untersuchungspersonen in der Türkei stattfanden.

In einem besonderen Zusammenhang zum vorliegenden Forschungsvorhaben steht eine im Rahmen einer Dissertation durchgeführte ethnologische Untersuchung über »deutsch-türkische Kommunikation« zwischen Arbeitern und Vorgesetzten in einem süddeutschen Industriebetrieb (Kartari 1997), die eine spezifische Ausprägung interkultureller Kommunikation in einer Organisation beschreibt. Diese Randgebieten der Migrationssoziologie zuzuordnenden Analysen mit qualitativer Ausrichtung bieten Anknüpfungspunkte für die vorliegende Studie. Ein Mangel an qualitativen soziologischen Untersuchungen, die aktuell gesellschaftliche Wirklichkeit über die subjektiven Erfahrungen und Perspektiven der Handelnden erschließen, wird jedoch deutlich.

Für den Bereich des internationalen Managements sind empirische sozialwissenschaftliche Forschungsarbeiten zum Thema Interkulturalität und interkulturelle Kommunikation ebenso Mangelware – beim weitaus größten Teil der Literatur mit einem solchen Fokus handelt es sich um Veröffentlichungen der Managementlehre, denen zumeist keine wissenschaftlichen Analysen zugrunde liegen (vgl. u.a. Jahnke 1996; Bolten 1999; Bergemann 2003). Die bekanntesten, in über 50 Ländern durchgeführten Untersuchungen zum »interkulturellen Handeln« und »globalen Management« wurden von Geert Hofstede unternommen, der quantitative Daten bezüglich der Relevanz von National- und Unternehmenskulturen und zu den Dimensionen »Machtdistanz«, »Kollektivismus gegenüber Individualismus«, »Feminität gegenüber Maskulinität« und »Unsicherheitsvermeidung« analysiert (Hofstede 1997c: XXII; vgl. auch Hofstede 1994, 1997a, 1997b). Methodologisch unterscheiden sich diese Analysen insoweit, als im Rahmen der vorliegenden qualitativen Studie die Daten nicht produziert werden auf der Basis eines feststehenden ›Begriffsrasters‹ von im vorhinein bestimmten Kategorien, deren Gültigkeit für den entsprechenden kulturellen Kontext nicht hinterfragt wird.

Bei der Literatur, die sich mit dem DaimlerChrysler-Unternehmen befaßt, handelt es sich nahezu ausschließlich um journalistische Darstellungen, die sich kritisch mit der Durchführung des Unternehmenszusammenschlusses auseinandersetzen (Appel/Hein 1998; Vlasic/Stertz 2000). Im Rampenlicht steht zumeist Jürgen Schrempp, dessen strategische Vorgehensweise bei der Verwirklichung des ›Merger‹ in Frage gestellt wird (Grässlin 1995; Waller 2000, 2001); die kritische Schrempp-Biographie des Sprechers der DaimlerChrysler-Kleinaktionäre (Grässlin 1998) vertritt eine ablehnende Position hinsichtlich des Wirkens des Vorstandsvorsitzenden. Aus diesen Monographien resultieren keine wissenschaftlichen Erkenntnisse; sie können lediglich herangezogen werden, um das Kontextwissen anzureichern.

Überblick über die Präsentation der Forschungen

In Kapitel 2. werden das Forschungsdesign und die Fragestellung der Studie präsentiert; darin wird das theoretische ›Rüstzeug‹ entworfen, das der Erfassung der Begriffe und Konzepte der »Kultur«, »Interkulturalität« und »interkulturelle Kommunikation« dient. Die beiden Kapitel 3. und 4. beinhalten die Darstellung der empirischen Erkenntnisse, entsprechend der zwei entworfenen analytischen Perspektiven ›Wahrnehmung‹ und ›Interaktion‹. Entsprechend der aus den Daten entwickelten zentralen Begriffe werden in diesen Kapiteln die Dateninterpretationen dargestellt. Die Entwicklung einer aus den Daten resultierenden, materialen Theorie der Interkulturalität bei DaimlerChrysler erfolgt im abschließenden Kapitel 5. Im Anhang (Kap. 6) wird die methodische und methodologische Konzeption des Forschungsprojekts erläutert.

2. Forschungsdesign: Zum Entwurf einer Theorie der Kultur in Organisationen

Das folgende theoretische Kapitel stellt das Forschungsdesign der Analyse dar und erläutert die Bedeutung des Faktors der Interkulturalität in Organisationen (2.1). Ausführlich werden die Begrifflichkeiten »Kultur«, »Interkulturalität« und »interkulturelle Kommunikation« geklärt, wobei insbesondere die wissenssoziologische Betrachtung dieser Phänomene in den Mittelpunkt gestellt wird (2.2). Daraufhin werden die beiden für die Forschungskonzeption theoretisch entwickelten Perspektiven der ›Wahrnehmung‹ und der ›Interaktion‹ abgeleitet (2.3) und schließlich die beiden für die Analyse fokussierten Arbeitswelten präsentiert (2.4).

2.1 Forschungsdesign

Im folgenden wird das theoretische Gerüst entwickelt, mit welchem Forschungsdesign und Fragestellung dieser empirischen Untersuchung begrifflich erfaßt werden. Die in diesem Rahmen diskutierten Begriffe dienen der Fokussierung der Forschungszusammenhänge und der Präzisierung der Fragestellung, fließen jedoch in die Grounded-Theory-Analyse sowie in die hermeneutische Interpretation der empirischen Daten nicht direkt ein – die theoretisch entwickelten Begriffe werden dementsprechend als ›Werkzeuge‹ für die Festlegung des Forschungsgegenstands verwendet.

Das ›Feld‹ bzw. die Daten sollen *für sich* sprechen, das heißt, die in den untersuchten interkulturellen Arbeitswelten Interagierenden, die *in ihren Worten* die Zusammenhänge der interkulturellen Kommunikation ›umreißen‹, werden als Quellen für eine aus den Daten entwickelte und in den Daten begründete Theorie herangezogen. Da die individuelle Perspektive des einzelnen Mitarbeiters und dessen spezifische Wahrnehmungsmuster zu beschreiben sind, muß die ›Sprache des Feldes‹ zur Geltung kommen. Auch die in der Analyse ausgearbeiteten sozialwissenschaftlichen Konzepte entstehen – und dies ist von besonderer Bedeutung – aus dem Datenmaterial heraus. Die nun zu präsentierenden theoretischen Vorannahmen werden dagegen hinsichtlich der Datenanalyse für einen Erkenntnisgewinn *aus den Daten heraus* zunächst ›eingeklammert‹, um zu vermeiden, daß das empirische Feld mit den vorgefaßten Begriffen des Forschers ›vermessen‹ wird (vgl. Kap. 6.2.1). Im Rahmen einer abschließenden Interpretation werden die empirischen Erkenntnisse mit dem theoretischen Gerüst konfrontiert, das heißt entweder bestätigt oder in Frage gestellt und dementsprechend für eine Theoriebildung verwendet (vgl. Kap. 5).

Kultur und Organisation

Die Verbindungen, die zwischen »Kultur« und »Organisation« bestehen, lassen sich auf vielfältige und ausgesprochen unterschiedliche Weise konstruieren. Für die vorliegende Analyse wird von einer bestimmten Perspektive ausgegangen, die im folgenden erläutert wird:

Jede bereits existierende Konzeption von »Kultur« bringt gemeinhin in ihrer jeweiligen Festlegung eine *komplementäre* Bestimmung von »Organisation« mit sich, woraus grundsätzlich eine thematische Fokussierung der entsprechenden Forschungsrichtung als Konsequenz folgt (Maeder 1995: 43ff.). Für die Konzipierung einer Forschungsstudie werden theoretische Vorentscheidungen getroffen, die nur selten explizit gemacht werden. Wenn von »Organisation« die Rede ist, so wird dieses soziale Gebilde vor allem als »Maschine« und als »Organismus« verstanden, Metaphern, die hauptsächlich in der Organisationstheorie verwendet werden (Zorzi 1999: 113). »Organisationen« sind demnach zweckorientierte Kooperationssysteme, die Menschen um bestimmter Ziele willen gründen, die im Alleingang schwieriger oder gar nicht realisierbar wären (Walter-Busch 1996: 1). Die Organisationstheorie konzentriert sich auf den entscheidenden Punkt der Herstellung von Ordnung – Metaphern der Ordnung bestimmen die theoretische Auseinandersetzung mit Organisationen: »organization is a function of the problem of order and orderliness; similarly, conceptualizations of social organization have been a function of the conceptualizations of the problem of order or orderliness« (Meadows 1967: 78). Die Funktionsweise der Organisation basiert im Sinne von Max Weber auf der bürokratischen Verwaltung, die er folgendermaßen kennzeichnet: »Herrschaft kraft Wissen: dies ist ihr spezifisch rationaler Grundcharakter« (Weber 1980 [1920]: 129).

Die gegenseitige Durchdringung von »Organisation« und »Kultur« kann in Anlehnung an Linda Smircich (1983) durch fünf Konzeptionen von »Kultur« beschrieben werden, die den Begriff der »Organisation« mit definieren und die die entsprechenden Disziplinen kennzeichnen, die den jeweiligen Kulturbegriff verwenden: So wird Kultur als Instrument zur Befriedigung biologischer und psychologischer Bedürfnisse verstanden (*Interkulturelles, vergleichendes Management*); im Rahmen dieser Position werden Organisationen als soziale Instrumente verstanden, in welche »Kultur« als externe Variable hineingetragen wird (1). Des weiteren wird Kultur als Adaptions- und Regulationsmechanismus definiert, der Individuen mit sozialen Strukturen vereinigt (Unternehmenskultur; *Corporate Culture*). Diese Perspektive faßt Kultur als interne Variable auf: Organisationen werden als kulturerzeugende soziale Instrumente definiert, die als Nebenprodukt eine bestimmte Kultur, Rituale, Legenden und Zeremonien produzieren (2). Eine weitere Forschungsrichtung versteht Kultur als System geteilter Wahrnehmungen und geteilten Wissens, das durch eine begrenzte Anzahl von Regeln generiert wird (*Organizational Cognition*). Inspiriert durch die *kognitive Anthropologie* (Goodenough 1971) richtet sich das Interesse darauf, wie geteiltes Wissen *organisiert* und wie Wissen zur Erzeugung von Organisation durch ihre Mitglieder verwendet wird (3). Darüber hinaus kann Kultur in Anlehnung an Clifford Geertz (1999) als System geteilter Symbole und Bedeutungen, die sich aus Interpretationen symbolischer Handlungen ergeben, begriffen werden (*Organizational Symbolism*). Dieser Haltung zufolge ist Kultur ein von vornherein öffentlich anerkanntes System von Symbolen und symbolischer Bedeutung, sie ist Bestandteil der Vorstellungswelt einer Gemeinschaft und muß nicht erst hergestellt werden (4). Schließlich wird Kultur als Projektion der universellen Infrastruktur des Unbewußten konzipiert, eine Perspektive, die maßgeblich auf den Strukturalismus von Claude Levi-Strauss (1993) zurückgeht. Formen und Praktiken in Organisationen werden hier als Projektionen eines kollektiv Unbewußten, also eines regelhaft geordneten, gemeinsam geteilten, jedoch impliziten Vorwissens angesehen (5) (vgl. Smircich 1983: 339-358; Zorzi 1999: 112-119). Die vorgestellten Positionen bieten eine vorläufige begriffliche Orientierung für die Beschreibung des Zusammenhangs von Organisation und Kultur. Ihre Kriterien sollen als Folie dienen, vor der die Ergebnisse schlußendlich beleuchtet werden.

Anknüpfend an die *wissenssoziologische* Theorie der Institution (vgl. Berger/ Luckmann 1991 [1966]: 49-98), stellen Organisationen gleichzeitig eine *überindividuelle*, intersubjektiv konstruierte Wirklichkeit dar. So betrachtet handelt es sich bei Organisationen einerseits um von Menschen hergestellte Handlungsprodukte, andererseits treten sie den Individuen als eine widerständige, objektive Wirklichkeit entgegen. Organisationen werden als soziale Gebilde durch soziale Handlungen fortlaufend in Prozessen der Interaktion und Kommunikation hergestellt, reproduziert und verändert (Zorzi 1999: 123f.). Entscheidend ist die *Reziprozität der Relevanzsysteme* der Mitglieder einer Organisation, eine Wechselseitigkeit, die sich in einer Übereinkunft über Lösungen für typische, reziprok typisierte Probleme ausdrückt. Diese Problemlösungen liegen in Form eines Rezeptwissens vor, das Verhaltensvorschriften, Regeln, aber auch sprachliche Kategorisierungen und Typisierungen von Handlungen innerhalb der Organisation umfaßt. Zu diesem primären »Horizont von Selbstverständlichkeiten« tritt eine institutionelle Ordnung, die durch typische Rollen in der Organisation repräsentiert, aber auch durch Legitimationen – beispielsweise von Arbeitshierarchien – erzeugt wird. Demgemäß sind Organisationen *Aktivitätssysteme*, die in kommunikativen Handlungen konstruiert werden und in denen Aspekte interaktiver Kooperation, situativer Aktivitäten und kontextueller Rationalität von zentraler Bedeutung sind (Knoblauch 1997: 7ff.).

Ein solches Verständnis von Organisation veranschaulicht die Bedeutsamkeit der Interaktionen – präziser gesagt der face-to-face-Interaktionen –, die keineswegs nur Teil der »informellen Beziehungen« zwischen den Arbeitenden sind, sondern zu den formalen Arbeitsaktivitäten gehören und wesentlich für deren Gelingen sind. »Interaktion erweist sich als bedeutendes Merkmal von Routineaktivitäten, und sie gewinnt noch mehr an Bedeutung, wenn Probleme auftreten, die den Einbezug der Mitarbeitenden erfordern« (Knoblauch 1996: 355). Im Rahmen der Forschungsarbeit interessiert nun, welche spezifische Relevanz dem Faktor »Kultur« in den unterschiedlichen Interaktionszusammenhängen der analysierten Arbeitsmilieus zukommt, wobei *individuelle* Mitarbeiter in einem interkulturellen Kontext zusammenarbeiten.

Interkulturalität, genauer gesagt das Phänomen des Aufeinandertreffens, der Konfrontation und des Arrangements von Kulturen in spezifischen Arbeitsmilieus, kann nur dann in ihrer Bedeutung für die Funktionsweise von Organisationen, die durch ihre individuellen Mitarbeiter konstituiert sind, untersucht werden, wenn sich der Fokus der Analyse auf die Individuen als ›Träger‹ der Kultur richtet. Im Sinne des »methodologischen Individualismus« Max Webers (Heine 1983) muß die sozialwissenschaftliche Erkenntnis des Kulturellen beim Individuellen beginnen: »weil [...] keine Erkenntnis von *Kultur*vorgängen anders denkbar ist, als auf der Grundlage der *Bedeutung*, welche die stets individuell geartete Wirklichkeit des Lebens in bestimmten einzelnen Beziehungen für uns hat« (Weber 1988 [1904]: 180; Hervorhebung im Original). In diesem Zusammenhang ist jedoch mit entscheidend, daß auch der Sozialwissenschaftler das Individuelle nicht unvoreingenommen wahrnimmt, sondern vom Standpunkt seiner Kultur; sowohl Subjekte als auch Objekte der Forschung zeichnen sich in dieser Perspektive dadurch aus, daß es sich bei beiden um Kulturmenschen handelt (Kurt 2002: 151).[14] Im folgenden wird

14 Die an dieser Stelle explizierten theoretischen Vorüberlegungen tragen zur Präzisierung der Forschungsfrage und der vorläufigen Formulierung von Begrifflichkeiten bei, mit denen die

eine eigene, die Analyse fundierende wissenssoziologische Konzeption zur Beschreibung der Zusammenhänge zwischen »Kultur«, »Interkulturalität« und »interkultureller Kommunikation« präsentiert.

2.2 Kultur – Interkulturalität – Interkulturelle Kommunikation

Die vorliegende Untersuchung konzentriert sich für die Analyse der Phänomene »Interkulturalität« und »interkulturelle Kommunikation« zum einen auf die gegenseitige *subjektive Wahrnehmung* von Individuen mit unterschiedlichem kulturellen Hintergrund in interkulturellen Arbeitsmilieus bzw. -welten, zum anderen wird die Ebene der *Interaktion und Kommunikation* fokussiert, um herauszufinden, ob und inwiefern sich Individuen aufgrund kultureller Zuschreibungen voneinander abgrenzen bzw. entsprechenden sozialen Gruppen anschließen. Beide Ebenen – die der subjektiven Wahrnehmung und jene der Interaktion – sind, so die Überlegung, eng ineinander verflochten, da anzunehmen ist, daß subjektiv festgelegte, kulturell bestimmte *soziale Deutungsmuster*[15] die Wahrnehmung des jeweils Anderen in Interaktionssituationen leiten und insofern auch das Handeln ihm gegenüber bestimmen. Umgekehrt ist außerdem davon auszugehen, daß sich kulturell geprägte Deutungsmuster in konkreten interkulturellen Interaktionssituationen bestätigen, umwandeln bzw. weiterentwickeln.

Im folgenden wird somit erläutert, was im Rahmen dieser Studie unter »Kultur« bzw. »Kulturen« zu verstehen ist, woraufhin die Phänomene der »Interkulturalität« und der »interkulturellen Interaktion« (bzw. »Kommunikation«) begrifflich erschlossen werden.

Fragestellung umrissen werden kann. Die auf der Grounded Theory basierende empirische Analyse der Arbeitswelten im Automobilunternehmen beinhaltet die eigentliche, aus den Daten resultierende Theoriebildung, mit welcher die begrifflichen theoretischen ›Werkzeuge‹ überprüft bzw. neu formuliert werden.

15 Unter »sozialen Deutungsmustern« wird in Anlehnung an Ulrich Oevermann das »Ensemble« von sozial kommunizierbaren Interpretationen der physikalischen und sozialen Umwelt verstanden. Diese umfassen im Sinne von Jürgen Habermas die das instrumentelle und kommunikative Handeln steuernden Regeln. Da nun *soziale Normen* und *Wertorientierungen* immer auch eine als begründet oder vernünftig geltende Deutung von physikalischen und sozialen Tatsachen implizieren und gerade ihre eigenen Geltungsgründe aus dieser Deutung beziehen, sind insbesondere auch diese dargestellten Faktizitäten Elemente von sozialen Deutungsmustern (Oevermann 2001: 5f.).

2.2.1 Inwiefern Kultur(en)? – Auseinandersetzungen mit dem Kulturbegriff

Wenn hier von »Kultur« die Rede ist, so wird darunter der unser Wahrnehmen, Deuten und Handeln umgebende, gemeinsam geteilte *Sinnhorizont* verstanden, der nicht nur in unseren Lebensäußerungen allgegenwärtig ist; er ist darüber hinaus der von uns allen »berücksichtigte, aufrechterhaltene und immer wieder hergestellte Ordnungszusammenhang, der das Geordnete und Sinnhafte vom bloß Zufälligen und Sinnlosen abgrenzt« (Soeffner 2000b: 168).[16] »›Kultur‹ ist ein vom Standpunkt des Menschen aus mit Sinn und Bedeutung bedachter Ausschnitt aus der sinnlosen Unendlichkeit des Weltgeschehens.« (Weber 1988: 180; zitiert nach Soeffner, ebd.). Aus diesem Blickwinkel sind wir alle bei unseren Wahrnehmungen, Orientierungen, Handlungen in »selbstgesponnene Bedeutungsgewebe verstrickt« (Geertz 1999 [1973]: 9), die als »Kultur« gefaßt werden können. Diese Vernetzungen scheinen uns einerseits Sicherheit zu gewähren, bergen jedoch andererseits Risiken in sich, insofern sie von Menschen selbst geschaffen sind und aus Konstruktionen gebildet wurden, die nur bis auf weiteres gültig sind. »Kultur« als jenes »selbstgesponnene Bedeutungsgewebe« bindet uns, obwohl es Ausdruck einer tendenziellen Freiheit gegenüber uns unmittelbar auferlegten Handlungszwängen ist (Soeffner 2000b: 168), das heißt, daß der Mensch in der Lage ist, prinzipiell von Handlungsvorgaben abzuweichen und neue Handlungslösungen zu entwickeln.

Dieser aus wissenssoziologischer Perspektive sehr weit gefaßte Kulturbegriff soll die Grundlage dafür bilden, das Phänomen der »Interkulturalität« zu erfassen, das sich aufgrund der Begegnung von sich unterscheidenden Kulturen ergibt. Unterkategorien des Kulturbegriffs – für welche der Plural von »Kultur« verwendet wird –, wie beispielsweise Landes-/Nationalkultur oder Unternehmenskultur, sollen mit dieser Begrifflichkeit umschrieben werden können. Ausgehend vom »allgemeinen Kulturbegriff« soll geklärt werden, wie kulturelle Differenzen zustande kommen und definiert werden. Als Annahme steht dabei im Hintergrund, daß Kategorien der kulturellen Ein- und Ausgrenzung in den entsprechenden Arbeitsmilieus kontinuierlich reproduziert bzw. neu konstruiert werden. Die empirische Analyse der Arbeitswelten im

16 Die Entstehung von gesellschaftlicher Ordnung beruht auf der fundamentalen Notwendigkeit des Menschen zur Herstellung von Kultur. Der Mensch als »Mängelwesen« ist aufgrund der Exzentrizität seiner Lebensform zur kontinuierlichen Kulturproduktion gezwungen. Die mangelnde Ausstattung und Angepaßtheit des Menschen – seine »Ergänzungsbedürftigkeit« – erfordern die Herstellung von kulturellen Produkten (beispielsweise Werkzeugen) und ›Kultur‹ im weiten Sinne. Helmuth Plessner umschreibt »Kultur« demgemäß als »zweite Natur« des Menschen (vgl. Plessner 1975: 309-311).

Automobilunternehmen dient gerade der Erörterung der Selbst- und Fremdzuordnungen der Individuen, die sich aufgrund der interkulturellen oder internationalen Zusammensetzung der Mitarbeiter ergeben. Im Gegensatz zum allgemeinen Begriff der Kultur werden »Kulturen« gemeinhin mit Kollektiven wie Nationen, Organisationen oder bestimmten Gemeinschaften in Verbindung gebracht.

In bezug auf die »Massenkultur« der westlichen Industrienationen erweist es sich jedoch als nicht sinnvoll, Einzelkulturen (Völker oder Nationen) als tragende Elemente einer multinationalen Kultur zu betrachten. Genausowenig soll von einer all diese Kulturen übergreifenden, historisch eingrenzbaren Allgemeinkultur ausgegangen werden. Die Kultur westlicher Industrienationen repräsentiert konkrete grenzüberschreitende Kulturmuster, Lebensgewohnheiten, Weltbilder, Lebensstile etc.; in ihr werden die Grenzen zwischen den konkreten Kulturen nicht mehr ausschließlich von den traditionellen Trägern – Völkern, Nationen, regional verwurzelten Gemeinschaften – beeinflußt, sondern immer mehr auch von neuen, übernationalen gesellschaftlichen Strukturen, die allen westlichen Industriegesellschaften gemeinsam sind (Soeffner 2000b: 160), wie beispielsweise die übernational geteilte Vorstellung universeller Menschenrechte.

Für eine Auseinandersetzung mit dem Phänomen der Interkulturalität und insbesondere der interkulturellen Kommunikation ist nun zum einen die Rekonstruktion der in den analysierten Arbeitsmilieus sich abzeichnenden – in Interaktionen konstruierten – National-, Regional- und Volkskulturzuordnungen unabdingbar, zum anderen gilt es zugleich, jene Formen der gesellschaftlichen Kulturaneignung, Selbstzuordnung und Selbstdefinition zu beachten, durch die sich *Individuen* neuartigen kulturellen Ausdrucksformen und damit den diese repräsentierenden »Träger«-Gruppen anschließen. »*Beide, die ›klassischen‹ Entwicklungslinien und die quer zu ihnen verlaufenden, sie durchsetzenden neuen Strukturen* müssen zum Beobachtungs- und Analysegegenstand werden. Nur auf diese Weise wird es gelingen, die neu entstandenen konkreten Kulturen, ihre Grenzen, Abgrenzungsmechanismen und schließlich die ihnen zugrunde liegenden gesellschaftlichen Bedingungen zu erfassen.« (Soeffner ebd.: 160f.; Hervorhebung im Original).

Aus einer solchen Perspektive kann das Phänomen der Interkulturalität in modernen, pluralistischen Arbeitsbereichen fokussiert werden: Es geht nicht nur darum, »klassische«, sich voneinander abgrenzende Landes-, National- und Regionalkulturen innerhalb der Arbeitsmilieus zu rekonstruieren, sondern auch neu entstandene Abgrenzungsformen zu erörtern, die nicht nur auf nationale oder ethnische Dimensionen zurückgreifen, sondern beispielsweise über die Identifikation mit Unternehmen oder Produkten etc. bestimmt werden. Das

Ziel dieser qualitativen Analyse besteht darin, die Mechanismen der kulturellen Ein- und Ausgrenzung in unterschiedlichen Arbeitsmilieus exemplarisch im multinationalen Unternehmen DaimlerChrysler zu rekonstruieren und in diesem Zusammenhang die Funktionsweise der interkulturellen Kommunikation innerhalb der Organisation und im allgemeinen zu ergründen.

Wissenssoziologie der »Kultur«

Inwiefern Individuen als ›Träger‹ von Kultur betrachtet werden können und wie der Zusammenhang zwischen Individuum und Kollektiv bzw. Individuum und Gesellschaft zu denken ist, soll an dieser Stelle anhand einiger Anleihen aus dem Bereich der Wissenssoziologie erörtert werden. Die theoretische Basis der Forschungsarbeit bilden wissenssoziologische, »sozialkonstruktivistische« Überlegungen zur dialektischen Beziehung von Individuum und Gesellschaft, die davon ausgehen, daß das Subjekt seine »Wirklichkeit« selbst hervorbringt bzw. konstruiert, und zwar zum einen auf der Grundlage von in der Sozialisation internalisiertem, gesellschaftlich bewährtem *Wissen*, das einen Bestandteil der *Lebenswelt* des Individuums bildet, und zum anderen in Abhängigkeit von spezifischen sozio-historischen Bedingungen.

Die subjektiven Sinnwelten der Individuen basieren hauptsächlich auf ihrem *Alltagswissen*, wobei dieses »Wissen« die Bedeutungs- und Sinnstruktur bildet, aufgrund welcher Individuen wahrnehmen, was sie für »wirklich« halten (Berger/Luckmann 1991 [1966]: 16). Über unsere unmittelbare und mittelbare Erfahrung haben wir uns für unseren alltäglichen Wissensvorrat eine Fülle von Typisierungen angeeignet, die als gesichert und gesellschaftlich bewährt gelten und die als integrierende Elemente unserer konkreten, historisch gewachsenen soziokulturellen »Lebenswelt« fungieren (Schütz 1971 [1939]: 172). Um gerade diese soziokulturelle Dimension der Lebenswelt verstehen zu können, erweist es sich als sinnvoll, dem anthropologisch begründeten Kulturbegriff von Alfred Schütz zu folgen, der die Konstruktion von Gesellschaft als eine kulturelle Leistung ansieht. Dementsprechend umfaßt Kultur sowohl die menschlichen Formen der »Naturbeherrschung«, die dabei sich einspielende Organisation als auch das Wissen (Ideen, Bedeutungen, Werte), das eine »Naturbeherrschung« des Menschen ermöglicht. Kultur in diesem Sinne ist nicht nur ein System überlieferter, in Symbole gekleideter Vorstellungen und Bedeutungen, wie in der anthropologischen Position von Clifford Geertz (1999 [1973]) proklamiert wird: Kultur kennzeichnet darüber hinaus die eng ineinander verschlungene Verknüpfung von Wissen und Handeln, von »kognitivem System« und »gesellschaftlicher Organisation«, die im kommunikativen Handeln ihren Ausdruck findet (Knoblauch 1995: 73).

Menschliche Gesellschaften stellen *geschichtliche* Formen der Organisation des Lebens dar, sind das Ergebnis vergangener Handlungen und prägen gegenwärtiges Handeln. Aus einer handlungstheoretischen Perspektive kann Gesellschaft als Gesamtstruktur von handlungssteuernden Institutionen und in diesem Sinne als von vornherein *sinnhaftes* Gebilde aufgefaßt werden. So betrachtet bestehen gesellschaftliche, »objektive« Sinnstrukturen aus den typischen Handlungsmotiven, Handlungsdeutungen und Legitimationen, die mit Institutionen verbunden und darin verankert sind. Obwohl »Sinn« eigentlich eine Kategorie der subjektiven Orientierung in der Welt ist, verfestigen sich im kommunikativen Handeln subjektive Bewußtseinsleistungen zu objektiven Sinnstrukturen. »Sozialstruktur und Kultur sind die zwei Seiten *einer* sinnhaften, geschichtlichen Wirklichkeit, die im menschlichen Handeln sowohl ihren Ursprung als auch ihren Bestand oder ihr Ende findet« (Luckmann 1989: 34). Kultur als gesellschaftliches Sinngebilde wird vom Handlungssubjekt hervorgebracht und objektiviert, während gleichzeitig der individuell Handelnde wiederum in kulturellen Sinnzusammenhängen sozialisiert wird. Das Individuum als Handlungssubjekt erweist sich deshalb als ›Träger‹ der Kultur und als die entscheidende Instanz, die Kultur prozeßhaft immer wieder neu hervorbringt und ›am Leben erhält‹.

In Anlehnung an die wissenssoziologischen Überlegungen von Schütz kann die Position vertreten werden, daß Kultur größtenteils in der Form von Wissen und Wissensbereichen festgelegt ist. Schütz geht davon aus, daß Wissen subjektiv konstituiert ist, in Erfahrungen erworben und typisiert wird und nach Relevanzen gegliedert ist (Schütz 1982 [1970]). Dabei ist von entscheidender Bedeutung, daß faktisch und empirisch der subjektive Wissensvorrat der meisten Individuen zum größten Teil aus *sozial abgeleitetem Wissen* besteht, das heißt sozial erworben ist und in der Erfahrung anderer gründet (Knoblauch 1995: 77). Dieses Wissen des Subjekts wurde durch andere kommuniziert, es wurde in der Sozialisation beispielsweise durch Eltern, Lehrer oder Freunde übermittelt – in diesem Sinne handelt es sich um aus dem *gesellschaftlichen Wissensvorrat* entnommenes Wissen. Das sozial abgeleitete Wissen ist somit – als Kultur – Teil der Lebenswelt des Subjekts: »Auch die Kultur – und sie vor allem – ist ein Bestandteil der uns selbstverständlich erscheinenden Lebenswelt« (Schütz, zit. nach Knoblauch, ebd.).

Kultur bezieht sich jedoch im Sinne von Schütz nicht ausschließlich auf das Wissen des Menschen, sondern umfaßt die »Formen des menschlichen Zusammenlebens, dessen Wesen und Wandlung« (Alfred Weber), aber auch die Prozesse selbst, in denen das Wissen sozial abgeleitet und vermittelt wird. Kulturell wird die Lebenswelt durch jene objektivierten »Ausdrucks- und Bedeutungsschemata«, die im kommunikativen Handeln verwendet werden, wobei jedes sozial erworbene Wissen Kommunikation voraussetzt. Der Argumentation von Knoblauch zufolge vertritt Schütz einen ausgeprägt ***kommunikativen Kulturbegriff*** und legt dieser Konzeption zufolge auch einen »weiten Kommunikationsbegriff« nahe: In kommunikativen Zusammenhängen werden objektivierte »Zivilisations-« oder »Kulturmuster des Gruppenlebens« ausgetauscht, wozu aus der Schütz'schen Perspektive alle besonderen Wertungen, Institutionen sowie Orientierungs- und Führungssysteme (zum Beispiel Volksweisen, Sitten, Gesetze, Gewohnheiten, Bräuche, soziale Umgangsformen) zu zählen sind, die jede soziale Gruppe zu jedem Augenblick ihrer Geschichte charakterisieren bzw. konstituieren. »Kultur besteht also nicht nur aus Wissen, sondern auch aus in kommunikativen Handlungen erzeugten Objektivierungen, die gewissermaßen eine Welt zwischen dem handelnden Subjekt und Alter Ego bilden« (Knoblauch 1995: 77). Für vorliegendes Projekt ist von Bedeutung, welche spezifischen, gemeinsam geteilten Wissensbestände für die Festlegung von »Kulturen« verwendet und welche kulturellen Objektivierungen in Kommunikationen erzeugt und übermittelt werden. Dabei interessiert insbesondere, wie diese Konstruktionen von »Kultur« in Prozessen der In- und Exklusion verwendet werden.

Identität als theoretisches Bindeglied zwischen Individuum und Gesellschaft

Um verdeutlichen zu können, wie kulturelle Zugehörigkeiten in Interaktionszusammenhängen in Prozessen der In- und Exklusion konstruiert werden, wird an dieser Stelle der Begriff der *Identität* eingeführt, der sozusagen als theoretisches Bindeglied zwischen Individuum und Gesellschaft fungiert. Die im Wissensvorrat abgelagerten Vorstellungen des »Fremden« und des »Eigenen« haben eine wichtige Bedeutung für die Herausbildung von *Identität*. In der Interaktion mit »significant others« definiert das Individuum sich selbst (in »Spiegelungsprozessen« innerhalb eines bestimmten Milieus) über diese Anderen fortwährend neu. Dadurch bildet sich eine prozeßhafte, ständig in Entwicklung begriffene *Identitätsformation* heraus (Mead 1967: 135ff.). In den Interaktionen zwischen Menschen unterschiedlicher Kulturen wirken die in diesen Prozessen sich konstituierenden Fremdtypisierungen und Fremddeutungen der Anderen auf das jeweilige *Selbst* des Interaktionspartners zurück. Das Selbst ist demnach »ein reflektiert-reflektierendes Gebilde, das die Einstellungen, die Andere ihm gegenüber haben und gehabt haben, spiegelt« (Berger/Luckmann 1991 [1966]: 142). Kulturelle Zugehörigkeiten, unabhängig davon, ob sie Bezug auf die klassischen, historisch festgelegten Unterscheidungskategorien »Nationalität«, »Volkszugehörigkeit«, »Ethnizität« etc. oder auf neu definierte, in diesem Projekt den Arbeitswelten und -milieus entsprechende kulturelle Kollektivzuordnungen nehmen, werden in diesen Spiegelungsprozessen produziert und reproduziert. Entscheidend ist, daß Identität immer *relational* und nicht *substantiell* gedacht, das heißt immer in der – konkreten bzw. imaginierten – »Begegnung« mit den »Fremden« gebildet wird.

Aus wissenssoziologischer Perspektive soll festgestellt werden, auf welche Bestände des gesellschaftlichen Wissensvorrats zugegriffen wird und welche *Selbst- und Fremdzuschreibungen* der Individuen die *Konstruktion sich voneinander abgrenzender bzw. miteinander verbindender kultureller Identität(en)* bestimmen.

Die Verwendung des Begriffes der Identität in diesem Zusammenhang wird mit der Unterscheidung von »persönlicher« und »partizipativer Identität« präzisiert. Diese beiden ineinander verschlungenen Formen der Identitätskonstruktion lassen sich in gewisser Weise als Kompensationen für die Problematik gesamtgesellschaftlicher Integration des Individuums begreifen. Bei »persönlicher Identität« handelt es sich um die biographisch festgelegte, subjektiv relevante Sinngestalt des sozialen Individuums, das seine persönliche Identität als einzigartige in der Abgrenzung von anderen Individuen definieren muß.

»Partizipative Identitätskonstruktionen«[17] stehen in einem engen Zusammenhang mit der Herausbildung von »persönlicher Identität«: Mit der Entstehung von »persönlicher Identität« im emphatischen Sinne als das, was nicht aufgeht in wirtschaftlichen, rechtlichen, politischen, beruflichen, religiösen, familiären usw. Funktionszusammenhängen, ergibt sich zugleich die Erfahrung von Entfremdung (Willems/Hahn 1999: 15-17), soweit sich widersprechende Identifizierungen miteinander vereinbart werden müssen. »Partizipative Identitätskonstruktionen«[18], wie Nationalität, Ethnizität, Geschlecht oder Religionszugehörigkeit, sind Selbstzuordnungen von Personen, wobei die Identifikation mit der ›unterstellten‹ Zugehörigkeit zu einem Kollektiv dadurch zustande kommt, daß gleichzeitig andere von dieser Zugehörigkeit – im Sinne

17 Dieser Begriff weist eine Verwandtschaft mit Erving Goffmans Begriff der »social identity« auf, mit dem eine individuell vereinzelnde Kombination von Zugehörigkeiten und die Synchronizität von Rolleneigenschaften charakterisiert werden soll (Goffman 1991 [1961]). Bezüglich der Konstruktion von »partizipativer Identität« ist jedoch von Bedeutung, daß mit »Partizipation« das Moment der kollektiven Identifikation – der Identifikation mit dem Kollektiv – und auch der Solidaritätsherstellung beschrieben werden kann (Willems/Hahn 1999).

18 Die Bezeichnung »partizipative Identität« erhält hier den Vorzug, da der Begriff »kollektive Identität« die Existenz eines Kollektivbewußtseins im Sinne Émile Durkheims impliziert, was insbesondere in bezug auf pluralistische Gesellschaften nicht sinnvoll erscheint. Die Vorstellung einer »kollektiven Identität«, so Peter L. Berger und Thomas Luckmann (1991: 185, Fn. 40), müsse fallengelassen werden, da dieser Begriff zu einer verdinglichenden Hypostasierung der Identität führen könne. Mit dem Konzept einer »partizipativen Identität« wird versucht, dieser Problematik zu entsprechen und eine angemessene Begrifflichkeit zu verwenden.

der von Niklas Luhmann beschriebenen Mechanismen der In- und Exklusion – ausgeschlossen werden: Jemand ist Portugiese und nicht Deutscher, Katholik und nicht Protestant. Während »partizipative Identität« ausschließlich auf sozialen Konstellationen basiert, sich über Beziehungen zu anderen definiert, bestimmt sich »persönliche Identität« durch die Beziehung des Individuums zu sich selbst und durch die im Laufe der Biographie erworbenen Eigenschaften und Erfahrungen – die natürlich auch sozial geprägt sind –, wobei es sich als einzigartiges von anderen Individuen abgrenzt. Die Selbstthematisierung anhand von »partizipativen Identitäten« erfolgt aufgrund einer Identifikation, die den Anspruch auf Zugehörigkeit geltend macht und gleichzeitig andere von dieser Zugehörigkeit ausschließt – somit sind In- und Exklusion Instrumente der Selbstbeschreibung. In diesem Zusammenhang ist »Identität« stets als Unterstellung bzw. Beschreibung zu verstehen (Hahn 2000: 13). Der Begriff der »partizipativen Identität« soll im Rahmen dieses Projektes eine Hilfestellung leisten, um die Vielschichtigkeit kultureller Zugehörigkeiten erfassen sowie plausibel erklären zu können, inwiefern Individuen aufgrund von Selbst- und Fremdzuschreibungen als ›Träger‹ der Kultur fungieren.

Die funktionale Festlegung von Kulturen

Wenn nun in Identitätsbildungsprozessen kulturelle Zugehörigkeiten festgelegt und definiert werden, so ist auch hier aus wissenssoziologischer Perspektive von Bedeutung, daß dabei »Kultur« – in den erwähnten Prozessen der Ein- und Ausgrenzung – insbesondere *funktional* bestimmt wird, wobei *substantielle* Konstruktionen von »Kultur« nicht unabhängig von funktionalen Bestimmungen möglich sind. Auch die funktionale Festlegung von »Kultur« hängt mit einer ›unterstellten‹ substantiellen Definition der Kultur zusammen.

Dieser Auffassung zufolge verweist die Bezeichnung »Kultur« als ein Abstraktum auf einen von einer Mehrzahl von Menschen geteilten Bestand an elementaren Definitionen von Wirklichkeit und Sinnhaftigkeit und an Umsetzungen solcher Definitionen in Regelwerke des Handelns und Entscheidens. Im Einzelfall der Aktualisierung dieser Definitionen über Selbst- und Fremdzuschreibungen werden bestimmte Kulturen abgegrenzt – jede Bestimmung von Kulturen erfolgt über die Ermittlung von Differenzen und ihrer Reichweite. In diesem Sinne kann von Kultur nur im Plural geredet werden. Darüber hinaus handelt es sich bei Kulturen um *diskursive* Tatbestände, sie sind keine Zustandsbeschreibungen, wieviel »Geronnenes« auch immer in solche Bestimmungen eingehen mag (Matthes 1992: 3).

Was jeweils als »zuständlich geronnen« begriffen wird und gilt, ist Inhalt und Gegenstand jener Abgrenzungs- und Verständigungsprozesse, innerhalb derer die Rede von Kulturen zur Geltung kommt. Das eigentlich nur sehr wenig Zuständliche, das *relational* über die Unterscheidung von Kulturen konstruiert wird, erfährt dann die Verwandlung in Zuständliches, wenn eine raum-zeitliche Fixierung der Differenzen von Kulturen an jene bestimmbaren »kulturellen« Gebilde – die durch Andersheit festgelegt sind – gekoppelt wird (vgl. Matthes 1992: 4). Aus der Grenzverwischung zwischen dem bezeichnenden Abstraktum *Kultur* einerseits und der Verwandlung dieser Bestimmungen in raum-zeitlich abgrenzbare Gesamtheiten von Kultur andererseits ergibt sich laut Joachim Matthes ein elementares Denkproblem der zeitgenössischen Sozialwissenschaften. Sein Anspruch besteht deshalb darin, die Bestimmung von Kulturen von ihrer geläufigen raum-zeitlichen Fixierung mit merkmalshaftigen Andersheiten zu befreien: Es geht darum, die Bestimmung von Kulturen als wechselseitigen Prozeß der Fremd- und Selbstbestimmung zu verstehen. Ziel ist ein Vergleichen in der Kultur*begegnung*, das heißt ein systematisch und methodisch betriebener, wissenschaftlicher Kultur*vergleich*. Bezüglich der Analyse von bzw. des Umgangs mit Kultur(en) stellt Matthes zwei Maximen des Kulturvergleichs auf, die als Richtlinien auch für die vorliegende Arbeit von Bedeutung sind:

Maxime 1: Die Rede von Kulturen soll »enträumlicht« und »entverzuständlicht« werden; Kulturen sollen nicht nur prozessual, sondern auch dimensional gedacht werden. Sie sollen nicht explizit oder implizit als Gebilde identifiziert und als »zeitlos« verstanden werden.

Maxime 2: Es geht darum, die Wechselseitigkeit in der Bestimmung von Kulturen zu verfolgen und zu rekonstruieren und theoretisch wie empirisch zur Geltung zu bringen, wie sich das »Eigene« und das »Andere« im Akt der Unterscheidung bildet. Dabei soll berücksichtigt werden, daß Vorgänge der Kulturbegegnung, der kulturellen Fremd- wie Selbstdefinition immer schon durchzogen sind von der wirklichkeitsstiftenden und wirklichkeitsverändernden Kraft vorangegangener Reflexion auf die eigene und die andere Kultur (Matthes 1992: 7-8).

In diesem Sinne werden im Rahmen der empirischen Analyse des Forschungsprojekts gerade jene kulturellen Zuordnungen rekonstruiert, die sich in Prozessen der In- und Exklusion in interkulturellen Arbeitswelten bei DaimlerChrysler abzeichnen, wobei davon ausgegangen wird, daß die Identifikation mit »Kulturen« in konkreten Interaktionen und Kommunikationssituationen der Arbeitswelten zwischen individuellen Mitarbeitern gebildet, definiert und objektiviert werden.

2.2.2 Interkulturalität – »zwischen den Kulturen«

Die Beschäftigung mit der Problematik der Interkulturalität erfolgt an dieser Stelle nicht in erster Linie aus wissenssoziologischer Perspektive, da diese thematische Fokussierung nicht im Zentrum der wissenssoziologischen Theorietradition steht. Deshalb werden zunächst poststrukturalistische Positionen erläutert, die sich intensiv mit dem theoretischen Terrain »zwischen den Kulturen« auseinandersetzen, um in einer Abgrenzung hiervon anschließend eigene wissenssoziologische Überlegungen formulieren zu können. Durch diese Vorgehensweise wird vor allem das Erklärungspotential des individualistischen Ansatzes verdeutlicht. Abschließend soll es dann darum gehen, die theoretischen Reflexionen zu Interkulturalität mit den empirischen Erkenntnissen der Studie abzugleichen (vgl. Kap. 5).

Kritik der Kulturanthropologie

Im Hinblick auf die Rekonstruktion der kulturellen Zuschreibungen und auf die Analyse des Aufeinandertreffens von Individuen unterschiedlicher kultureller Zugehörigkeit in spezifischen Arbeitswelten einer Organisation muß nun geklärt werden, was mit jenem Bereich der »Interkulturalität«, der Sphäre »zwischen den Kulturen«, gemeint ist und wie dieses »Zwischenreich« der Begegnung der Kulturen theoretisch expliziert werden kann. Clifford Geertz stellt in einer Auseinandersetzung mit dem Begriff der Kultur fest, daß vor gar nicht so langer Zeit – ›westlichen‹ Vorstellungen zufolge – »die Kultur« noch eine feste Form und klar zu bestimmende Konturen aufwies. Das als rational, historisch, fortschrittlich und fromm geltende Abendland wurde mit Hilfe dieses Kulturbegriffes vom Nicht-Abendland, das als abergläubisch, statisch, archaisch und magisch eingestuft wurde, abgegrenzt. Diese Unterscheidung konnte, wie Geertz argumentiert, nicht lange aufrechterhalten werden:

> »Später, als dies aus einer Vielzahl von ethischen, politischen und gedankenschwer wissenschaftlichen Gründen zu grob erschien und zu offen, entstand das Bedürfnis nach einer exakteren, anerkennenderen Darstellung der Welt anderswo, und der Begriff [der Kultur] verschob sich in Richtung auf die Form, die uns heute vertraut ist – Lebensweise eines Volkes. Inseln, Stämme, Gemeinschaften, Nationen, Zivilisationen, [...] am Ende auch Klassen, Regionen, ethnische Gruppen, Minderheiten, Jugendliche [...] hatten Kulturen: Arten und Weisen, wie man etwas tut, ausgeprägt und charakteristisch; jeder hatte eine für sich.« (Geertz 1997: 53)

Diese Vorstellung von »Kultur« wurde in den Humanwissenschaften bereits in demselben Augenblick attackiert, in dem sie artikuliert wurde. Wie kann eine Kohärenz von Lebensweisen oder das Ausmaß einer kulturellen Ganzheit –

einer Familie, eines Stammes, einer Gemeinschaft oder gar einer Nation oder Zivilisation – festgelegt werden? Zahlreiche Versuche widmeten sich der Bestimmung des »neuralgischen Punktes«, an welchem die eine Kultur anfängt und die andere aufhört:

»Es gab Fragen [...] im Hinblick auf die schiere Möglichkeit, daß jemand, ob von innen oder von außen, etwas so Gewaltiges wie eine ganze Lebensweise erfaßt und die Worte zu ihrer Beschreibung findet. Die Anthropologie – oder jedenfalls die Sorte, die Kulturen erforscht – geht ihren Weg unter dem Vorwurf der Belanglosigkeit, Befangenheit, Illusion und Undurchführbarkeit.« (Geertz, ebd.: 54)

Die Schwierigkeit, die sich ergibt, wenn der Begriff der Kultur in der Mehrzahl gebraucht und der Versuch unternommen wird, Kulturen als abgeschlossene Entitäten zu definieren, schließt die Verwendung des Begriffes im Singular, etwa im Sinne von Plessner, der »Kultur« als die »zweite Natur« des Menschen versteht, aus (Plessner 1975: 311ff.). Kulturen und Interkulturalität kann es nur geben, wenn sich Grenzen angeben lassen, an denen die eine Kultur aufhört und die andere anfängt. Eine solche Differenzierbarkeit von Kulturen erhält im topographischen Modell der Grenze ihre allegorische Zuschreibung. Wenn nun diese Grenze die Bedingung der Möglichkeit von Interkulturalität bildet, heißt dies nicht, daß interkulturelle Begegnungen an und auf dieser Grenze stattfinden.

»Die Begegnung zweier Kulturen findet vielmehr statt, wenn eine Kultur in das abgegrenzte Terrain der anderen einbricht. Interkulturalität setzt somit beides voraus: eine Grenze zwischen den Kulturen – und ihre Überschreitung.« (Rieger et al. 1999: 11)

Für eine präzise Auseinandersetzung mit dem Phänomen der Interkulturalität bzw. der interkulturellen Kommunikation soll nun zu klären versucht werden, was unter jenem »Zwischen« (»Inter«) zu verstehen ist. Wenn Interkulturalität die Überschreitung der zwischen zwei Kulturen gezogenen Grenze zur Voraussetzung hat, so kann das im Begriff implizierte »Zwischen« gerade nicht die ›Zwischenstellung‹ der Grenze selbst meinen. Genausowenig kann dieses andere »Zwischen« jedoch unabhängig von der Grenze gedacht werden.

Die Grenze selbst kann im Sinne des Kultursemiotikers Jurij Lotman als »Ort« der Begegnung zwischen dem »Fremden« und dem »Eigenen« gedacht werden. Im semiotischen Universum – in dem Bedeutung und dementsprechend auch Kultur hervorgebracht werden – nimmt die Grenze eine entscheidende Stellung ein, da sie es ist, die den Raum entwirft, ihn hierarchisch ordnet sowie Übersetzungs- und semiotische Prozesse auslöst. Dieser Argumentation zufolge wird die Grenze als ambivalent bestimmt, als trennend und verbindend zugleich; im Sinne von Lotman ist sie zweisprachig und der »Ort« der Übersetzung, das heißt, sie ist das »Zwischen«, in dem zwei abgegrenzte Räume aufeinandertreffen (Lotman 1990: 136f.). Für eine Beschreibung des Phänomens der Interkulturalität ist die hierarchische Ordnung des von der Grenze konstituierten Raumes von besonderer Relevanz, vor allem seine Aufteilung in Zentrum und Peripherie. Die »anerkennendere Darstellung der Welt anderswo«, von welcher Geertz spricht, kann nicht so verlaufen, daß alle Kulturen als gleichwertig eingestuft werden, da eine machtpolitische Differenzierung nach wie vor erkennbar ist. An die Stelle von Kultur und Natur resp. Unkultur tritt das weiterhin hierarchisierende Modell von Zentrum und Peripherie (Rieger et al. 1999: 12).

Lotman zufolge, mit dem die Geertz'sche Position strukturalistisch gewendet werden kann, ist nun das Zentrum streng organisiert, selbstregulativ und unflexibel, während die Peripherie von einer Spannung zwischen eigener semiotischer Praxis und auferlegten Normen geprägt sei, wodurch semiotische Prozesse hervorgebracht oder beschleunigt würden. Demgemäß beleuchtet er die kolonisatorischen Effekte einer »neuen« kulturellen Ordnung (Lotman 1990: 134). Es handelt sich also bei diesem »Zwischen« nicht um eine Grenze der Begegnung zweier gleichwertiger Kulturen, vielmehr wird durch den verbindenden Charakter der Grenze ein Austausch zwischen den Kulturen möglich, der die Form einer Kolonisierung annimmt. Im konkreten Forschungszusammenhang ist von Interesse, ob beispielsweise bestimmte Nationalkulturen das Zentrum besetzen und Machtansprüche gegenüber peripher eingestuften Kulturen erheben.[19]

So könnte man zunächst die Idee der »Grenze«, die im Begriff der Interkulturalität enthalten ist, zurückstellen und versuchen, das »Zwischen« als *inner*-kulturelles Zwischen zu bestimmen. Wenn davon ausgegangen wird, daß Interkulturalität die Überschreitung der zwischen den Kulturen gezogenen Grenze voraussetzt, dann muß der Ort der interkulturellen Begegnung *in jeder* der sich begegnenden »Kulturen« liegen. In seiner Kultur begegnet jemand dem Angehörigen einer anderen Kultur jedoch niemals unvorbereitet. Im Wissensvorrat der Individuen als ›Träger‹ der Kultur existiert bereits ein Bild des Fremden, das in die Wahrnehmung der Anderen mit einfließt. Die eigene Kultur bietet ein Inventar möglicher Bilder, auf die die Individuen in der Begegnung mit dem Fremden zurückgreifen und denen sie zumindest nicht entgehen können. Wenngleich solche Bilder des kulturellen Gedächtnisses die Art

19 Im Rahmen der vorliegenden empirischen Untersuchung wird der Versuch einer Diagnose des im Begriff der Interkulturalität, wie er hier theoretisch entwickelt wird, implizierten »Zwischen« unternommen. Die hier präsentierten semiotischen Überlegungen dienen der Entwicklung eines Begriffsgerüsts, mit welchem die empirische Analyse eingerahmt bzw. dargestellt werden kann, sie leiten die Untersuchung der interkulturellen Arbeitswelten jedoch nicht an.

und Weise präfigurieren, wie wir unsere Begegnung mit der anderen Kultur jeweils inszenieren, so determinieren sie die Begegnung doch nicht vollständig (Rieger et al. 1999: 14). Wissenssoziologisch gewendet können die als Wissensbestände abgelagerten, vorgefertigten Wahrnehmungsmuster, Stereotype des Fremden und über die Fremden in der Begegnung mit anderen Kulturen nicht einfach ignoriert werden. Aufgrund konkreter Erfahrungen mit der anderen Kultur, mit Angehörigen anderer Kulturen, kann das Verständnis des Fremden und des Anderen indes variieren und sich präzisieren.

Das Programm der Moderne kann in Anlehnung an Michel Foucault dahingehend charakterisiert werden, daß es den Menschen in seinen Leistungen differenziert, damit er aufgrund der Kriterien *Standard* und *Abweichung* kategorisiert werden kann – eine Differenzierung, die sich im Zuge eines imperialen Kolonialismus auch auf die Erfassung fremder Kulturen auswirkte. Daraus entwickelte sich als Effekt einer veränderten »Episteme« eine Vielfalt von Bezugnahmen und eine neue Wissenspolitik: Mit dem Fokus auf die »junge Erfindung des Menschen«, der als Subjekt und Objekt den Raum des Wissens neu organisiert, und vor allem in den Humanwissenschaften findet eine Beschäftigung mit den Empirizitäten des Arbeitens, des Lebens und des Sprechens statt, wie Foucault in seiner *Ordnung der Dinge* exemplifiziert (vgl. Foucault 1990). Um Vergleichbarkeiten zu schaffen, werden beispielsweise von der Ethnologie Daten über die *anderen* Kulturen erhoben, archiviert und systematisiert, wodurch koloniale Wissensräume erschlossen werden. Die Fremde wird umfassend examiniert, die fremde Kultur wird in einen nichts auslassenden Zusammenhang von Archivierung und Relationierung ›verwoben‹. Aus einer sowohl synchronen als auch diachronen Perspektive des Kulturvergleichs werden Phänomene als kulturell ausgewiesen und stehen dadurch allen nur möglichen Vergleichbarkeiten zur Verfügung. Einer solchen Argumentation entsprechend ist jenes »Zwischen« (den Kulturen), das »Inter« als besondere Form der Bezugnahme, immer schon der latente Ausgangspunkt kultureller Zuschreibungen und Relationierungen (vgl. Rieger et al. 1999: 15). »Kulturen« ohne Interkulturalität sind so gesehen nicht denkbar. Für die Möglichkeit einer Differenzierung von Kulturen ist diese Beziehbarkeit jenseits topographischer Festschreibungen in »Kultur« immer schon impliziert: Kulturelle Zuschreibungen erfolgen somit immer in Relation zu anderen und mit Bezugnahme auf andere Kulturen.

Anerkennung in der interkulturellen Begegnung

Interkulturelle Begegnungen sind somit notwendig Wiederholungen vergangener, auch kulturell überlieferter Begegnungen mit dem Anderen und Fremden, an die man sich erinnert, weil die von diesen früheren Begegnungen abgeleiteten Bilder bzw. aus den Erfahrungen resultierenden Wissensbestände zur Konstitution des durch den Anderen aktuell in Frage gestellten Eigenen gehören. »Der Andere nötigt mich so zur Identifizierung mit der eigenen Kultur, die die Muster seiner Identität als Fremder bereithält – und impliziert dabei immer auch ein Moment der Destabilisierung des Eigenen« (Rieger et al. 1999: 16). Alexander García Düttmann geht in seiner Definition des Begriffes der Kultur von einem unhintergehbaren kulturellen »Un-eins-sein« aus. So betrachtet kann Kultur nie einfach sie selber sein, sondern bedeutet immer *zwischen den Kulturen.* Nur wenn Kultur nie sie selbst, eine Einheit ist, kann es ein Anerkennen geben, und es geht dann immer in erster Linie um die Anerkennung[20] der anderen Kultur. In Kultur ist immer die Forderung nach Anerkennung enthalten (Düttmann 1997: 19). Dies schließt an die zuvor zitierten Auffassungen von Geertz an, der in seiner historischen Darstellung des Begriffes der Kultur den Übergang vom abendländischen Kulturmonopol zum heute gültigen Begriff der Kultur(en) erklärt, indem er auf ein »Bedürfnis nach einer exakteren, anerkennenderen Darstellung der Welt anderswo« verweist (Geertz 1997: 53). So betrachtet ist der uns vertraute Begriff der Kultur sowohl Folge als auch Voraussetzung von Interkulturalität: Heutzutage erscheint es nicht mehr plausibel oder sinnvoll, die Anderen als Barbaren abzuurteilen, insbesondere wenn man wirtschaftliche Beziehungen mit ihnen eingehen möchte – die Folge wäre ein Kulturbegriff, der Interkulturalität mit einschließt. Voraussetzung von Interkulturalität wäre er in dem Sinne, daß dieser neue Kulturbegriff die Anerkennung anderer Kulturen überhaupt erst ermöglichte. Dieser Argumentation folgend, könnte es sich als nützlich erweisen, in Anlehnung an Düttmann die Anerkennung des Anderen auf das »Un-eins-Sein« jeder Kultur, auf das ihr je eigene »Zwischen« zurückzuführen.

---

20 Der im Rahmen dieser Argumentation verwendete Begriff der »Anerkennung« wurde der idealistischen Philosophie Georg Wilhelm Friedrich Hegels entlehnt, für welchen »Anerkennung« das zentrale Moment im Übergang vom Naturzustand zur Gesellschaft und zum Staat darstellt: »Da wird der Mensch als *vernünftiges* Wesen, als *frei*, als Person anerkannt und behandelt; und der Einzelne seinerseits macht sich dieser Anerkennung dadurch würdig, daß er, mit Überwindung der Natürlichkeit seines Selbstbewußtseins, einem *Allgemeinen*, dem *an und für sich seienden Willen*, dem Gesetze gehorcht, also gegen andere sich auf eine *allgemeingültige* Weise benimmt, sie als das anerkennt, wofür er selber gelten will, – als frei, als Person.« (Hegel 1970 [1830]: 222, Hervorhebung im Original; Honneth 1992: 54ff.).

Den Anderen anerkennend, lasse ich ihn zuerst einmal so sein, wie er ist, indem ich ihm die gleichen Rechte zugestehe, die auch für mich selbst Gültigkeit haben. Auf diese Weise mache ich ihn mir gleich, indem ich ihn *als Menschen* anerkenne. Den Anderen anerkennend, lasse ich ihn jedoch auch genau so der sein, der sich von mir unterscheidet, etwa als ein Amerikaner, Buddhist oder türkisch Sprechender – in dieser Hinsicht grenze ich ihn also wiederum von mir ab. Demgemäß produziert Anerkennung Identität und Differenz zugleich (Rieger et al. 1999: 17). In der Erfahrung der Nichtidentität des Anderen – wenn diese Nichtidentität als *kulturelle Differenz* anerkannt wird – wird zunächst eine Identität im Zeichen gemeinsamen Menschseins gestiftet. Indem eine Differenzierung zwischen ihm und mir stattfindet, stifte ich erst die Identität des Anderen wie meine eigene und vereindeutige damit etwas, das niemals eindeutig war und auch nicht sein kann; hier wird gerade das »Un-eins-Sein« jeder unserer Kulturen unberücksichtigt gelassen, das im folgenden näher erläutert wird.

Es kann jedoch auch die Position vertreten werden, daß Kultur in sich immer schon »multikulturell« ist, und zwar nicht nur deswegen, weil es immer eine vorgängige Akkulturation gegeben hat und es keine »reine« Herkunft gibt, sondern vor allem deshalb, weil der Gestus der Kultur immer einer des Vermischens ist (Nancy 1993: 6). So gesehen wäre eine Anerkennung des kulturellen »Un-eins-Seins«, jenes »Zwischenbereichs« der Fall, wobei sich in einem jeweils eigenen »Zwischen« zwei Subjekte begegnen, die beide »un-eins« sind und bleiben. Hier stellt sich die Frage, ob nun Anerkennung nach dem Prinzip der Einheit und Vereinheitlichung vollzogen wird und ob überhaupt nur einheitliche, eindeutige kulturelle Zugehörigkeiten Bezugspunkt für die Anerkennung sind. Wird der Andere mit *einer* Kultur in Verbindung gebracht, so wird er als vermeintlich immer schon Bekannter identifiziert, seine in diesem Sinne vorausgesetzte Identität wird wiederholt und erinnert (Düttmann 1997: 144).

Die hier dargestellten theoretischen Reflektionen bieten unterschiedliche Möglichkeiten der Erfassung von *Inter*kulturalität und werden später mit den erzielten empirischen Erkenntnissen verglichen (vgl. Kap. 5.3).

Wissenssoziologische Überlegungen zu »Interkulturalität«

Eine andere Perspektive für die Bestimmung von Interkulturalität wird von Matthes eingenommen, der ebenfalls die verräumlichende Metaphorik des »Zwischen den Kulturen« verwendet. Zu seiner Formulierung gelangt er aufgrund der Annahme – wie bereits erwähnt wurde –, daß Kulturen immer *relational* in der Abgrenzung zu anderen Kulturen, durch den Kulturvergleich definiert und konstituiert werden. Die Bestimmung von Kulturen ist für ihn ein wechselseitiger Prozeß der Fremd- und Selbstbestimmung; im Kulturvergleich erfolgt eine immer tiefgründigere Auseinandersetzung mit dem Eigenen und dem Fremden, ein Vorgang, der stets zwischen beiden Polen verläuft und immer tiefer in die kulturellen Hinterbühnen der Wahrnehmung und Reflexion hineinführt (Matthes 1992: 5). Zwar versucht sich Matthes von einer verräumlichenden Vorstellung von Kultur zu lösen, er besteht aber dennoch darauf, jene Metapher des »Zwischen« zu verwenden. Dieser Ausdruck transportiere weiterhin die Vorstellung, es *gebe* so etwas wie *Kulturen* als raum-zeitlich abgrenzbare Gebilde, *jenseits* derer zwar keine abgesonderte, herausgehobene, aparte Ebene ihrer Betrachtung gewinnbar sei – *zwischen* den Kulturen könne man sich aber gleichwohl wie in einem *kulturellen* Vakuum betrachtend und reflektierend bewegen (vgl. ebd.).

Der »Zwischenbereich« der Begegnung der Kulturen kann mit dem Begriff der »Übersetzung« erfaßt werden, wobei damit nicht nur die Übersetzung von einer Sprache in die andere beschrieben wird, sondern auch die Übersetzung zwischen Sinnwelten, insbesondere im interkulturellen Vergleich. Mit dem Konzept der »reflexiven Nostrifizierung« kennzeichnet Ilja Srubar (2002: 323-330) die Problematik des Wissensaustauschs zwischen den Kulturen. Er basiert seine Argumentation auf Erkenntnisse aus der Translatologie, die sich mit dem Problem der doppelten Adäquanz – zum einen der lexikalischen Übereinstimmung beim sprachlichen Übersetzen und zum anderen der originalgetreuen Rekonstruktion der Sinnzusammenhänge der Originalsprache, die in neue »eingebettet« werden (»Entthronung des Ausgangstexts«) – konfrontiert sehe. Da im Übersetzungsprozeß immer nur eine vergleichende Selektion von Sinnelementen möglich sei und die fremde Sinnwelt nicht perfekt in die eigene übertragen werden könne, entstehe auf einer dritten Ebene ein kommunikatives Konstrukt in einer vergleichend-selektiven Rekonstruktion beider Sinnwelten – in einem Prozeß der »reflexiven Nostrifizierung«. Dieser »triangulare« Übersetzungsvorgang benötige, so Srubar, eine die Sprache transzendierende, lebensweltliche Fundierung, dem die Generalthesis des Alter ego zugrunde liege, und könne auf Prozesse des interkulturellen Verstehens übertragen werden. In diesem Sinne handelt es sich bei der dritten Ebene »zwischen den Kulturen« um den Bereich der »Übersetzung« als reflexive Aneignung des Anderen bzw. Fremden, um einen Bereich des annähernden Verstehens des kulturell Anderen.

Für die Analyse des Phänomens der Interkulturalität kann in Anlehnung an die philosophische Hermeneutik Hans-Georg Gadamers der theoretisch konstruierte Bereich »zwischen den Kulturen« als Ebene der »Interpretation« gekennzeichnet werden. Die Interpretation der Entäußerungen des Anderen – im spezifischen Falle des kulturell Anderen – ist ein stetiger Prozeß, der nie zu einem Ende kommt, wobei es zu einer »Verschmelzung der Horizonte« der an der Kommunikationssituation Beteiligen kommt (Gadamer 1990 [1960]: 311ff.). In bezug auf eine interkulturelle Kommunikationssituation stellen die Interpreten gemeinsame Kontexte her, wobei jeder einzelne einen Deutungshorizont entwirft, in dessen Rahmen die Interpretation funktioniert – in diesem Sinne findet eine »Verschmelzung« der »Interpretationshorizonte« statt. Der Prozeß des Verstehens zwischen Kulturen, über kulturelle Grenzen hinweg, gleicht so gesehen einer Übersetzung zwischen pragmatischen Kontexten – die Übersetzungsvorgänge selbst sind pragmatische Vorgänge. Sie führen zur »Horizontverschmelzung« nach der Logik des »Spiels« (Renn 1998: 150). Folgt man weiterhin den Überlegungen Gadamers, so ist eine »Horizontverschmelzung« im Rahmen des interkulturellen Verstehens eher denkbar als für das historische Verstehen, denn in der gegenwärtigen interkulturellen Begegnung kann der Interpretationsprozeß aktuell ständig fortschreiten, wodurch eine Annäherung der kulturell Anderen möglich wird. Das so geschaffene »Zwischenreich« zwischen den Kulturen besteht insofern aus den gemeinsam entworfenen Interpretationskontexten der Kommunizierenden unterschiedlicher kultureller Zugehörigkeit. Das Verstehen der anderen Kultur ist im Sinne Gadamers jedoch nicht vollständig, sondern nur prozeßhaft und annäherungsweise möglich. Man könnte es so formulieren, daß der kulturell geprägte Horizont eines Individuums niemals in dem des Anderen, von einer anderen Kultur geprägten Individuums vollständig aufgehen kann.

2.2.3 Interkulturelle Interaktionszusammenhänge – Interkulturelle Kommunikation

Wie erfolgt eine Vermittlung und Verständigung in interkulturellen Zusammenhängen, wie wird auf der Basis der Konstruiertheit kultureller Zugehörigkeiten und kultureller Wissensvorräte »zwischen« Menschen unterschiedlicher »kultureller« Zugehörigkeit kommuniziert? Wie erfolgt Kommunikation zwischen Individuen als ›Träger‹ der Kultur, die sich aufgrund kultureller Zuschreibungen voneinander abgrenzen? Nachdem eine Vorstellung bezüglich des Phänomens der Interkulturalität vermittelt und die notwendigen Begriffsklärungen vorgenommen wurden, steht nun das Problem der interkulturellen Kommunikation, des Austauschs und der Vermittlung zwischen den »Kulturen« bzw. zwischen Individuen unterschiedlicher kultureller Zugehörigkeit im Vordergrund.

Innerhalb der Soziologie wird die Tendenz zu einer verstärkten Auseinandersetzung mit *Kommunikation* erkennbar. Unabhängig davon, ob man wissenschaftliche Traditionen wie Systemtheorie, die Theorie des kommunikativen Handelns, die Praxistheorie Pierre Bourdieus, die Strukturierungstheorie Anthony Giddens', den Sozialkonstruktivismus oder Neuentwicklungen insbesondere der qualitativen empirischen Sozialforschung ins Auge faßt, werden trotz unterschiedlicher Begriffsverwendung und divergierenden Sprachgebrauchs Konvergenzen deutlich: So verschieden sich diese Ansätze auch darstellen, ihre Übereinstimmung wird darin augenscheinlich, daß die Eigenheit des Gesellschaftlichen in zunehmenden Maße durch *Kommunikation* definiert wird (Knoblauch 1995: 1). Für Watzlawick ist Kommunikation die »conditio sine qua non des menschlichen Lebens und gesellschaftlicher Ordnung« (Watzlawick et al. 1982: 13), Habermas entwirft seine Theorie des kommunikativen Handelns (Habermas 1981) und entdeckt im kommunikativen Handeln den Kern des nicht von ökonomischen, rechtlichen etc. Handlungslogiken geleiteten Sozialen. Jene radikale Verschiebung der soziologischen Fragestellung von der Handlungstheorie zur Theorie des kommunikativen Handelns kommt für Knoblauch dem »linguistic turn« der Philosophie gleich, und in diesem Sinne spreche Habermas auch von einem neuen *kommunikativen Paradigma* (Knoblauch 1995: 2f.).

Die für diese Arbeit im Zentrum der theoretischen Ausrichtung stehende phänomenologisch orientierte Soziologie kann jenem kommunikativen Paradigma zugeordnet werden und ist hier von Bedeutung, weil sie sich als interpretative Soziologie der qualitativen Forschung widmet. Aus wissenssoziologischer Perspektive wird stets nach der kommunikativen Vermittlung gesellschaftlichen Wissens gefragt. Während früher als ›klassisches‹ Thema der Wissenssoziologie unter anderem die Verteilung gesellschaftlichen Wissens fokussiert wurde, so wird heute vor allem das Bedingungsverhältnis von gesellschaftlichen Wissensformen und Sozialstruktur erörtert, wobei davon ausgegangen wird, daß dieses Verhältnis in der Kommunikation manifest wird. Vorgänge der Wissensproduktion und -vermittlung vollziehen sich so gesehen kommunikativ, und in der Kommunikation werden soziale Strukturen zugleich erzeugt und reproduziert. Eine solche Gesellschaftstheorie versteht sich im strengen Sinne als erfahrungswissenschaftlich, ihr Gegenstand sind nach wie vor Sinnzusammenhänge, doch legt sie, wie Knoblauch argumentiert, ihren Schwerpunkt auf Vorgänge, in denen Sinnzusammenhänge überhaupt erst objektiviert und vermittelt werden (ebd.: 5). Die Spezifik der Fragestellung der vorliegenden Studie konzentriert sich auf Kommunikation in interkulturellen Zusammenhängen innerhalb einer Organisation, auf Vorgänge der Wissensproduktion und -vermittlung in sozialen Welten und Milieus im Automobilunternehmen, in denen Individuen kulturell bedingt mit divergierenden – sich aber auch überschneidenden – Wissensvorräten aufeinandertreffen, in welchen die Kategorien der kulturellen Ein- und Ausgrenzung abgelagert sind.

In einem nächsten Schritt gilt es für die Analyse des Problems der interkulturellen Kommunikation die Beziehung von Kommunikation und Kultur zu klären. Dabei ergibt sich zum einen die Frage, ob es sich bei Kommunikation lediglich um ein der Kultur untergeordnetes Element handelt, und wenn dies der Fall sein sollte, ist dann Kommunikation nur einer der möglichen Wege der Verbindung von Kulturen? Oder stellt Kultur ein Subsystem des Kommunikationssystems und somit interkulturelle Kommunikation eine Art gegenseitiger Durchdringung von Systemen dar (Knoblauch 2001: 3)? Für den Umgang mit dem Problem der interkulturellen Kommunikation werden in Anknüpfung an Schütz und Hubert Knoblauch an dieser Stelle aus wissenssoziologischer Perspektive Begrifflichkeiten entwickelt. Beide gehen von der Annahme aus, daß die Lebenswelt des Individuums »kommunikativ« konstituiert ist. Im Sinne von Schütz wird die soziokulturelle Lebenswelt durch kommunikatives Handeln gebildet bzw. »konstruiert«; Knoblauch greift diese Überlegungen auf und versucht daraus ein Gerüst für die Analyse der interkulturellen Kommunikation zu erarbeiten.

Grundsätzlich unterscheidet Knoblauch in Anlehnung an Schütz' Beschreibung unterschiedlicher Sphären der Lebenswelt (vgl. Schütz 1984 [1956]; Dreher 2003) idealtypisch drei Ebenen interaktionaler kultureller Kontexte, welche kommunikativ konstruiert sind und in denen Kommunikationen verlaufen: er differenziert *unmittelbare*, *mittelbare* und *gesellschaftliche Kontexte* (Knoblauch 1995: 79ff.). Wenn nun, wie in der Bezeichnung »interkulturelle Kommunikation« schon impliziert wird, Kulturen im Sinne von Matthes mit der Verwendung »verräumlichender« Metaphern voneinander abgegrenzt werden, so soll mit den von Knoblauch postulierten »kulturellen Kontexten« gezeigt werden, wie Kommunikation *an sich* verläuft. Werden jene Kontexte mit in Betracht gezogen, so kann die Spezifik der Kommunikation zwischen den Kulturen erfaßt werden – insbesondere kann die Konstruiertheit sich voneinander abgrenzender Kulturen genauer erforscht werden.

»If, however, we conceive of culture as contexts, we can try to identify different aspects of intercultural communication and focus on different aspects of context which do not (as is currently termed) ›enter into‹ but constitute interaction. Without an *a priori* assumption of boundedness for culture which is ›interpenetrated‹ by intercultural communication, culture itself turns out to be constructed by communicative actions.« (Knoblauch 2001: 26, Hervorhebung im Original)

Die Ausgangsposition einer Dreiteilung »kultureller Kontexte« – als Ordnungen der kommunikativ konstruierten Lebenswelt –, die die Kommunikationsmodi *unmittelbar*, *mittelbar* und *gesellschaftlich* umfaßt, ermöglicht für Knoblauch ein Verständnis der Komplexität und Differenziertheit moderner interkultureller Kommunikation: »According to this view, *what is usually considered to be one culture turns out to be itself ›pluricultural‹, consisting of a myriad of different contexts*« (ebd.: 28; Hervorhebung im Original). Diese Überlegungen implizieren, daß Kulturen moderner Gesellschaften strukturell immer schon pluralistisch sind. Als Resultat ergibt sich in diesem Sinne, daß jene Phänomene, die bisher als »interkulturelle Kommunikation« bezeichnet wurden, ihrerseits selbst wiederum Kontexte innerhalb einer pluralistischen Kultur konstituieren.

Allerdings ist entgegen dieser Annahme davon auszugehen, daß gesellschaftlich objektivierte, über Kollektivsymbolik gefestigte kulturelle Kategorien – wie beispielsweise nationalkulturelle – für die Individuen einer Gesellschaft existieren, mit welchen in den unterschiedlichen kommunikativen Kontexten eine klare Trennung zur anderen, abweichenden Kultur konstruiert wird. Wenn es sich um historisch gewachsene, gefestigte kulturelle Zuschreibungen handelt, werden diese gerade für die Konstruktion der Einheitlichkeit verwendet; solche Kategorien schließen von Pluralität gekennzeichnete Phänomene aus.

Auf die grundlegende Problematik interkulturellen Verstehens, insbesondere in einer fremden Kultur zu verstehen, was die Menschen dort *tun*, macht Geertz aufmerksam. Er weist darauf hin, daß weniger die Unkenntnis dessen, wie das Erkennen der Menschen der jeweils anderen Kultur funktioniert, uns hindert, die Handlungen der Anderen zu verstehen, als vielmehr »ein Mangel an Vertrautheit mit der Vorstellungswelt, innerhalb derer ihre Handlungen Zeichen sind« (Geertz 1999 [1973]: 19f.). Diese Überlegung weist deutliche Spuren des ›späten‹ Wittgenstein auf, der von Geertz mit folgender Bemerkung zitiert wird:

> »Wir sagen auch von einem Menschen, er sei uns durchsichtig. Aber es ist für diese Betrachtung wichtig, daß ein Mensch für einen andern ein völliges Rätsel sein kann. Das erfährt man, wenn man in ein Land mit gänzlich fremden Traditionen kommt; und zwar auch dann, wenn man die Sprache des Landes beherrscht. Man *versteht* die Menschen nicht. (Und nicht darum, weil man nicht weiß, was sie zu sich selber sprechen.) Wir können uns nicht in sie finden.« (Wittgenstein 1995 [1953]: 568, Hervorhebung im Original)

Wittgenstein weist hier auf die grundlegenden Dilemmas eines symmetrischen, wechselseitigen Verstehens des Anderen hin, die sich aufgrund der Eigenständigkeit der Lebensform einer Kultur ergeben.

Sprachwissenschaftliche Überlegungen zur interkulturellen Kommunikation

Eine Perspektive der Analyse der interkulturellen Kommunikation konzentriert sich auf soziolinguistische Aspekte dieses Phänomens. Sprachwissenschaftliche Positionen gehen davon aus, daß uns als Mitglieder einer »Kultur« mit dem soziokulturellen Wissen bestimmte Interaktionskonventionen vermittelt werden, die uns jedoch nicht vollständig bewußt sind. Erfolgt eine Kommunikation mit Angehörigen einer anderen Kultur, so werden diese Interaktionskonventionen von uns in zweierlei Hinsicht verwendet: Zum einen dienen sie der Konstruktion interaktiver Handlungen, zum anderen der Interpretation der Äußerungen unserer Gesprächspartner. Eine der von John Gumperz vertretenen Hauptthesen besagt, daß Schwierigkeiten in interkulturellen Gesprächssituationen aufgrund von Unterschieden im soziokulturellen Wissen, in der Informationsstrukturierung und in der Handhabung und Interpretation konversationeller (verbaler und nonverbaler) Signale entstehen. Werden konversationelle Konventionen nicht geteilt, so haben die Interagierenden Probleme, gemeinsame Aktivitäten auszuhandeln und die Äußerungen des Gegenübers adäquat zu interpretieren – als Resultate entstehen häufig Fehlinterpretationen, Verunsicherungen und Irritationen. So wird von Gumperz (1979) im Rahmen des »Cross-Talk«-Projekts nachgewiesen, daß ethnische Minderheiten aufgrund ihrer Sprechstile und -konventionen nicht selten erfolglos kommunizieren. Selbst wenn alle an der Gesprächssituation Beteiligten sich der kulturellen Eigenheiten der jeweils anderen bewußt sind, können Mißverständnisse aufgrund der Verwendung unterschiedlicher kommunikativer Codes zu stereotypen Zuschreibungen und zur Diskriminierung ethnischer Minderheiten führen (Günthner 1993: 14).

Während Gumperz mit der Analyse authentischer Gesprächssituationen zeigt, wie Identitäten ausgehandelt, wie Bedeutung hergestellt und wie Mißverständnisse durch die Verwendung unterschiedlicher kommunikativer Stile auf der Mikroebene des Gesprächs produziert werden, kann Frederik Barth auf der Basis von ethnographischen und sozial-psychologischen Beschreibungen mit seiner »Theorie der ethnischen Grenzen« auf der Makro-Ebene verdeutlichen, daß bestimmte kulturelle Merkmale (wie Sprechstile) von den Interagierenden als »Signale und Embleme von Unterschieden benutzt, andere aber ignoriert werden« (Barth 1969: 14ff.). In Anlehnung an die ethnographische Arbeit von Frederick Erickson und Jeffrey Shultz (1982) beschreibt Susanne Günthner Analysen der interkulturellen Kommunikation, die zeigen, daß kulturspezifische Kommunikationskonventionen zu Gesprächsstörungen führen können, den Interagierenden jedoch stets Reparaturmechanismen zur Verfügung stehen, um mögliche kommunikative Fehlschläge zu korrigieren. Darüber hinaus wird deutlich, daß in interkulturellen Kommunikationssituationen die Kulturzugehörigkeit nicht immer die einzig relevante Identitätskategorie darstellt, sondern durchaus andere Identitätsfaktoren, wie gleiche Geschlechtszugehörigkeit, gleicher Heimatort, gleiche Sportinteressen etc., in den Vordergrund treten und dadurch ethnische Differenzen im Kommunikationsverhalten sekundär werden lassen (Günthner 1993: 15). An dieser Stelle zeigt sich wiederum, wie Individuen für die Herausbildung ihrer persönlichen Identität »partizipativ« auf kollektiv vorhandene Wissensbestände zurückgreifen (Hahn 2000: 13ff.).

Kulturelle Zugehörigkeit wird somit zu einer aushandelbaren Größe, die von den Interagierenden zu verschiedenen Zwecken aktiviert (bzw. de-aktiviert) werden kann. Dies soll jedoch nicht heißen, daß in interkulturellen Kommunikationssituationen keine Mißverständnisse oder Irritationen entstehen können. Falls es den Beteiligten gelingt, gemeinsame Identitäten (comembership) zu aktivieren, ist die Chance groß, daß weniger Kommunikationsstörungen auftreten bzw. diese weniger gravierende Auswirkungen haben (Erickson/Shultz 1982: 184f., zitiert in Günthner 1993: 15). Mit der genannten Analyse läßt sich zeigen, daß die Grenzen der Verständigung, die Auswirkungen der Aktivierung kultureller Identitäten und die Toleranz für interaktive Unbestimmtheit und Kommunikationsstörungen stark abhängig sind von der individuellen Bereitschaft, sich auf interkulturelle Situationen einzulassen, sowie von der sozio-ökonomischen Stellung der Interagierenden.

Nun stellt sich die zentrale Frage, *wie* der Faktor »Kultur« in der Kommunikationssituation selbst zum Tragen kommt, das heißt mit welchen Strategien die Interaktionspartner die Kommunikationssituation zu einer Begegnung verschiedener Kulturen machen. Dabei ist von Interesse, wie kulturelle Differenzen interaktiv konstruiert werden und wann und wie Kulturzugehörigkeit als Identitätskategorie in interkulturellen Milieus und Gesprächen überhaupt relevant wird. In diesem Zusammenhang verdeutlicht Günthner, daß Kultur, kulturelle Gewohnheiten und Differenzen keine vom Interaktionsprozeß losgelöste Entitäten repräsentieren, sondern wesentliche Bestandteile der Interaktion sind. Zugleich ist jedoch hervorzuheben, daß kulturelle Zugehörigkeit – wie bereits erwähnt wurde – lediglich eine mögliche »partizipative« Identitätskategorie darstellt, die die Interagierenden als Ressource aktualisieren können (Günthner 1993: 16). In Kommunikationssituationen können so verfügbare Identitätsressourcen, wie Ethnizität, Nationalität, Regionalität, bestimmte Rollen etc. aktiviert, übergangen bzw. gegeneinander ausgespielt werden.

Kultur wird in einer solchen Perspektive nicht als ein dem Interaktionsprozeß von vornherein ›auferlegtes‹ Etwas, sondern als integraler Bestandteil jeder menschlichen Interaktion verstanden. In Interaktionen werden kulturelle

Normen, Werte und Relevanzen bestätigt, perpetuiert und verändert. Kultur im Sinne von Günthner ist somit ein Teil des Interpretationsprozesses und beeinflußt die Interferenzen, die in konkreten Kommunikationssituationen entstehen. Kultur reicht in die Kommunikationsmuster hinein und ist somit als Teil der Interaktionsstrategien, Diskursstile, Wissens- und Interpretationsschemata zu erfassen. Folglich ist für die Erforschung interkultureller Kommunikation eine detaillierte Beschreibung und Analyse derjenigen kommunikativen Umstände vonnöten, unter denen verschiedene kulturelle Systeme zusammentreffen bzw. kulturelle Zugehörigkeit bzw. Differenzen (de-)aktiviert werden (Günthner 1993: 21-23).[21]

2.3 Analytische Perspektiven: ›Wahrnehmung‹ und ›Interaktion‹

Konzipierung des Forschungsprojekts – die Perspektiven

Das vorliegende qualitativ-empirische Projekt ist in seiner theoretischen Ausrichtung – wie bereits expliziert wurde – im Bereich der wissenssoziologisch orientierten, verstehenden Soziologie angesiedelt. Die Fragestellungen dieser Studie, die sich auf die Wahrnehmung und Interaktion im Alltag von Individuen in interkulturellen Arbeitsmilieus beziehen und auf die Deutungsschemata der Beteiligten konzentrieren, können sinnvoll nur mit interpretativen Verfahren untersucht werden. Insofern das nachfolgend zu strukturierende Forschungsvorhaben zum einen die Analyse der gegenseitigen, subjektiven Wahrnehmung in interkulturellen Interaktionsprozessen und zum anderen die Interaktionsmuster zwischen Individuen unterschiedlicher kultureller Herkunft zum Gegenstand hat, ist die Anwendung von Methoden der qualitativen Sozialforschung unabdingbar (vgl. zur methodischen Vorgehensweise, Kap. 6).

Die Studie verfolgt die Zielsetzung einer *wissenssoziologischen Analyse* der gegenseitigen Wahrnehmung von Menschen unterschiedlicher, durch Selbst- und Fremdbestimmung festgelegter kultureller Zugehörigkeit und der zwischen ihnen sich vollziehenden interkulturellen Interaktion und Kommunikation in Arbeitswelten: Es sollen also »Deutungsschemata« und »Wahrnehmungsstrukturen«[22] freigelegt werden, die jeweils in den Interaktionen der Individuen

21 Die hier erwähnten soziolinguistischen Überlegungen zur interkulturellen Kommunikation dienen der vorliegenden soziologischen Untersuchung lediglich als Orientierung, wobei eine dezidiert linguistische Analyse hier nicht angestrebt wird.

22 Unter »Deutungsschemata« werden in Anlehnung an Alfred Schütz jene Ordnungen der Wahrnehmung verstanden, die mit Hilfe von gemeinsam geteilten Vorstellungen und Ideen

der sich voneinander abgrenzenden kulturellen Gruppierungen zum Ausdruck kommen. Entsprechend vollzieht sich die Untersuchung in zwei Schritten:

1) Die Analyse bezieht sich auf die *subjektive*, durch historische, sprachliche und kulturelle Muster strukturierte *Wahrnehmung* der jeweiligen Anderen, also der Individuen unterschiedlicher kultureller Zugehörigkeit innerhalb einer sozialen Gruppe. Im Unterschied zu zahlreichen Untersuchungen im Bereich der Migrationssoziologie, die sich beispielsweise mit objektiven Lebensbedingungen von Migranten in Einwanderungsgesellschaften befassen, steht bei dieser Studie die Analyse der ›subjektiven Sinnwelten‹ – Vorstellungen, Überzeugungen, Sichtweisen – von Individuen im Vordergrund, die gemeinsam in einem bestimmten interkulturellen Milieu leben bzw. arbeiten.

2) Die *Interaktionsprozesse* in den entsprechenden interkulturellen Arbeitmilieus werden dahingehend untersucht, welche spezifischen interaktiven Muster entstehen, wenn unterschiedliche »Vorräte« an handlungsleitendem Wissen aufgrund unterschiedlicher kultureller Zugehörigkeit die aufeinander bezogenen Handlungen der Interagierenden leiten.

Ziel der Studie ist eine Rekonstruktion der »Wirklichkeitskonstruktionen« der Individuen im Sinne einer verstehenden Soziologie. Dabei geht es um ein Verstehen und Erklären der Konstitutionsbedingungen der »interkulturellen Wirklichkeit«, die sich in Interaktionsprozessen in den spezifischen Arbeitsmilieus herausbildet.

Die erwähnten wissenssoziologischen Vorüberlegungen weisen darauf hin (vgl. Kap. 2.2), daß die Bedeutungs- und Sinnstruktur unseres Alltagswissens die Wahrnehmung des Subjekts bestimmt und daß dieses Wissen aus kulturell geprägten Typisierungen besteht. In der gegenseitigen Wahrnehmung von und in der Interaktion zwischen den Individuen sind diese Typisierungen – das markanteste Beispiel sind Stereotype – die leitenden Faktoren. Welche Typisierungen konkret wirksam werden, hängt von dem jeweiligen Wissensvorrat der verschiedenen kulturellen Gruppierungen ab, ein Repertoire, das gesellschaftlich bedingt ist und in der Sozialisation des Individuums angelegt wurde (Mead 1967).[23] Bei Handlungsentscheidungen, zu denen insbesondere kommunikative Vollzüge zu zählen sind, ist die Auswahl aus dem gesellschaftlichen Wissens-

---

gebildet werden, Wissensvorräte an Bedeutungen zur Verfügung stellen und dem Subjekt Muster der Deutung seiner Umwelt vorgeben (Schütz 2003 [1955]: 132ff.). »Wahrnehmungsstrukturen« sind komplexere Zusammenhänge, bestehend aus Deutungsschemata und -mustern (Oevermann) (vgl. Kap. 2.2), die der individuellen Wahrnehmung eine Ordnung geben, wie beispielsweise Weltanschauungen.

23 Je nach Bekanntheitsgrad des wahrgenommenen Gegenübers stellt dieser oder diese eine Person mit individuellen, nur für ihn oder sie charakteristischen Eigenschaften dar. Wenn ich sie weniger gut kenne, erfasse ich diese andere Person stärker typisiert und schablonenhaft, da sie sich in einem höheren Grad der Anonymität zu mir befindet.

vorrat zum einen frei und subjektiv motiviert, zum anderen jedoch »objektiv« gesellschaftlich bedingt (Luckmann/Luckmann 1993: 57), da Geschlecht, Alter, Klassenlage, Ethnizität etc. die Zugangschancen des einzelnen zu ganzen Bereichen des gesellschaftlichen Wissensvorrats bestimmen. Wenn in Interaktionen somit eine unmittelbare Verständigung zwischen den Individuen stattfindet, basiert diese auf strukturellen Gleichartigkeiten des handlungspraktischen Wissens.

In einem strukturell analogen Aufbau des handlungspraktischen Wissens sind auch gemeinsame Weltanschauungen fundiert, wobei diese keine Erzeugnisse des bewußten Denkens (Dilthey, nach Bohnsack/Marotzki 1998: 262) und somit auch keine Produkte des reflektierenden, theoretischen oder »diskursiven« Bewußtseins darstellen. Weltanschauungen sind auch nicht explizit abfragbar oder Produkte intendierter Selbstpräsentation, sondern sind primär im Bereich des »Atheoretischen« angesiedelt (Mannheim 1964: 99f.). Sie konstituieren sich – wie Mannheim zeigt – durch konjunktive Verständigung, durch Zugehörigkeit zu demselben »konjunktiven Erfahrungsraum«; dabei lassen sich unter anderem bildungs-, generations-, geschlechtsspezifische oder, bezogen auf den hier verfolgten Untersuchungsgegenstand, auch kulturspezifische und migrationsbedingte Erfahrungsräume differenzieren. So können Kultur, Nationalität, Regionalität, Ethnizität genauso wie Klassen- oder Schichtzugehörigkeit als Dimensionen des Habitus (Bourdieu 1994: 125-158; 1991) bezeichnet werden, eines Habitus, der einerseits das Handeln der Mitglieder einer »Kultur« strukturiert und andererseits den Individuen im Rahmen dieser Disposition subjektive, strategische Handlungsentscheidungen ermöglicht.

Das Forschungsprojekt zielt darauf ab, diese *spezifischen Wissensvorräte*, die die gegenseitige Wahrnehmung der Individuen unterschiedlicher kultureller Herkunft prägen, zu erschließen. Von Bedeutung ist, daß es sich bei den Wissensvorräten der einzelnen nicht etwa um »Statisches« handelt, sondern daß Wissen immer prozeßhaft vorzustellen ist. Demzufolge kommt es bei der Interaktion und Kommunikation in interkulturellen Arbeitswelten zu einem ständigen Austausch von Wissen. In Interaktionen steht den Beteiligten immer wieder – so ist zu vermuten – ein durch vorhergehende Interaktionen angereicherter und damit gewandelter Wissensvorrat zur Verfügung und gelangt potentiell zur Anwendung. Die in einem bestimmten interkulturellen Milieu interagierenden Menschen verfügen über eine unterschiedliche primäre Sozialisation in ihren jeweiligen Ursprungsgesellschaften; in interkulturellen Interaktionssituationen erfolgt die Aneignung von Wissen über fremde Gesellschaften und auch teilweise eine Internalisierung der fremden Welten.

Diese theoretischen Überlegungen aus dem Bereich der Wissenssoziologie werden wie gesagt bei der Durchführung der empirischen Untersuchung ›ausgeklammert‹. Erst in einem fortgeschrittenen Stadium der Analysen sollen die entwickelten theoretischen Annahmen durch die empirische Untersuchung überprüft und mit ›Inhalten gefüllt‹ bzw. mit Beispielen angereichert werden (vgl. Kap. 3 u. 4). Insbesondere werden Aussagen über Ausgrenzungs- und Eingrenzungsmechanismen in Interaktionen unterschiedlicher kultureller Gruppierungen vorgenommen. Darüber hinaus soll versucht werden, eine mögliche Antwort auf die klassische gruppentheoretische Frage nach der Entstehung von Etablierten-Außenseiter-Konstellationen (Elias/Scotson 1993) zu geben.

Umsetzung des theoretischen Rahmens

Die für die aufgezeigte Fragestellung relevante Zielgruppe der Studie bilden individuelle Mitarbeiter von DaimlerChrysler unterschiedlicher kultureller Zugehörigkeit, die gemeinsam in einer Organisation, in einem Automobilkonzern tätig sind. Folgende Leitfragen sind für die empirische Vorgehensweise maßgeblich:

a) Welche Deutungsschemata auf der Grundlage von wie beschaffenen Wissensvorräten bestimmen die gegenseitige Wahrnehmung von und die Interaktionen zwischen Individuen unterschiedlicher kultureller Zugehörigkeit im Industrieunternehmen?

b) Wie verändern sich die auf Selbst- und Fremdtypisierungen beruhenden Deutungsschemata der Individuen, wenn man die Dauer des Aufenthalts in der fremden Kultur bzw. im entsprechenden Milieu betrachtet?

Inwiefern die theoretisch bestimmte Aufteilung der Forschungsperspektiven in Wahrnehmung und Interaktion methodisch berücksichtigt wird und welche Zielsetzungen damit verfolgt werden, wird im abschließenden Methodenkapitel (Anhang, Kap. 6) erläutert.

2.4 Fabrik und Management – zwei Welten der Interkulturalität

Die beiden Arbeitswelten bei DaimlerChrysler, die für diese Studie kontrastiert werden, mit den entsprechenden Informanten, die konsultiert wurden, sollen an dieser Stelle kurz erwähnt werden:

1) In der Automobilfabrik in Sindelfingen im Großraum Stuttgart[24], in der zum Zeitpunkt der Datenerhebung insgesamt ca. 34.000 Mitarbeiter beschäftigt waren, lag der Ausländeranteil bei den Arbeitern bei 23 Prozent, während nur ca. 3 Prozent der Ausländer im Angestelltenverhältnis beschäftigt waren. Wie erwähnt gehören die Ausländer im Betrieb den ›klassischen‹ Migrantengruppierungen an. Die Studie konzentrierte sich auf unterschiedliche Arbeitsbereiche, vor allem auf die Produktion, das heißt auf die Arbeitsmilieus der Montage, der Lackierung, des Rohbaus und des Preßwerks. In der Produktion wurden narrative Interviews und ethnographische Beobachtungen durchgeführt sowie quasi-natürliche Gespräche aufgezeichnet. Es wurden unterschiedliche Arbeitshierarchien mit einbezogen: 28 qualitative Interviews wurden mit Arbeitern, Meistern, Teamleitern, Abteilungsleitern und Betriebsräten jeweils unterschiedlicher kultureller Zugehörigkeit – die in Selbst- und Fremddefinitionen von den Daimler-Mitarbeitern bestimmt wurden – durchgeführt. Ein Sammelsurium aus unterschiedlichen Nationalitäten sowie Regionalitäten bestimmte das Feld: Schwaben, Bayern, Sizilianer, Anatolier, Galizier, Norddeutsche, Ostfriesen, schwäbische Türken, türkische Schwaben, Donauschwaben etc. Darüber hinaus entstanden quasi-natürliche Gespräche an drei ruhigen Fließbändern in der Lackierung, am sogenannten »Vorfinish« mit einer Vielzahl von Arbeitern aus Portugal, Rußland, Schwaben, Ostdeutschland, USA, Türkei, Griechenland etc., die sich bei der Arbeit immer wieder in die Unterhaltungen zum Thema »Vielfalt der Kulturen« mit einbrachten.

2) Der zweite Forschungsschwerpunkt richtet sich auf die Analyse der spezifischen Ausprägung interkultureller Kommunikation, die aufgrund der noch relativ jungen Fusion von Daimler mit Chrysler von Bedeutung wurde (die Unternehmensfusion wurde am 17. November 1998 vollständig abgeschlossen). Interviews mit 17 Repräsentanten von Daimler und Chrysler wurden durchgeführt – genauer gesagt mit amerikanischen Expatriates von Chrysler sowie mit deutschen ehemaligen Expatriates nach ihrem USA-Aufenthalt. Bei den »Expats« handelt es sich vor allem um Ingenieure aus der Produktion und um Manager aus den Bereichen Personal, Vertrieb, Controlling und Finanzen.

24 Im Ballungsraum Stuttgart werden von der Statistik 24% der Beschäftigten als Ausländer geführt; dies ist nach Frankfurt (29%) und Offenbach (28%; Angaben für Ende 1995) der drittgrößte Ausländeranteil in der Bundesrepublik Deutschland (Geißler 1996: 214-215).

Des weiteren konnten ehemalige und aktuelle deutsche Expatriates, die im Mercedes-Tochterunternehmen in Tuscaloosa/Alabama in den amerikanischen Südstaaten tätig waren bzw. sind, interviewt werden. Außerdem wurden ethnographische Beobachtungen bei Verhandlungen eines sogenannten »Post-Merger«-Programms durchgeführt, an dem Vertreter von Daimler und Chrysler beteiligt waren. Darüber hinaus wurde ein Centerleiter – das ist die zweithöchste Position in einem DaimlerChrysler-Betrieb – interviewt, der für die Koordination von Tochterfirmen im Ausland und von Auslandseinsätzen deutscher Mitarbeiter zuständig ist. Zum Zeitpunkt der empirischen Untersuchung im Bereich des internationalen Managements, im Juni 2000, befanden sich 55 Expatriates von Chrysler in den Headquarters in Stuttgart-Möhringen, davon konnten fünf interviewt werden.

3. Die Wahrnehmung der kulturell Anderen

Als analytisches Instrument für die Weiterentwicklung der in den Daten begründeten Theorie wird an die im theoretischen Teil bezüglich der Analyse der interkulturellen Kommunikation vorgenommene Aufteilung in »Wahrnehmung« und »Interaktion« angeknüpft (vgl. Kap. 2.3). Den beiden Ebenen wurden die jeweils entsprechenden Kategorien, die im Rahmen der Grounded Theory-Analyse entwickelt wurden, zugeordnet. Während der eigentlichen Forschungsarbeit, das heißt bei der Datenerhebung sowie innerhalb der Kodiervorgänge wurde nicht von dieser Trennung ausgegangen – die Daten selbst konnten so ›für sich sprechen‹. Mit Hilfe dieser analytischen Trennung, die für die fortgeschrittene Interpretation der Daten relevant ist, kann herausgefunden werden, welcher Zusammenhang zwischen Wahrnehmung und Interaktion bezüglich des Themas Interkulturalität und interkulturelle Kommunikation besteht. Die Verbindung beider Ebenen, die in der Realität zwangsläufig vorhanden ist – Wahrnehmung und Interaktion sind bezüglich der Empirie nicht unabhängig voneinander zu denken –,[25] wird später »datenbasiert« wieder hergestellt, wenn die Zielsetzung, eine »materiale Theorie« zu entwickeln, ins Auge gefaßt wird. Die hier vorgenommene ›künstliche‹ Differenzierung der Ebenen Wahrnehmung und Interaktion soll das ›Zusammenspiel‹ dieser beiden Perspektiven in den untersuchten Kontexten des Automobilunternehmens veranschaulichen.

Mit dieser theoriegeleiteten Trennung von Wahrnehmung und Interaktion wird unter anderem die Absicht verfolgt, in der Auseinandersetzung mit der Empirie den Einfluß der Organisation auf die konkreten Interaktionssituationen zu ermitteln. Sofern der organisationale Rahmen die Interaktionen über Regelungen steuert, stellt sich die Frage, ob das konkrete Verhalten in der

25 In realen Interaktionszusammenhängen fließen subjektive Wahrnehmungsstrukturen und -muster in die konkrete Interaktionssituation mit ein. Deutlich wird dies bei der Verwendung von Vorurteilen, die Bestandteil des subjektiven Wissensvorrats der Individuen sind. In Interaktionen werden jedoch gerade diese Wissensbestände, die die Grundlage für die Wahrnehmung des einzelnen bilden, übermittelt und geprägt.

Interaktion anders ausgeprägt ist als die individuelle Wahrnehmung der kulturell Anderen.

Wichtig für die empirische Analyse ist die Tatsache, daß auf die beiden Forschungsschwerpunkte *Automobilfabrik* und *internationales Management* nicht explizit differenzierend eingegangen wird. Die sich aus der Kontrastierung der beiden Arbeitswelten ergebenden Kategorien werden beide Fallanalysen überschreitend dargestellt, da es darum geht, Interkulturalität als strukturelle Voraussetzung und grundsätzliche Muster der interkulturellen Kommunikation zu bestimmen. Notwendigerweise wird in der Kontrastierung jedoch auch die Spezifik der beiden Fälle, der jeweils besonderen Ausprägung der interkulturellen Kommunikation deutlich werden.

Es soll darauf hingewiesen werden, daß »Wahrnehmung« in der hier maßgeblichen Begriffsverwendung sich nicht nur auf Sinneswahrnehmung bezieht, sondern auch die soziokulturell geprägte und sprachlich strukturierte Erfassung des Anderen aufgrund eines bestehenden Wissensvorrats umschreiben soll. Dabei ist von Bedeutung, daß die Perspektive des »wahrnehmenden« Subjekts, die Perspektive des subjektiven Bewußtseins mit bestimmten Wahrnehmungsstrukturen, die zum größten Teil sozial determiniert sind, im Mittelpunkt der Analyse steht. Daß auf die Perspektive der subjektiven Wahrnehmung in interkulturellen Kontexten in einer Abgrenzung zur Ebene der Interaktion eingegangen wird, ergibt sich aus der Forschungsfrage, die unter anderem darauf abzielt, herauszufinden, welche Wissensvorräte mit den darin ›abgelagerten‹, kulturell definierten Wahrnehmungsmustern die Wahrnehmung des jeweiligen Anderen in interkulturellen Milieus bestimmen bzw. leiten.

Wahrnehmungsleitende Wissensvorräte sind in interkulturellen Interaktionszusammenhängen bestimmend und prägen sozusagen die Begegnung zwischen Individuen unterschiedlicher kultureller Herkunft. Der Vergleich bzw. die Kontrastierung der begrifflich festgelegten Ebene der Wahrnehmung mit der Ebene der Interaktion soll zeigen, wie die Phänomene Interkulturalität bzw. interkulturelle Kommunikation auf jeder dieser Ebenen zu denken sind.

Für die Ebene der Wahrnehmung ergaben sich fünf unterschiedliche zentrale Aspekte der (sprachlichen) Artikulation des subjektiven und sozial bestimmten, wahrnehmungsleitenden Wissensvorrats der Interviewpartner, die an dieser Stelle als aus den Daten gewonnene Kategorien ausgearbeitet werden. Zum ersten werden den jeweiligen anderen und sich selbst attribuierte, kulturspezifische Denk- und die mit ihnen assoziierten Verhaltenmuster erläutert, die in der Form von Fremd- und Selbsttypisierungen beschrieben werden; die Kategorie der »Mentalität« zeigt sich diesbezüglich beispielsweise als besonders markante Attribuierungsform (3.1). Im folgenden werden Wahrnehmungsmuster, die mit der kollektiven Bestimmung bzw. Identifikationsform »Nation« in

Verbindung stehen – wie »Nationalität«, »Nationalkultur« und »Nationalgefühl« – genauer erläutert (3.2). Als weitere zentrale Kategorie, die für die Ebene der Wahrnehmung in interkulturellen Zusammenhängen relevant war, ergab sich das Konzept der »Fremdheit« als Beschreibungsmuster im Zusammenhang mit der Begegnung mit dem Anderen (3.3). Wahrnehmungsmuster, die die Formen des Umgangs der Individuen mit der Andersartigkeit aufgrund kultureller Zugehörigkeit betreffen, werden dem Bereich der Kategorie »Akzeptanz des Anderen/des Fremden« zugeordnet (3.4). Abschließend wird die grundlegende Kategorie der *stereotypischen Wahrnehmung*, die sich als besonders kennzeichnend für die analysierten interkulturellen Kontexte erwies, erläutert (3.5).

3.1 Kulturspezifische Fremd- und Selbstbeschreibungen im Zeichen der Kategorie der »Mentalität«[26]

»Mentalität« als Deutungsmuster

Als zentrale »natürliche« Kategorie bezüglich der Wahrnehmungsmuster der Informanten, die sich als relevant für beide interkulturelle Arbeitswelten Automobilfabrik und internationales Management erwies, zeichnete sich in den Daten die Beschreibung »Mentalität« ab. »Mentalität« wird dabei sowohl für die Fremd- als auch für die Selbsttypisierung verwendet, das heißt für die Beschreibung von angeblich »psychisch« bedingten typischen Verhaltensweisen der anderen und auch der eigenen kulturellen Gruppierung, zu der eine Zuordnung erfolgt. Besonders auffällig ist die häufige Verwendung der jeweiligen kulturellen Gruppierungen im Singular, für die eine bestimmte »Mentalität« zuzutreffen scheint: »... aber der Italiener, der kann sich [...] akklimatisieren mental und und und, vom Gefühl her wesentlich besser als ein türkischer Kollege«. Durch diese Singularisierung von Nationalität oder Ethnizität wird verabsolutiert, daß eine gewisse Eigenschaft, Geisteshaltung oder Einstellung – hier »Mentalität« – für »den Italiener«, der hier das alle Italiener umfassende

26 Bei den im folgenden für die Analyse verwendeten Zitaten handelt es sich zumeist um Äußerungen von Interviewten aus den Arbeitswelten Automobilfabrik und internationales Management. Das Transkriptionssystem, nach welchem die Äußerungen verschriftlicht wurden, befindet sich im Anhang dieser Arbeit. Englische Textstellen werden im Original belassen, während für spanische Interviewauszüge eine Übersetzung in den entsprechenden Fußnoten vorhanden ist. Wenn Passagen aus besonders relevanten Interviews sequenzanalytisch interpretiert werden, werden die entsprechenden Interviewpartner mit Namen (Pseudonym) benannt. Ansonsten wurde auf die Verwendung von Namen verzichtet, zumal die Namen von vielen Informanten gar nicht bekannt waren.

Kollektiv repräsentiert, zutreffend ist (vgl. Sequenzanalyse Meros, Portugal, S. 61ff.).

Bei zahlreichen Mitarbeitern findet sich ein stereotypisches Wahrnehmungsmuster, das bestimmte Verhaltensweisen auf eine »südländische Mentalität« zurückführt, eine Eigenart, die sich stark von der der Nordländer unterscheiden soll, wie aus folgender Äußerung einer deutsch-bosnischen Meisterin deutlich wird:

»... durch die Kulturen ist es vielleicht (-) gar nicht schlecht, daß Deutsche und grad zum Beispiel Türken, Griechen, weil ja alle eigentlich eine andere Kultur haben, [...] zusammen schaffen, weil (-) der eine sieht's beim andern, (-) was der macht, [...] Südländer sind vielleicht (--) eher ein bißchen lockerer drauf. Man weiß es, wenn man in Urlaub geht, [...] dann ist des einfach und des ist die Mentalität von denen, die ist auch hier übertragbar [...]. Und da ist dann auch oft auch lustig und die machen öfter mal 'nen Spaß. Die sind da eher bereit, mal Witzle zu machen und wenn man dann beobachtet, an den Bändern, wo viele Ausländer arbeiten, da ist es immer lustig, da geht's also (-) ist immer lu- geht's lustig zu. Und des ist vielleicht bei den Deutschen weniger so, da.«

Wenn von »Mentalität« die Rede ist, so zeigt sich, daß geradezu ›biologistisch‹ davon ausgegangen wird, daß diese übertragen wird, indem sie auf ›natürlichem‹ Wege »vererbt« und an andere Generationen weitergegeben wird. Die entsprechende Mentalität kann in diesem Sinne nur jemand haben, der auch in einer bestimmten Community bzw. in einem bestimmten Umfeld aufgewachsen ist. In bezug auf die Ausländer, deren Primär-Sozialisation im Herkunftsland stattfand, wird häufig darüber reflektiert, ob die »Mentalität« der Kultur des Landes, in das die Migration stattfand – im vorliegenden Falle Deutschland –, übernommen bzw. angeeignet werden kann, wie die Äußerung eines italienischen Meisters zeigt: »weil ich einfach aus meinem Leben und aus meinem, aus meinem Erfahrungsschatz sagen kann, ein Italiener, der acht Jahre da ist, ha der ist nicht mal mental Deutscher; ha nicht einmal so viel«. Hier weist das Alltagsverständnis darauf hin, daß zumeist die ursprüngliche Kultur prägend für die Herausbildung von »Mentalität« war, jedoch abhängig vom Alter der Person zum Zeitpunkt, als die Migration stattfand.

In der im folgenden präsentierten sequenzanalytischen Fallanalyse, in welcher eine kurze Äußerung von Herrn Meros aus Portugal interpretiert wird, nimmt das Deutungsmuster »Mentalität« eine zentrale Stellung ein; weitere grundsätzliche Wahrnehmungs- und Deutungsmuster, die sich auch im Rahmen der Kodierungen abzeichneten – insbesondere im Umfeld des Konzeptes »Mentalität« –, werden darüber hinaus erkennbar:[27]

27 Die hier dargestellte Sequenzanalyse konzentriert sich auf die Persönlichkeit des Herrn Meros (=HM), die hier als Einzelfall aufgefaßt wird. Grundlegende Wahrnehmungsmuster – hier

Sequenzanalyse, Herr Meros (Portugal), Interviewauszug, Schlüsselstelle 1:

HM: »((lacht)) (--) ja ja und dann also mit dem mit dem Leute denk' ich mal, äh, es gibt überall gute Leute und schlechte Leute

JD: mhm

HM: das braucht man nie sagen, daß nur in Deutschland sind schlecht oder die Leute sind ein bißchen kalt

JD: mhm

HM: also von Mentalität her und man weiß halt nicht wo das liegt, aber das ist überall so

JD: mhm

HM: das ist überall so; bei uns ist' genauso; es gibt Leute das ganz locker sind, es gibt Leute das, um Gottes willen; ((lacht)) noch schlimmer wie hier; ((lacht))

JD: klar

HM: und das ist überall; (-) aber sonst fühl' ich mich gut hier; wie lange noch wie gesagt weiß ich auch nicht,

JD: ja ja«

Sequenzanalytische Interpretation des Textauszugs ›Meros‹ – Strukturhypothese[28]

Der Interviewte, der aus Portugal stammt und seine Situation als Fremder in Deutschland schildert, erweist sich als *Alltagstheoretiker*, der seine reflektierte Meinung zum Thema ›Beurteilung der Anderen über Vorurteile‹, die Mentalität der Leute und die Situation des Fremden, des Immigranten an sich am eigenen Fall vorführt. Er verzichtet darauf, direkte Erfahrungen in der Fremde – in diesem Fall Deutschland – darzustellen, und formuliert eine abstrakte, bereits verallgemeinerte Theorie, wodurch er seine Argumentation vom Standpunkt des Wissenden aus legitimiert.

Der Interviewpartner weist auf Stereotype hin, die gewöhnlich über die Deutschen existieren, ›Schablonen‹, die die »Leute« kategorisch mit den Eigenschaften der »Kälte« und der grundsätzlichen »Schlechtigkeit« beurteilen. Diese Stereotype für die Einschätzung der Menschen zu verwenden, ist für ihn in bezug auf die Deutschen und auch prinzipiell nicht gerechtfertigt, wobei seiner

---

zum Thema »Mentalität« –, die Bestandteil des gesellschaftlich geteilten Wissensvorrats sind, werden besonders hervorgehoben. Zentral für die sequenzanalytische Einzelfalluntersuchung ist dabei, daß das Allgemeine – die grundsätzlichen Wahrnehmungsmuster – am Besonderen, der Person des Herrn Meros mit einer einzigartigen Biographie, ›sichtbar‹ gemacht wird.

28 Vollständige sequenzanalytische Interpretationen, die vorliegen und beispielsweise die entsprechende »Lesartenbildung« (vgl. Kap. 6.2.2) ausführlich darstellen, sind zu umfangreich und können in diesem Rahmen nicht präsentiert werden; aus diesem Grund wird jeweils die Strukturhypothese als Ergebnis der Interpretation dargestellt.

Ansicht nach diese Eigenschaften auf die »Mentalität« der Leute zurückzuführen sind (»also von Mentalität her und man weiß halt nicht wo das liegt«). Widersprüchlich ist in diesem Zusammenhang jedoch die nachfolgende, aus einem Vergleich resultierende Formulierung, in welcher er manche Leute in Portugal – die »Mentalität« betreffend – als »noch schlimmer wie hier« kennzeichnet. Damit nimmt er selbst stereotypische Beschreibungen vor, von denen er sich eigentlich anfangs distanziert. Trotz seiner Kritik an den Fremdtypisierungen, an der Verwendung von vorgefertigten Urteilen über die Anderen kommt er nicht umhin, selbst zu typisieren. Die frühere Äußerung »das braucht man nie sagen«, die besagt, daß man nicht von Vorurteilen ausgehen sollte, kann er als Anspruch für sich selbst nicht beibehalten. Seine Überlegungen zum Thema Vorurteile konnten seine eigene, möglicherweise stereotypische Denkweise noch nicht mit reflektieren.

Indem er auf »Mentalität« Bezug nimmt, verweist er auf grundlegende Denkweisen von Menschen aus bestimmten Kulturen, deren Eigenheiten generell nicht in Frage gestellt werden können. »Mentalität« bezieht sich für ihn in diesem Sinne auf die Ebene des Denkens bzw. des Verstandes und wird häufig mit affektiven Bewertungen (»ein bißchen kalt«) in Verbindung gebracht – mit dem *Erklärungsmuster* »Mentalität« können so bestimmte typische Verhaltensweisen der Menschen in diesem Land (Deutschland) oder auch in seinem Herkunftsland (Portugal) plausibel gemacht werden. Aus einer solchen Perspektive ist die »Mentalität« der Menschen für ihr Handeln im Alltag verantwortlich, in ihr liegen darüber hinaus Handlungsentscheidungen begründet.

Herr Meros hat für sich ein *Alltagsmodell* für den Umgang mit seiner Situation als Fremder in Deutschland entwickelt. Darin geht er davon aus, daß man sich als Fremder grundsätzlich mit Problemen konfrontiert sieht und es einem häufig schwer fällt, »sich wohl zu fühlen«, ganz gleich, in welchem Land man sich aufhält. Dabei handelt es sich – und zu diesem Schluß ist er gelangt – im Prinzip um einen Dauerzustand, an dem nichts geändert werden kann, da die Situation des Fremden in der fremden Gesellschaft *an sich* so geartet ist (»das ist überall so; bei uns ist' genauso«). Dieses Erklärungsmodell erleichtert es ihm, mit seiner Situation in Deutschland, in der Fremde zurechtzukommen; das von ihm selbst entworfene Alltagsmodell hat so Konsequenzen für konkrete Interaktions- und Handlungssituationen in interkulturellen Zusammenhängen.

Diese Reflexionen des Herrn Meros zum Thema Fremdheit erfüllen für ihn den Zweck, die Problematik des Lebens in der Fremde plausibel zu machen und erklären zu können, sie heben sich jedoch von einer Formulierung ab, mit welcher er sich auf seine persönliche Sphäre bezieht, in der er sich auf sich selbst zurückzieht (»aber sonst fühl' ich mich gut hier«) und sich einer anonymen Realität gegenüber sieht. So ist er als Ausländer in Deutschland möglicherweise mit dem konfrontiert, was er als »schlimm« bezeichnet. Vielleicht ist er aufgrund seiner Fremdheit bzw. seines Andersseins in Deutschland einer nicht unproblematischen Situation ausgesetzt, die mit der Mentalität der Menschen »hier« in Verbindung steht, von ihm jedoch nicht explizit gemacht wird. Deshalb zieht er sich auf seine persönliche »kleine Lebenswelt« (Luckmann 1970: 581ff.; Honer 1993: 25ff.), die Welt seiner Familie zurück, die es ihm ermöglicht, sich auch in der Fremde »wohl zu fühlen«.[29]

Der Interviewte hat sich durch seine individuellen Erfahrungen ein besonderes Wissen in bezug auf Migration und das Leben in der Fremde angeeignet und sieht sich in der Lage, die stereotypischen Denkweisen der Leute im allgemeinen zu reflektieren und seine eigene Theorie dazu zu entwickeln. Persönliche Erfahrungen in der Fremde werden in weiteren Interviewpassagen zum Ausdruck gebracht, in denen er davon erzählt, wie seine Familie über einige Jahre hinweg in Angola lebte. Der Allgemeinplatz »es gibt überall gute und schlechte Leute« deutet auf ein Gleichheitsdenken hin – die grundsätzliche Gleichheit der Menschen aller Kulturen, die damit impliziert wird, ergänzt seine Annahme, daß die Situation des Fremden auch strukturell problematisch ist, egal in welcher Kultur und Nation man sich aufhält. Im »common-sense-Wissen« des Interviewpartners ist ein Modell vorhanden, das ihm ›Lösungen‹ für bestimmte Probleme des Umgangs mit dem Fremden bereitstellt. Für ihn macht es – so betrachtet – keinen Sinn, die »Leute in Deutschland« und die Art und Weise, wie diese mit Fremden umgehen, zu beurteilen oder zu kritisieren.

Schlußendlich stellt sich jedoch heraus, daß er selbst nicht auf Stereotypisierungen verzichtet, von denen er sich eigentlich explizit distanziert; es stellt sich heraus, daß er selbst gar nicht in der Lage ist, sich von den vorgefertigten Urteilen, die mit Nationalitäten etc. gemeinhin in Verbindung gebracht werden, abzulösen – möglicherweise deshalb, weil sich Vorurteile als Wahrnehmungsmuster durch konkrete Erfahrungen immer wieder bestätigen (vgl. auch Kap. 4.5). Der Interviewte nimmt eine Bagatellisierung seiner Situation in Deutschland vor, indem er Probleme nicht benennt und dadurch, daß er darauf verzichtet zu erklären, inwiefern sich die Situation in Deutschland als »schlimm« erweist. Er versucht, seinen Status als Fremder in diesem Land zu

29 Eine »kleine Lebenswelt« muß als in sich strukturiertes Fragment der Lebenswelt, als Teilsphäre der Lebenswelt als Gesamtheit betrachtet werden. Während der Begriff »Lebenswelt« unsere Welt beschreibt, die sich in subjektiven Bewußtseinsleistungen konstituiert und sich aus unterschiedlichen Wirklichkeitsbereichen zusammensetzt, umschreibt die Bezeichnung »kleine Lebenswelt« eine spezielle Existenzsphäre, in welcher bestimmte Erfahrungen und Überzeugungen gemeinsam geteilt werden (Luckmann 1970: 581), wie beispielweise die besondere private »kleine Lebenswelt« des Herrn Meros.

relativieren, indem er Bezug darauf nimmt, daß auch in Portugal oder in anderen Ländern einem Leute fremd erscheinen und man ähnliche negative Erfahrungen macht. Dies läßt darauf schließen, daß er in seiner Position als Fremder bzw. Ausländer in Deutschland mit Schwierigkeiten konfrontiert ist, die er – dem Interviewer gegenüber, den er als Deutschen wahrnimmt – jedoch nicht konkret ansprechen möchte. Als Bewältigungsstrategie hilft ihm dementsprechend seine Alltagstheorie über das Leben in der Fremde, die ihn in die Lage versetzt, die existierenden Probleme zu konfrontieren bzw. mit ihnen zurecht zu kommen. Herr Meros konnte seine Einzelerfahrungen in der Fremde in einen Sinnzusammenhang bringen, auf diese Art und Weise sein Alltagsmodell über das Leben in der Fremde entwickeln und daraus ein *strategisches Wissen* ableiten, welches sein Handeln im Alltag mit beeinflussen kann.

Mit der Bezugnahme auf das von ihm verwendete Wahrnehmungsmuster »Mentalität« kann er die spezifischen Verhaltensweisen der Menschen des Landes, in dem er lebt, erklären und verstehen, auch wenn er stereotypische Einschätzungen grundsätzlich ablehnt. Daran wird die Unmöglichkeit erkennbar, auf diese Wahrnehmungsmuster generell zu verzichten, diese vollständig zu reflektieren bzw. ›einzuklammern‹. An dieser Stelle veranschaulicht die Datenanalyse die von Hans-Georg Gadamer beschriebene »Vorurteilsstruktur des Denkens«, der davon ausgeht, daß jegliches Verstehen des Anderen auf einem Vorverständnis beruht und gar nicht unabhängig von bereits existierenden Vorurteilen vonstatten gehen kann (Gadamer 1990 [1960]: 270ff.) (vgl. insbesondere Abschnitt 3.5 »Stereotypische Wahrnehmung«).

Daß das Alltagsmodell von Herrn Meros wohl doch nicht vollständig in alltägliche Handlungen umgesetzt werden kann, wird aus seiner den Textausschnitt abschließenden Äußerung erkennbar: »... aber sonst fühl' ich mich gut hier; wie lange noch, wie gesagt, weiß ich auch nicht«. Die Problematik des Lebens in Deutschland als Fremder kann von seiner Seite umfassend reflektiert werden, ein »sich wohl Fühlen« wird dadurch nicht garantiert, so sehr man versucht, strategisch mit dieser Lage zurechtzukommen. Sich auf dieses Land als »neue« Heimat einzulassen fällt besonders schwer, so daß er die Option nicht ausschließt, das Land zu verlassen, wenn seine Familie hier nicht mehr die entsprechende Geborgenheit findet.

* * *

Aus der Grounded Theory-Analyse ergibt sich weiterhin, daß häufig das Konzept »Mentalität« verwendet wird, wenn grundlegende Differenzen zwischen den Kulturen erklärt werden sollen. Ein türkischer Arbeiter, Mitte zwanzig und Vertrauensmann (Gewerkschaftsvertreter), am Fließband in der Lackierung tätig, beschreibt das folgendermaßen: »wir sind zwei verschiedene Kultur; [...] also mein Vater ist schon vierzig Jahre in Deutschland, nah, mein Vater hat noch nie mit den Deutschen verstehen können, [...] andere Mentalität«. Aufgrund der kulturellen Unterschiede, die über die »Mentalität« zum Ausdruck kommen, werde auch die Zusammenarbeit innerhalb der entsprechenden Abteilung erschwert, so der Interviewpartner.

Wie aus dem Datenmaterial hervorgeht, weist »Mentalität« unterschiedliche Dimensionen auf. Als natürlicher Begriff wird »Mentalität« von den Interviewpartnern zumeist mit »Kulturen«, »Nationalitäten« in Verbindung gebracht (die »türkische«, »italienische«, »amerikanische«, »deutsche Mentalität« etc.), mit »Mentalität« wird aber auch die Einstellung der unterschiedlichen Ausländergenerationen beschrieben, wenn zum Beispiel der ersten Generation der Ausländer in Deutschland der Wille zur Integration abgesprochen wird. Darüber hinaus ist von einer »Chrysler-« oder »Daimler-Mentalität« die Rede sowie von einer »Mentalität« der »Mercedes-« oder »Chrysler-Käufer«.

So wird beispielsweise die »amerikanische Mentalität« von einer Vielzahl von Mitarbeitern als »extrovertiert«, »offen« und »freundlich« bezeichnet, sie wird aber ebensogut als »oberflächlich« und »gestellt« interpretiert, je nachdem welche konkreten Erfahrungen im Kontakt mit Amerikanern gemacht wurden. Im Rahmen der Kooperation von Daimler- und Chrysler-Repräsentanten werden häufig Vergleiche der »deutschen« mit der »amerikanischen Mentalität« vorgenommen, wobei sich die Deutschen in diesem Zusammenhang durch ihre »Kritikfähigkeit« auszeichneten, die bei »den Amerikanern« so nicht vorhanden sei, wie eine Daimler-Repräsentantin argumentiert: »äh man darf also nie zu einem Amerikaner sagen, du machst grad' einen Fehler, sondern man muß ihm sagen, hier ich zeig dir, wie du eine Chance hast, etwas besser zu machen«.

Die Deutschen könnten kritisieren, heißt es bei den amerikanischen und deutschen Managern, in der Regel aber auch mit Kritik umgehen. Das Hierarchiedenken sei bei den bei Chrysler beschäftigten Amerikanern sehr stark ausgeprägt, so daß Kritik an den Entscheidungen von Vorgesetzten praktisch ausgeschlossen sei, wogegen bei Daimler die Mentalität vorhanden sei, sich auch mit »Anweisungen von oben kritisch auseinanderzusetzen«.

Ein Chrysler-Expatriate vergleicht die »Firmen-Mentalitäten« der beiden fusionierten Konzerne und stellt entscheidende Unterschiede zwischen der »Chrysler-« und »Daimler-Familie« fest:

»We've almost gone bankrupt a couple of times (-) and so it's::: it's sort of a children of a family that's grown up with very little to eat and very little housing and it's a very poor family mentality and the Daimler-Benz of course is a rich family mentality with money to throw around and money to spend.«

Die Mitglieder der »Chrysler-Familie« haben, aus dieser Perspektive betrachtet, gemeinsam schlechte Zeiten durchlebt und überstanden. Dabei waren sie immer wieder in der Lage, das bankrotte Unternehmen nach oben zu bringen; so sei auch der Zusammenhalt entstanden, der zu einer ganz spezifischen Mentalität der Chrysler-Mitarbeiter geführt habe. Die Basis einer Identifikation mit dem Chrysler-Unternehmen bildet eine Solidarität unter den Repräsentanten von Chrysler, die sich aus einer bewältigten Krise ergibt. Im Vergleich dazu habe Daimler-Benz wesentlich erfolgreichere Phasen durchlaufen, wodurch sich eine »family mentality« entwickelt habe.

Typische Wahrnehmungen »deutscher« und »amerikanischer« Denk- und Verhaltensformen

In der direkten Begegnung von deutschen und amerikanischen Mitarbeitern nach der noch relativ jungen Fusion der beiden traditionellen Automobilhersteller werden die jeweils spezifischen Denkweisen und Verhaltensmuster der beiden kulturellen Gruppierungen – in Fremd- und Eigendarstellung – intensiv thematisiert. Es wird deutlich, daß für die Repräsentanten der beiden Unternehmen, die nun gezwungen sind, miteinander zu kooperieren, der Faktor »Kultur« bzw. der kulturellen Eigenheiten besonders relevant wird. Diese kulturspezifischen Denk- und Verhaltensweisen, die in enger Verbindung mit dem Konzept »Mentalität« stehen, sollen an dieser Stelle kurz erläutert werden:

Denkweisen der Deutschen

Die bereits erwähnte »Kritikfähigkeit« der Deutschen geht einher mit der von den Interviewpartnern beobachteten Eigenschaft der Deutschen, konkrete Probleme gezielt anzusprechen:

»I think Germans are more likely to speak what's on their mind, even if it's a difficult issue and say it, whereas Americans sometimes hold back and are=a little bit friendlier and will do it outside outside the context of the meeting is one thing I've noticed (-) um, in general.«

Man könne feststellen, daß die Deutschen ihren Kollegen »ganz offen auf den Kopf zusagen«, wenn diesen ein Fehler unterlaufen sei, und daß die Deutschen darüber hinaus auch sofort verdeutlichen möchten, wie man etwas richtig zu machen habe. Diese immer wieder auftretende Verhaltensweise bereite Mitarbeitern aus anderen Kulturen, beispielsweise amerikanischen Expatriates von Chrysler, erhebliche Schwierigkeiten, wenn sie in Deutschland, insbesondere in den Headquarters in Stuttgart tätig seien. Wenn ausländische Kollegen diese Form des Umgangs mit Problemen nicht kennten, könne diese Verhaltensweise leicht als Unhöflichkeit empfunden werden bzw. könnten sich Mißverständnisse ergeben.

Ein weiterer Aspekt, der immer wieder mit Deutschen in Verbindung gebracht wird, ist deren »mangelnde Flexibilität«, eine Verhaltensweise, die regelmäßig beobachtet und beschrieben wird:

»... in my opinion Germans that I dealt with seemed very smart, but maybe a little bit rigid, a little bit fixed on a way of doing things and at Chrysler one of the things that we've been doing for the last ten years is always looking to be innovative and to change the way we're doing things to some better way (-) and so we (-) we've had a kinda focus on looking for different ways of doing things and I don't think there was that same focus at Daimler-Benz and so it was one thing I noticed very quickly.«

Die Darstellung hebt darauf ab, daß die amerikanischen Vertreter von Chrysler bestrebt seien, Entscheidungen schnell herbeizuführen bzw. Änderungen unverzüglich vorzunehmen, was bei den Deutschen auf Widerstand stoße. Außerdem müßten diese zuerst ein gewisses Vertrauen entwickeln, bis sie in der Lage seien, auf neue Ideen einzugehen und neue Wege einzuschlagen. Dies hänge auch mit der grundsätzlichen Überzeugung der deutschen Kollegen zusammen, daß bewährte Problemlösungen bereits zu qualitativ hochwertigen Ergebnissen geführt hätten und insofern auch nicht leichtfertig aufgegeben werden sollten.

Die nicht-deutschen Kollegen in den Bereichen Automobilfabrik und internationales Management werden im übrigen gelegentlich auf die besonders hochwertige Arbeits- und Produktionsweise und die Qualität der Produkte der Deutschen hingewiesen: In bestimmten Situationen des interkulturellen Aufeinandertreffens wird, so die Wahrnehmung zahlreicher Mitarbeiter, von deutscher Seite eine »Überlegenheit« signalisiert, die häufig auch mit kulturellen Kategorien vermittelt bzw. über »Kultur« begründet wird. Diese Äußerungen gehen von einer grundsätzlichen Überlegenheit der deutschen Kultur aus, die sich an der technischen und qualitativen, aber auch ästhetischen Höherwertigkeit beispielsweise der von Daimler hergestellten Automobile zeige – das Produkt Mercedes wird in diesem Zusammenhang als Errungenschaft der deutschen Kultur betrachtet. In der Gegenüberstellung werden Chrysler-Fahrzeuge als typisch amerikanisches Produkt dargestellt, und man urteilt über den typischen Chrysler-Kunden, der – wie für allgemein bekannt gehalten wird – größtenteils dem nord-amerikanischen Markt entstamme: Ein solcher Kunde,

»der ein Chrysler-Fahrzeug kauft, so, der möchte ein funktionierendes Fahrzeug haben, des muß nicht besonders schön sein oder besonders, äh äh, ja für's Auge, ah, erfreulich im Sinne von Qualität oder sonst was; so lang's die Funktionalität bringt und so lang's einen entsprechend niederen Preis hat, ist des okay«.

Beschreiben Mitarbeiter kulturelle Eigenheiten, wird ein regelmäßig wiederkehrender Vorgang offensichtlich: Spezifische kulturelle Wahrnehmungsmuster, die die Interviewpartner auf die Anderen bzw. auf sich selbst beziehen, werden häufig in der Abgrenzung zu den Eigenschaften derjenigen Individuen verwendet, die der jeweils anderen Kultur zugehören. Funktional erfolgt die Selbstdefinition dadurch, daß eine Unterscheidung zu den Anderen und deren Eigenheiten vorgenommen wird; gleichzeitig grenzen sich die Anderen wiederum davon ab, was man selbst repräsentiert. Folgende Konzepte, die sich aus den Daten heraus als Gegenpole ergaben, sollen dies beispielhaft aufzeigen:

Strategisches Denken der Deutschen vs. Pragmatismus der Amerikaner

Insbesondere von amerikanischer Seite wird kritisiert, daß für die deutschen Kollegen, was die Planung von Vorhaben anbelangt, strategische Motive im Vordergrund stünden. So werde jeweils unvermittelt etwas umgesetzt und verwirklicht, das eventuell in der Zukunft von Nutzen sein könnte, man konzentriere sich jedoch oft nicht auf das aktuell Relevante. So wurde beispielsweise – wie ein Expatriate von Chrysler darlegt – von deutscher Seite innerhalb des Konzerns eine virtuelle »Corporate University« ins Leben gerufen; eine Firma sei damit beauftragt worden, via Internet eine solche Institution einzurichten, wobei ihr Zweck überhaupt nicht einsichtig gewesen sei, zumal die Einrichtung über ein Jahr lang überhaupt nicht in Anspruch genommen worden sei. Aus amerikanischer Perspektive sei dieses Vorgehen ganz und gar nicht nachvollziehbar gewesen. Entscheidungen würden aus strategischen Gründen getroffen, auf der Basis einer Spekulation, daß etwas in Zukunft gewinnbringend sein könnte. Ähnlich sei das mit den Anwesenheitszeiten von Führungskräften bei DaimlerChrysler in Deutschland: »Strategisch« gesehen sei es für diese wichtig, täglich jeweils bis spät abends am Arbeitsplatz zu bleiben; die Erwartungshaltung sei dabei auch dementsprechend:

»... (-) somebody told me that, um, if he didn't stay until eight o'clock he was thought not to be doing his job whether he had work to do or not he was supposed to stay there and show he was dedicated«.

Demgegenüber wird den Amerikanern eine pragmatische Grundhaltung zugeschrieben. In den Staaten würden, so die Behauptung, Ziele und Resultate direkt angestrebt. Wenn in den USA Entscheidungen getroffen bzw. Neuerungen verabschiedet würden, so funktioniere dies nach dem Motto: »why do we need it, what is it's purpose, why is it going to be there«; an diesen Vorgaben werde auch immer die Umsetzung eines entsprechenden Planes gemessen. Das Prinzip der Nutzenmaximierung wird in folgender Äußerung beschrieben:

HR: »... und der Amerikaner sagt, ich hab jetzt hier ein' anderen Bereich wo ich dreißig Prozent holen kann und du redest wegen Peanuts. Und des ist wieder's Deutsche; ich will jetzt-, ich hab jetzt angefangen und ich will jetzt des perfekt beenden und der Ami sagt, du ich hab jetzt zwanzig Prozent geholt, die restlichen fünf Prozent, da zerbrech' ich mir jetzt nicht den Kopf, weil hier ist eine viel größere Baustelle, wo ich zwanzig Millionen einsparen kann. Du redest um eine Million und dort hab ich zwanzig Millionen, wenn ich mich jetzt mit der einen Million rumkümmer', dann komm ich nicht an die zwanzig Millionen, interessiert mich nicht.«

Während die Deutschen immer noch danach strebten, etwas perfekt zu Ende zu führen, kümmerten sich die Amerikaner bereits um das nächste Projekt und die folgende Investition, mit dem Ziel einer kontinuierlichen Steigerung des globalen Nutzens; die Amerikaner distanzierten sich in diesem Sinne von wenig gewinnbringenden Geschäften und wollten sich nicht mit Kleinigkeiten abgeben.[30]

Die pragmatische Sichtweise der Amerikaner manifestiert sich auch in einem spezifischen Führungsstil; ein ehemaliger Daimler-Expatriate, der einige Jahre in den USA verbrachte, beschreibt dieses Führungsverhalten eingehend. Wenn Fehler unterlaufen, dann gehe es bei den Amerikanern in erster Linie darum, die Fehler aufzudecken und nicht den Schuldigen zu bestimmen, der für das entsprechende Problem verantwortlich sei – der Betreffende solle auch nicht bestraft werden. Statt den entsprechenden Fehler einer individuellen Person anzulasten, solle kollektiv die Verantwortung dafür übernommen werden, wobei der Fehler – pragmatisch – gemeinsam im Team beseitigt werden soll. Dies sei bei Daimler in Deutschland anders: Hier existiere die Konvention, daß insbesondere einzelnen die Schuld ›offiziell‹ zugewiesen werde. In den USA bemühe man sich vor allem darum, für das gesamte Team herauszufinden, inwiefern aus einem Fehler, der passiert ist, gelernt werden kann, so

30 Aus der Analyse ließen sich kulturspezifische Handlungstypen und Denkschemata ableiten, wobei die pragmatische Einstellung die amerikanische Seite beschreibt und die strategische für die deutsche relevant ist. Direkte Nutzenmaximierung steht für die Amerikaner im Mittelpunkt des Handelns, strategisches Handeln nach Prinzipien ist für die Deutschen entscheidend. Die spezifisch US-amerikanische Einstellung könnte so betrachtet Wurzeln im angelsächsischen Utilitarismus haben, wonach Handlungen nach ihrem Zweck bzw. Nutzen (= »utilitas«) beurteilt werden (vgl. Bentham 1970 [1789]). Demgegenüber könnte man einen ideengeschichtlichen Bezug herstellen zwischen dem strategischen Vorgehen der Deutschen und der Kantianischen Philosophie, gemäß welcher in Übereinstimmung mit dem »kategorischen Imperativ« eine Handlung »ohne Beziehung auf irgendeine Absicht, d.i. auch ohne irgend einen Zweck« (Kant 1994 [1785]: 35) durchgeführt werden kann. Die Handlung würde in diesem Sinne aufgrund eines ihr zugrunde liegenden Prinzips durchgeführt.

daß das Team das Problem nutzbringend verarbeiten könne. Im Vergleich dazu ließe sich in Deutschland etwas anderes feststellen:

»... weil ich sag mal ganz einfach, frustriert aus dem Sinn, so wie man den Amerikaner nicht ändern, so kann ich die Deutschen auch nicht ändern. [...], sag mal, das erste, was hier in den Besprechungen ist, wenn was schieflauft, der Schuldige und der wird dann vorgeführt, wird er zehnmal gefragt, warum und wieso er des so gemacht hat«.

Individuelle vs. kollektive Problemlösungen

Von den Informanten werden weitere typische Verhaltensweisen genannt, die wiederum mit einer spezifischen Art und Weise der Problemlösung der Deutschen und der Amerikaner in Verbindung gebracht werden. Es wird deutlich, daß Team-Work bei Chrysler in den USA einen höheren Stellenwert einnimmt als bei Daimler. Ein Chrysler-Mitarbeiter, der eine Aufgabe erhält, sei dazu angehalten, auf sämtliche Ressourcen – unter anderem auf das Wissen seiner Kollegen – zurückzugreifen, um die entsprechende Aufgabe zu erfüllen. Bei Daimler hingegen müsse der einzelne, der mit einer Arbeit bedacht wird, diese immer auch ganz individuell erledigen; der Betreffende müsse es schaffen, alleine mit dieser Situation zurecht zu kommen. Die Fähigkeit zur individuellen Problemlösung und die Übernahme individueller Verantwortung sind Anforderungen, die sich ergänzen. Tendenziell sind sich die Mitarbeiter auf beiden Seiten bezüglich des individuellen und kollektiven Problemlösungsverhaltens der je anderen Gruppe einig.

Für die Daimler-Mitarbeiter heißt das, daß sie in der Lage sein müssen, mit unerwarteten Problemsituationen umzugehen, das heißt, sie müssen dazu fähig sein, bestimmte Arbeitsprozesse abzuändern, wenn etwas nicht funktioniert. Dementsprechend können die Deutschen, so wird argumentiert, besonders gut improvisieren:

»... wir installieren Prozesse, (1.0) halten uns nicht dran, weil wir Meister im Improvisieren sind. Wir improvisieren und von dem braucht sich niemand an Prozesse halten, weil wenn's dann ah nicht funktioniert, dann macht man irgendwas. Und wir setzen Prozesse auf, ändern die Prozesse, weil wir feststellen, es funktioniert nicht.«

Diese Fähigkeit zur Improvisation sei auf der amerikanischen Seite nicht vorhanden, sämtliche Arbeitsprozesse müßten genauestens dokumentiert sein, und von den Arbeitsabläufen dürfe auch nicht abgewichen werden. Wenn Änderungen innerhalb der Arbeitsroutinen vorgenommen würden, hätten amerikanische Mitarbeiter – so wird erklärt – Schwierigkeiten, mit diesen fertig zu werden. Ein deutscher Ingenieur führt dies darauf zurück, daß die amerikanischen Arbeiter zumeist keine Ausbildung und so beispielsweise keinen Metallberuf erlernt hätten. Insofern verfügten diese auch nicht über das Fachwissen, um individuell und improvisierend zu handeln, so daß der Arbeitsprozeß für sie genau vorgegeben sein müsse.

Denkweisen der Amerikaner

Als besondere Kompetenz der amerikanischen Kollegen, die mit ihrer pragmatischen Denkweise zusammenhängt, wird von den DaimlerChrysler-Mitarbeitern das Know-how im Bereich Business, insbesondere E-Business und IT-Management hervorgehoben – »Business generell können die auch besser als die traditionellen Deutschen«. Demgegenüber beziehen sich die Vorzüge der Deutschen auf das Know-how in den Bereichen Produktionstechnik und Qualitätsmanagement.

Eine weitere Eigenschaft, die Amerikanern typischerweise zugerechnet wird, ist das ausgeprägte Hierarchiedenken: Die Hierarchien in den Betrieben in den USA seien derart rigide, daß es sehr häufig nicht möglich bzw. erlaubt sei, dem Vorgesetzten zu widersprechen. Ein ranghoher deutscher Manager, der in intensivem Kontakt mit amerikanischen Kollegen steht, führt dieses Hierarchiedenken auf die spezifischen kulturellen Gegebenheiten in den USA zurück. Es handle sich bei den Vereinigten Staaten seit der Gründung um ein freies Land, man könne dort machen, was man wolle, und man sei sozusagen im Grunde auch frei. Diese besonderen Voraussetzungen, die mit der amerikanischen Geschichte zu tun hätten, führten nun dazu, daß sehr starke Hierarchien mit strengen Regelungen eingeführt werden müßten, um eine Ordnung in dem vermeintlich freien Land zu etablieren. Diese Situation sei insbesondere in den Betrieben in den Staaten erkennbar:

»Und insofern glaub ich schon, daß vom System her in der Fabrik es ähnlich abläuft dort wie beim Militär. Also (1.0) ›yes sir‹ ist da ganz normal und der der oben, der sagt mir, was ich zu tun hab' und des muß ich dann auch machen.«

Weitere typische Eigenschaften, die bei »den Amerikanern« aus amerikanischer Perspektive festgestellt werden, betreffen »Innovativität« und »Kreativität«. Diese Merkmale machen sich vor allem am einzigartigen Design der Chrysler-Fahrzeuge bemerkbar und auch an der Fähigkeit der Designer, sehr schnell immer wieder neue innovative Formen und Modelle auf den Markt zu bringen:

»The Daimler side is [...] very technical from a product perspective and has a long history (1.0), a long history (-), a proud history (1.0) [...] but, maybe at the same time, to say some of the negatives, I would say NOT very creative. I mean, I love Mercedes, I love to drive one [...] there's not much special about the exterior of a Mercedes. What's really special about a

Mercedes is what's inside the car; under the, the hood so to speak, [...] but on the Chrysler side I would say we're really creative (-) I mean products like the Viper and the Prowler and always trying to change; creative and with it I would say de- design oriented.«

Allerdings unterscheidet sich die Fremdwahrnehmung bezüglich der Herstellung der Chrysler-Produkte, die aus dem Blickwinkel der deutschen Daimler-Repräsentanten als schlechthin amerikanisch betrachtet werden, beträchtlich von der Selbstwahrnehmung der Produktionskompetenzen von Automobilen aus der Sicht der Chrysler-Vertreter:

»Wenn Sie mal die amerikanischen, uramerikanischen Produkte ankucken, also keine japanischen, uramerikanische, dann sind die alle gegenüber unseren und den japanischen etwas grobschlächtiger, auch die Autos, wenn Sie sie so ankucken.«

Vorstellungen von »Innovativität« und »Kreativität«, insbesondere wenn sie das Design der Automobile betreffen, erweisen sich als eher *kulturspezifisch* und werden von Amerikanern und Deutschen nicht geteilt. Diese Kategorien werden also vornehmlich für die Selbstbeschreibung verwendet, mit dem Ziel, die Anderen als weniger »kreativ« und »innovativ« zu kennzeichnen.

Des weiteren ist von einem ausgeprägten »Selbstbewußtsein« und »Optimismus« der Amerikaner die Rede, Eigenschaften, die auch in alltäglichen Arbeitszusammenhängen immer wieder zum Ausdruck kommen. Folgende Äußerung einer deutschen Führungskraft, die die Perspektive der Anderen mit reflektiert, macht dies sehr deutlich:

»... im Späteren hatte ich dann auch nochmal so ne, so ne äh (1.0) generelle Erlebnisart (1.0) die da heißt, oder die ich beschreiben würde, daß der Amerikaner natürlich selbstbewußt ist, auch selbstbewußt auftritt im Sinne seines Selbstverständnisses auch, weil (1.5) er diesen Schutz offensichtlich braucht, selber, für sich selber. Also die Amerikaner, ich nehme an, daß sie es auch schon so gehört haben, die nennen ja Amerika ›God's own country‹; JD: mhm ja ja; HF: und äh das sagt ja schon was aus. Wir sind ja schon lang von dem weg, [...] äh von dem Thema sind wir ja also entwicklungsmäßig schon weit weg, daß mir [wir][31] sagen, also Gott beschützt nur Deutschland und den Rest verprügelt er.«

Zusammengefaßt kann festgehalten werden, daß es sich bei den dargestellten Mustern der Fremd- und Selbstwahrnehmung um stereotypisch festgelegte Eigenschaften bzw. Verhaltensweisen handelt, die auf Mitglieder der jeweiligen kulturellen Gruppierung bezogen werden. Insbesondere die Opposition aus deutschen und amerikanischen Denk- und Verhaltensmustern, die sich auch aufgrund des noch relativ kurzen intensiven Kontakts der Individuen aus beiden Kulturen direkt nach der Unternehmensfusion ergab, zeigt deutlich, daß

[31] Bei dem vom Sprecher verwendeten Dialektwort »mir« handelt es sich um ein Personalpronomen, das im Hochdeutschen mit »wir« wiedergegeben werden würde.

Wahrnehmungen eindeutig von Verständnissen des Eigenen und des Fremden und entsprechenden Trennungen bestimmt sind.

3.2 Selbstdefinition über Nationalkultur – die Primordialität des Nationalgefühls

Die zentrale, überaus ›gefestigte‹ und »natürliche« Kategorie der Wahrnehmung, die für die Individuen aus beiden interkulturellen Arbeitswelten eine besondere Geltung hat, ist die der »Nationalität«. Diese wird als ausgesprochen bedeutend hervorgehoben, wenn es um Selbst- und Fremdbeschreibung geht; »Nationalität« – dies wird aus den Daten erkennbar – wird in interkulturellen Kontexten als übergeordnetes Identifikationsmerkmal verwendet. Verankert ist diese Zuschreibung, wie sie von den Informanten vorgenommen wird, in einem entsprechenden, auf der persönlichen Ebene »subjektiv« empfundenen »Nationalgefühl«, einer emotionalen Beschreibung, die nicht mehr hinterfragt wird. Um diesen Zusammenhang erklären zu können, wird das Konzept der *Primordialität des Nationalgefühls* formuliert. Die dafür relevanten empirischen Erkenntnisse werden im folgenden genauer erläutert.

Relevanzen und Ambivalenzen nationalkultureller Zugehörigkeit

Auf den ersten Blick entsteht allerdings der Eindruck, daß im Kontext der Automobilfabrik der Faktor »Nationalität« von untergeordneter Bedeutung für die Selbst- und Fremdbeschreibung der Individuen ist. Dies hängt insbesondere damit zusammen, daß der Großteil der im Moment der Durchführung der Studie im Betrieb tätigen Ausländer der zweiten bzw. der dritten Generation angehört, das heißt entweder überwiegend oder ganz in Deutschland sozialisiert wurde. Dies hat zur Folge, daß nationale Kategorien für eine Zuordnung gar nicht mehr so eindeutig verwendet werden können, wie zu Zeiten einer Dominanz der Ausländer der ersten Generation, bzw. sich heute als sehr diffus herausstellen. Es kann also nicht mehr eindeutig festgelegt werden, ob sich jemand als Türke oder Deutscher identifiziert bzw. wie die entsprechende Person von den jeweiligen anderen wahrgenommen wird; dabei kann sich die Fremdwahrnehmung von der Selbstwahrnehmung unterscheiden. Die »Nationalität« als Identifikationskategorie betreffend, beschreibt ein türkischer Betriebsrat die Situation der Ausländer der zweiten und dritten Generation folgendermaßen:

»Die zweite Generation in Teilen, jetzt die dritte Generation ist natürlich eine ganz andere Welt. Deutsch fabelhaft, wie gesagt, fachlich haben die dann auch was drauf, und hier wird natürlich ein anderer Anspruch erwartet und auch gestellt, natürlich, und die gehen auch vor Ort ganz anders um und sie sind, äh sie sehen sich als gleichwertig an, die Menschen, dieses Handicap existiert so nicht mehr, und wenn, dann psychologisch, aber mit Sicherheit nicht begründet. Es gibt nicht die Punkte, die man bei der ersten Generation immer vorfand, also sie gehen selbstbewußt an die G'schichte ran, und wenn eben dann dennoch vorkommt, daß daß der eine oder andere hier wirklich Unterschiede macht aufgrund der Nationalität, dann kann des auch mal zu Eskalationen führen.«

Während die erste Ausländergeneration, die direkt von den Unternehmen in Deutschland und im vorliegenden Falle von Daimler-Benz in ihren Herkunftsländern angeworben wurde, sich in einer eher randständigen Position innerhalb des Betriebes befand und besonders intensiv über nationale Kategorien wahrgenommen wurde, zeigt sich bezüglich der Ausländer der zweiten und dritten Generation ein völlig anderes Bild. Bei der ersten Generation, die zumeist aus den Ländern Italien, Portugal, Spanien, Griechenland und der Türkei zuwanderte, bestand von Beginn an die Absicht, wieder in die Heimat zurückzukehren, ein Vorhaben, das über Jahrzehnte hinweg erhalten blieb bzw. immer noch präsent ist. Zahlreiche Gastarbeiter der ersten Stunde wurden zum Zeitpunkt der Datenerhebung – in den Jahren 1999/2000 – gerade pensioniert. Aufgrund dieser das Leben in Deutschland beherrschenden Idee einer Rückkehr wurde zumeist auch darauf verzichtet, sich die deutsche Sprache auf hohem Niveau anzueignen; Deutschkenntnisse bei der ersten Generation erweisen sich oft als sehr mangelhaft, was auch zu Kommunikationsproblemen in den unterschiedlichen Arbeitsmilieus führte.

Für die zweite und dritte Generation, die Deutschland zuweilen auch als Heimat bezeichnen würde, sind nationale Selbst- und Fremdzuordnungen – wie gesagt – häufig nicht eindeutig; die Identifikation mit einer Nationalität stellt sich als problematisch dar. So fragt sich beispielsweise eine Interviewpartnerin, ob sie sich als »Deutsch-Bosnierin« oder als »bosnische Deutsche« bezeichnen soll. Tendenziell wird erkennbar, daß »Nationalität« als augenscheinliche, klar ersichtliche Beschreibung an Bedeutung verloren hat, wie auch der türkische Betriebsrat erläutert:

»... weil ja es gibt da kein objektives oder objektiver Grund, wo man sagt, von der Wertigkeit, fachlicher Wertigkeit her, daß man den einen oder anderen schlechter oder besser stellt, wenn dann nämlich bei dieser Gleichwertigkeit der eine oder andere des Gefühl hat, aufgrund der Nationalität jetzt schlechter behandelt zu werden, dann erwähnen die Menschen des auch heute.«

Eine Sensibilisierung der Mitarbeiter bezüglich der Verwendung nationaler Kategorien offenbart sich in dem Anspruch, daß keine Unterschiede zwischen den einzelnen aufgrund von »Nationalität« gemacht werden sollen. Früher sei das anders gewesen, häufig wurde differenziert und auch diskriminiert, beispielsweise mit der Aufteilung »Deutsche« und »Ausländer«. Heute jedoch stellt sich das nach Meinung der Interviewten anders dar: »... für mich gibt's keine Unterschied ob deutsch oder Ausländer, Hauptsach' er bringt seine Leistung«.

In den untersuchten Arbeitsmilieus der Automobilfabrik – in der Produktion, im Rohbau, in der Lackierung etc. – nimmt das *Leistungsprinzip* eine zentrale Stellung ein. Die individuelle Leistung gilt als Kriterium, nach dem die Mitarbeiter bewertet werden; »Leistung« ist in diesem Sinne ausschlaggebend für die Beurteilung des einzelnen und nicht die nationale Zugehörigkeit, wie das früher teilweise der Fall gewesen sei. Leistung bemißt sich dabei auch danach, inwiefern ein Mitarbeiter in der Lage ist, Verantwortung zu übernehmen, das heißt Vorarbeiter (»Capo«), Gruppensprecher, Meister, Vertrauensperson der Arbeiternehmervertreter etc. zu werden, eine Voraussetzung, die nicht (unbedingt) an die »Nationalität« geknüpft ist, wie im folgenden noch deutlich werden wird.

Relativierung nationaler Zugehörigkeit im Kontext der Arbeitnehmervertretung

Bis zum Jahre 1994 bestand bei Daimler-Benz im Automobilbetrieb eine nach Nationalitäten getrennte Arbeitnehmervertretung, das heißt, daß jede der am stärksten vertretenen Ausländergruppierungen – Türken, Italiener, Portugiesen, Spanier, Griechen – Betriebsräte und auch Vertrauenspersonen mit der entsprechenden nationalen Zugehörigkeit als Ansprechpartner bestimmen konnte. Betriebsversammlungen, die einmal im Vierteljahr stattfanden, wurden in den unterschiedlichen Sprachen – auf türkisch, italienisch, spanisch und portugiesisch – und in unterschiedlichen Gebäuden abgehalten, so daß im Prinzip jede Ausländergruppierung und auch die Deutschen, was die Arbeitnehmervertretung anbelangt, ›unter sich‹ waren; die Trennung, die sich über die Kategorie »Nationalität« ergab, wurde sozusagen noch stärker hervorgehoben: »also es hat im Prinzip eher dazu geführt, daß jeder, äh, jeder noch stärker mit der Unterschiedlichkeit sich beschäftigt«.

Die mangelnde Sprachkompetenz und die marginale Position der Ausländergruppierungen seit den sechziger Jahren und bis in die achtziger Jahre machte eine nach Nationalitäten bzw. Sprachgruppen aufgeteilte Arbeitnehmervertretung notwendig; die nationalen Betriebsräte und Vertrauenspersonen waren zur damaligen Zeit das Sprachrohr der Ausländer im Betrieb und eine Instanz, die sich für deren Belange und Rechte einsetzte. Häufig war der türkische »Vertrauensmann« nicht nur der Vermittler zwischen Arbeitern und Vorgesetzten, sondern aufgrund seiner deutschen Sprachkenntnisse auch als Übersetzer tätig und unabdingbar, wenn es darum ging, Kommunikationsbarrieren zu überwinden. Die institutionalisierte Trennung innerhalb des Systems der Arbeitnehmervertretung brachte jedoch den Nachteil mit sich, daß die Differenzen zwischen den Nationalitäten, wie erwähnt, erst recht zum Ausdruck gebracht wurden: »also da haben Sie schon Recht, wenn man äh in den Gruppierungen gewählt wird, wird man auch nur mit den Problemen der Gruppierungen eigentlich konfrontiert«.

Als nun die Ausländer der zweiten und dritten Generation, die immer zahlreicher Hochdeutsch bzw. Schwäbisch (als Muttersprache) perfekt beherrschten, Facharbeiterausbildungen absolvierten und auch in Schlüsselpositionen – Vorarbeiter, Meister, Vertrauensperson der Gewerkschaft, Betriebsrat etc. – gelangten, erwies sich die Trennung nach Nationalitäten bereits seit den achtziger, aber besonders in den neunziger Jahren als nicht mehr angemessen. Die jungen »Ausländer« konnten nun keinesfalls mehr als »Gastarbeiter« betrachtet werden, denn schließlich waren sie, wie es heißt, »bestens integriert«. Das einzige Unterscheidungsmerkmal dieser ausländischen Mitarbeiter der zweiten bzw. dritten Generation besteht häufig in den Namen, die offensichtlich als ›nicht-deutsch‹ wahrgenommen und somit zur Einstufung der entsprechenden Person als »Ausländer« verwendet werden.

Die alte Regelung der getrennten Arbeitnehmervertretung wurde im Jahre 1994 abgeschafft, so daß seither sämtliche Arbeitnehmer gemeinsam von Vertrauenspersonen und Betriebsräten mit unterschiedlicher nationaler Zugehörigkeit repräsentiert werden. Diese Integrationsmaßnahmen, die von seiten des Unternehmens auch aus Gründen der Kostenersparnis (weniger Betriebsversammlungen mußten organisiert werden) vorgenommen wurden, führten – wie durchweg dargestellt wird – zu ausgesprochen positiven Veränderungen, was die Anerkennung der ausländischen Mitarbeiter anbelangt; ein schwäbischer Betriebsrat beschreibt die neue Situation folgendermaßen:

> »Ich bin froh, daß wir's so integriert haben, daß es nicht mehr die einzelnen Nationalitäten-Betriebsversammlungen gibt, sondern nur noch eine gibt. Und mir händ [wir haben] viel' Diskussionsredner, die die praktisch auf der türkischen Seite [...] einfach sich zu Wort, zu Wort meldet und da sich integrieren. Die bringen sich ein in einem großen ( ). Leut', des ist gut, des-, ich find des gut, weil mir [wir] dann eine Linie händ [haben]; ich find des richtig gut.«

Durch die Aufhebung der institutionalisierten Trennung entstanden Chancen, den Faktor »Nationalität« innerhalb der Arbeitszusammenhänge als Kategorie der Fremd- und Selbstwahrnehmung zu relativieren. Innerhalb der Arbeiterschaft konnten neue Gemeinsamkeiten entdeckt werden, wie die Äußerung eines türkischen Betriebsrats zeigt:

»... also man hat weniger von- von der Integration, also sprich von Zusammenführen, von einer konstruktiven Zusammenführung gesprochen, eher da drüber, was eigentlich alles ungerecht und schlecht läuft. Weil dadafür bin ich ja gewählt worden, um des aufzuzeigen, und ich denke, jetzt nach '98 ist auch ein anderes Gedankengut hereingekommen. Also eher dadafür zu sorgen, daß es gemeinsam besser läuft, weil man gemeinsam ja gewählt worden ist.«

Ein bemerkenswertes Phänomen, das mit der Neuregelung auftrat, bestand darin, daß zum Zeitpunkt der Datenerhebung mehr als 50 Prozent der Arbeitnehmervertreter – der Vertrauenspersonen und Betriebsräte, zumeist von der IG-Metall – ausländische Mitarbeiter oder Spätaussiedler waren. Ein erstaunlicher Anteil, denn insgesamt nur ca. 23 Prozent der Arbeiter waren ausländischer Herkunft. Daraus wird deutlich, daß zahlreiche deutsche Mitarbeiter sich dazu entschlossen, ausländische Kollegen als ihre Repräsentanten zu wählen. Ein portugiesischer Betriebsrat hat eine Erklärung für dieses Phänomen gefunden und ist – wie sein deutscher Kollege, der auch am Interview teilnimmt – der Ansicht, daß die deutschen Arbeiter einfach nicht »kämpferisch« genug seien:

»... unser deutsch' Kollege in diese Fall sind etwas passiv. Aber das kommt von- von Mentalität, das kommt echt von Mentalität, wenn Sie sehen, wie die Gewerkschaftsbewegung im Vergleich deutsch mit französisch, deutsch mit Italiener. Arbeiterbewebung in Deutschland trotz größter Gewerkschaft von Welt, (...) Arbeiterbewebung steht nix mehr da.«

Die Arbeiterbewegung habe in Ländern wie Italien, Frankreich oder Portugal eine ganz andere Tradition als in Deutschland: Bei einem Streik werde dort, wenn es sein müsse und es um die Rechte der Arbeiter gehe, das gesamte Land »lahmgelegt« – in Deutschland sei die Situation vergleichsweise »harmlos«. Die »Mentalität« der Deutschen sei in dieser Hinsicht nicht für den Arbeitskampf geeignet, weshalb weniger Deutsche als Repräsentanten gewählt würden, wie der deutsche Betriebsrat bestätigt: »und wie gesagt, die 50 Prozent kommen ja irgendwo her, [...] die Kollegen wählen ja diese Kollegen ja auch, vielleicht mit dem Hintergrund, daß sie einfach kämpferischer sind wie hier«. Das Engagement im Arbeitskampf wird auf die »Mentalität« in Verbindung mit einer Nationalkultur, die durch eine spezifische Tradition der Gewerkschaftsbewegung geprägt wurde, zurückgeführt – und ebenso wird die Reserviertheit mit einer bestimmten deutschen Geisteshaltung erklärt.

Die Neuregelung des Systems der Arbeitnehmervertretung eröffnete so den ausländischen Mitarbeitern, die über die Kategorie der Nationalität als nicht-deutsche eingestuft werden, ganz neue Chancen und Aufstiegsmöglichkeiten. Während innerhalb der Arbeitshierarchien im Betrieb, was Karrieremöglichkeiten betrifft, immer noch Hürden vorhanden sind, so zeigt sich die Arbeitnehmervertretung bedeutend offener; nationale Zugehörigkeit scheint hier keine Rolle mehr zu spielen, nur noch Engagement und Leistung scheinen in diesem Rahmen von Bedeutung zu sein. Den ausländischen Kollegen wird Vertrauen entgegengebracht: Es handelt sich aus der Perspektive der Deutschen sozusagen um die Ermächtigung von »Fremden«, im eigenen Namen zu sprechen.

Zahlreiche ausländische Mitarbeiter vergleichen immer wieder ihre Situation im Betrieb mit dem Alltag außerhalb, stellen »drinnen« und »draußen« gegenüber. In bezug auf die Arbeitswelt der Automobilfabrik wird deutlich, daß es sich um ein *natürliches Experiment der Interkulturalität* handelt – eine spezifische Ausprägung der Interkulturalität hat sich innerhalb des Rahmens der Organisation über Jahrzehnte hinweg entwickelt und etabliert. Die Arbeitswelt des Betriebes wird als »gerechter« als die Welt draußen beschrieben; beispielsweise werde Ausländerdiskriminierung im Betrieb strengstens sanktioniert.

»Man wird's nie loskriegen« – das »Nationalgefühl« als subjektive Verankerung nationaler Zugehörigkeit

Das entscheidende Pendant zur Kategorie der »Nationalität« bzw. »Nationalkultur« bildet die Beschreibung, die mit Hilfe der Kategorie des »Nationalgefühls« benannt wird; die »Nationalität« ist sozusagen subjektiv und emotional verankert im bzw. basiert auf dem »Nationalgefühl«. Wenn wie gezeigt eine Selbstbeschreibung oder Identifikation mit einer einzigen »Nationalität« nicht problemlos möglich ist, das heißt nicht eindeutig festgelegt werden kann, wird häufig das »Nationalgefühl« thematisiert, das auf die nicht mehr hintergehbare Eigenschaft der »Nationalität« verweist, die man als Teil seiner Persönlichkeit, als Teil von ›sich selbst‹ betrachtet.

Der Fall des Herrn Donello aus Italien verdeutlicht diese Gegebenheit: Er ist im Unternehmen als Führungskraft tätig, wurde in Italien geboren, lebt seit über 30 Jahren in Deutschland und fühlt sich in erster Linie als Italiener, jedoch nicht als Ausländer in Deutschland; er beschreibt sein Nationalgefühl als zwiespältig, was er durch seine Fußball-Vorlieben zum Ausdruck bringt. Prinzipiell unterstütze er eigentlich die deutsche Fußball-Nationalmannschaft; spiele diese jedoch gegen Italien, bevorzuge er das italienische Nationalteam. An dieser Stelle drückt sich eine gefühlsmäßige Selbstzuordnung zu Italien und eine Verbundenheit mit der italienischen Nation aus, die ihm in diesem Zusammenhang emotional wichtiger ist als die deutsche, obwohl er bereits mit vier Jahren nach Deutschland kam.

Emotional identifiziert er sich also primär mit Italien: »... das ist auch, wenn ich in' Urlaub fahr'; wenn ich über den Brenner drüber fahr', dann fühl' ich mich daheim; das ist komisch, obwohl ich nicht in Italien bleiben möchte«. Sein Nationalgefühl habe ihn dazu bewogen, nicht die deutsche Staatsbürgerschaft anzunehmen, auch wenn dies für ihn zur Folge hatte, daß er lediglich auf lokaler Ebene wählen konnte. Rational kann er diese tiefe Verbundenheit mit Italien nicht erklären, seine Emotionen sind für ihn eindeutig und können nicht in Frage gestellt werden: »... das ist also schon, das ist ein großes Feld mit dem Gefühl und denk' auch mal, man wird's nie loskriegen. Damit kann ich aber umgehen; man muß lernen, damit umzugehen«. Nicht nur aus seinen Formulierungen, sondern auch aus den Äußerungen weiterer Interviewpartner wird deutlich, daß das beschriebene »Nationalgefühl« in einem engen Zusammenhang mit dem steht, was als »Heimat« betrachtet wird; wo »man« sich »daheim fühlt«, dort fühlt man sich auch zugehörig. Die »Heimat« ist dann jener Ort, wo niemand mehr in Frage stellt, daß »man« dort hin gehört, und wo »man selbst« darüber hinaus auch keinerlei Zweifeln unterliegt, »dort hin zu gehören«.

Die Kategorie der *Primordialität des Nationalgefühls* soll dies veranschaulichen: Sowohl in der Automobilfabrik als auch im internationalen Management wird von zahlreichen Mitarbeitern die nationalkulturelle Zugehörigkeit über das »Nationalgefühl«, das fast nicht mehr hinterfragt wird, hergeleitet, wobei sich auch nationalistische Tendenzen als Folge eines ausgeprägten »Nationalgefühls« ergeben, wie noch zu zeigen ist. Die am häufigsten vertretenen nationalen Gruppierungen, Deutsche, US-Amerikaner, Türken, Italiener etc., identifizieren sich in den Augen eines Großteils der Interviewpartner normalerweise besonders stark mit ihrer Nation. Als Ausnahme präsentiert sich ein Betriebsrat, der in der Türkei geboren und vor allem in Deutschland sozialisiert wurde, für den nationale Zuordnungen bzw. das Nationalgefühl eine untergeordnete Rolle spielen:

»Ich hab' sehr schöne Erlebnisse, Situationen, Geschehnisse, ( ) mit mit Türken, mit türkische ( ) Gesellschaft, ich erleb' sehr viel Schönes auch mit deutscher Gesellschaft, ich fühl' mich gerade dort, wo ich schöne Erlebnisse hab, als dazugehörig. Ich hab noch nie dadrüber Gedanken gemacht, ich bin jetzt ein guter Deutscher oder ein guter Türke; ((lacht)) also wie oft machen Sie sich denn am Tag Gedanken, daß Sie ein Deutscher sind; überhaupt nicht.«

Im weiteren Verlauf des Gesprächs charakterisiert sich der Gewerkschafter als Europäer. Aus einer universalistischen Perspektive sieht er sich dem Grundprinzip der Gleichheit aller Menschen verpflichtet, wobei die einschränkenden nationalen Kategorien für ihn unerheblich sind. Er selbst verfügt über unterschiedliche Möglichkeiten der Selbstbeschreibung und Identifikation – er kann sich als Europäer, aber auch als Türke, Deutscher oder Schwabe betrachten, je nachdem in welcher Situation er sich befindet.

Aufschluß über das auf der subjektiven Ebene verankerte »Nationalgefühl«, dessen Relevanz in verschiedenen Interpretationen deutlich wurde, können vor allem Überlegungen Max Webers geben. Für ihn bedeutet die Bezeichnung »national«, wenn überhaupt etwas Einheitliches damit erfaßt werden könne,

»dann eine spezifische Art von Pathos, welches sich in einer durch Sprach-, Konfessions-, Sitten- oder Schicksalsgemeinschaft verbundenen Menschengruppe mit dem Gedanken einer ihr eigenen, schon bestehenden oder von ihr ersehnten politischen Machtgebildeorganisation verbindet« (Weber 2001 [1920]: 190; Weber 1980 [1920]: 244).[32]

Für Weber kommt die entscheidende Bedeutung dem individuellen »Glauben« an eine »Idee der Nation« zu, der mit einem »Prestige-Empfinden« bezüglich einer politischen Gemeinschaft samt ihren historischen Errungenschaften einhergeht. Dabei handelt es sich um eine in unseren Vorstellungen existierende Gemeinschaft (Anderson 1993: 5f.), auf die sich dieser Glaube bezieht; innerhalb des Kollektivs der Nation können wir niemals alle weiteren Mitglieder kennenlernen bzw. mit ihnen kommunizieren. Das »Prestige-Empfinden« der individuellen Mitglieder der Nation ist häufig an die »kulturellen« Errungenschaften einer Nation, an die von ihr geschaffenen »einzigartigen Kulturgüter« geknüpft, an welchen sich die Bedeutsamkeit und Unersetzlichkeit der »Nation« messen läßt – »Nation« muß in diesem Sinne als »Kulturgemeinschaft« verstanden werden (vgl. Weber 2001 [1920]: 240-247; Weber 1980 [1920]: 527-530). Das bei den Mitarbeitern zum Ausdruck kommende »Nationalgefühl« hängt zusammen mit jenem Pathos, das bezüglich der kulturellen Errungenschaften einer »Nation« empfunden wird – der einzelne identifiziert sich mit dem, was die »Nation« als etwas spezifisch Kulturelles hervorgebracht hat.

Zwei Unternehmenskulturen mit »Nationalstolz« – der »Clash« der Fusionierten

Im Zusammenhang mit der *Primordialität des Nationalgefühls* verweisen die Schilderungen einiger Interviewpartner darauf, daß ein besonders ausgeprägtes Nationalgefühl – das nur schwer in Worte gefaßt werden kann – zu nationalistischen Tendenzen führt, die im Betriebsalltag auffällig hervortreten können.

---

32 Für vorliegende Argumentation wurde vornehmlich die aktuelle *Max Weber Gesamtausgabe* (Bd. 22-1: *Wirtschaft und Gesellschaft. Die Wirtschaft und die gesellschaftlichen Ordnungen und Mächte. Nachlaß, Teilband 1: Gemeinschaften* (Weber 2001 [1920]) verwendet, da diese den Status und Ursprung der einzelnen Aufsätze zum Thema »Gemeinschaften« respektiert, die in der alten, besonders verbreiteten Ausgabe von *Wirtschaft und Gesellschaft* (Weber 1980 [1920]) häufig willkürlich platziert und mit Überschriften versehen wurden, die nicht von Weber selbst stammen. Seitenangaben, die sich auf *Wirtschaft und Gesellschaft* beziehen, werden immer an zweiter Stelle genannt.

Innerhalb der erst jüngst entstandenen interkulturellen Arbeitswelt des internationalen Managements, wo infolge des »Merger« noch kaum differenzierte, kultur-sensible Umgangsformen feststellbar sind, werden die Welten der amerikanischen und der deutschen Gruppierung miteinander konfrontiert; ein Chrysler-Expatriate in den Headquarters in Stuttgart-Möhringen erklärt Folgendes:

»... the German side, they have the global way of thinking, but the Germans and the Americans both have a similar problem and that is, that they're both very nationalistic, they're both very proud and they both always want to be the boss. I mean there's not too many German, BIG German companies that are bought out by companies from another country and there's not to many American companies that are bought out by companies; I can't think of any, (-) um and that's because both are proud and very nationalistic they have their own ways and they want their ways to be the way. Now, that creates a problem because we can't always both have our way (1.0). The Chrysler side though has a disadvantage in that they're not very global thinking; they're very much US focused, North American focused.«

Eine Ansicht, die durchweg von den DaimlerChrysler-Mitarbeitern geteilt wird und die nahelegt, daß es sich bei dem Zusammenschluß der beiden Unternehmen Daimler-Benz und Chrysler keinesfalls um den vom Management propagierten »Merger of Equals«, um den »Zusammenschluß unter Gleichen« handelte, sondern um eine Übernahme des amerikanischen Konzerns Chrysler durch das deutsche Unternehmen Daimler-Benz. Dabei ist von entscheidender Wichtigkeit, daß beide Unternehmen sowohl in der Fremd- als auch in der Selbstwahrnehmung in den Kontext von Nation, Nationalkultur und -geschichte gestellt werden: Chrysler wird als klassisches US-amerikanisches Unternehmen betrachtet, das auch seine Automobile fast ausschließlich für den nordamerikanischen Markt – für die USA und Kanada – produziert. Chrysler-Fahrzeuge weisen nahezu ausnahmslos ein »typisch amerikanisches« Design auf und waren vor der Fusion bzw. sind zum jetzigen Zeitpunkt noch immer in diesem Sinne spezifisch für amerikanische Käufer konzipiert.

Auch die Geschichte des Unternehmens Chrysler kann als ›amerikanisch‹ gekennzeichnet werden; die Entwicklung des Konzerns ist – wie gesagt – durch zahlreiche Höhen und Tiefen geprägt, wobei man immer wieder aus eigener Kraft in der Lage war, dem Bankrott zu entgehen. Das amerikanische Unternehmen konnte sich beständig ›von ganz unten‹ zu einem der erfolgreichsten Automobilhersteller Amerikas ›hocharbeiten‹; die Erfolgsgeschichte Chryslers spiegelt in diesem Sinne die Verwirklichung des »American Dream«, wie auch das Produkt Chrysler als Bestandteil des »American Way of Life« zu verstehen ist. Für die Chrysler-Mitarbeiter – so kann beobachtet werden – bietet das Unternehmen und auch die Marke »Chrysler« eine Möglichkeit der emotionalen Bindung, die häufig an die Identifikation mit der Idee der amerikanischen Nation gekoppelt ist.

Als durchaus vergleichbar erweist sich die Situation bei Daimler. Auch hier ist die Identifikation der Mitarbeiter mit dem Unternehmen eng mit Nationalität bzw. Nationalkultur verknüpft. Das Prestige-Unternehmen Daimler-Benz wird als zur deutschen Technologie- und auch Kulturgeschichte gehörig wahrgenommen, das Produkt Mercedes-Benz als typische deutsche Errungenschaft verstanden.[33] Daimler-Repräsentanten sind stolz auf ihr Unternehmen und dessen Renommee; entscheidend ist nun, daß sie ihre Zugehörigkeit zum Unternehmen in ausgesprochen enger Beziehung zur deutschen Nation sehen. Wie bei kaum einem anderen deutschen Konzern kann ein derartiges Zusammenspiel zwischen dem Unternehmen und dem Projekt der deutschen Nation festgestellt werden; aus der Perspektive unterschiedlichster Mitarbeiter wird Daimler-Benz als prototypisch deutsches Unternehmen wahrgenommen.[34] Der Mercedes-Stern, der dieses Unternehmen versinnbildlicht, kann möglicherweise als eines der weltweit bekanntesten deutschen Embleme bzw. Symbole betrachtet werden; er steht für Luxus, Prestige, Sicherheit, Zuverlässigkeit und repräsentiert unter anderem das deutsche Wirtschaftswunder.

Das bezüglich der Individuen amerikanischer und deutscher Kulturzugehörigkeit beschriebene ausgeprägte Nationalgefühl bildet die Grundlage für einen »Nationalstolz«, der, so sagen die Interviewpartner, für beide Parteien charakteristisch ist. Ein Chrysler-Expatriate argumentiert:

33 Paradigmatisch kommt dies in einem Fernseh-Werbespot zum Ausdruck, der im Jahre 2002 zu den besten Sendezeiten im privaten deutschen Fernsehen ausgestrahlt wurde und in dem eine biblische Episode ›umgedeutet‹ wird: Deutlich erkennbar handelt es sich um den Beginn der Sintflut, wobei Noah zu sehen ist, der zahlreiche Tiere – Zebras, Elefanten, Giraffen etc. – in Pärchen in seine Arche geleitet. Doch nicht nur von jeder Tierart ein Pärchen, sondern auch deutsches Kulturgut, Literatur von Goethe oder Partituren von Bach und Beethoven werden in die Arche gebracht, und zu guter Letzt ›schweben‹ zwei Prachtexemplare der neuen E-Klasse in Noahs Arche, die mit ihrem ›sensationell neuen‹ Regensensor – so wird suggeriert – die Sintflut problemlos überstehen werden. Dieser kurze Werbefilm veranschaulicht, daß auch der Konzern selbst das Produkt *Mercedes* für ›Promotion‹-Zwecke als deutsches Kulturgut präsentiert und mit deutschen kulturellen Errungenschaften aus Literatur und Musik auf eine Ebene stellt.

34 Diese Analyse ›spiegelt‹ das von Max Weber beschriebene Prestige-Empfinden, das die Individuen aufgrund der kulturellen Errungenschaften ihrer – hier der deutschen – Nation verspüren; Mercedes-Produkte, die Marke Mercedes sowie das Unternehmen werden als »Kulturgüter« (Weber 2001 [1920]: 247; Weber 1980 [1920]: 530) wahrgenommen, die bestimmte Werte wie Qualität, Ästhetik, Wohlstand, Zuverlässigkeit, Sicherheit etc. symbolisieren, Werte, die nicht nur mit Produkten und Unternehmen in einer Bedeutungsbeziehung stehen, sondern insbesondere auch mit der ›Idee einer deutschen Nation‹.

»... but, it's just the difference in cultures I think; and, and people have a natural pride from where they're from and (-) and I think a big mistake is to try to take that away from them and to (-) to have someone who is saying everything is better where I came from«.

Dieses Empfinden von Stolz auf die Nation oder auch Herkunft wird dadurch erklärt, daß man sich mit seinem Unternehmen als spezifisch amerikanischem bzw. spezifisch deutschem identifiziert und darüber hinaus stolz ist auf die Errungenschaften von Chrysler und Daimler, genauer gesagt auf die Automobile, die von den jeweiligen Konzernen entwickelt wurden:

»... and I think in general, what's happened is everybody has (-) grouped everything here and said well, any issue we have it's a company and a national culture issue that (-) you know (-) uh, and I think they become very proud. The Americans want ( ) they're very proud of Chrysler as the company as it was; they're very proud of their achievements. Daimler is very proud of its achievements ...«

Die Identifikation mit den beiden Konzernen, die über nationalkulturell geprägte Traditionen verfügen, ist deshalb entscheidend an die Identifikation mit Nation und Nationalkultur gekoppelt; Amerikaner und Deutsche sind stolz auf ihre Unternehmen und in diesem Zusammenhang auch auf die Nationalkultur, auf deren Basis die erfolgreichen, kreativen und leistungsfähigen Produkte der Unternehmen Chrysler und Daimler geschaffen wurden.

Dies ist vor dem Hintergrund der unerwartet und rasant vollzogenen Fusion der beiden Automobilkonzerne von besonderem Interesse, die – wie erwähnt – in keinster Weise als »Merger of Equals« wahrgenommen wird; sie wird von beiden Seiten als »Übernahme« oder »takeover« unter Verwendung von nationalen Kategorien gekennzeichnet. Deutsche Großmachtambitionen, für welche die deutsche Geschichte, den Andeutungen mancher amerikanischer Interviewpartner zufolge, zahlreiche Beispiele liefere, führten angeblich zu der Übernahme des traditionsreichen amerikanischen Unternehmens. Es komme nicht häufig vor, daß amerikanische und auch deutsche Großkonzerne feindlich übernommen werden, so ein Chrysler-Repräsentant (vgl. oben, S. 81). Auch aufgrund der Tatsache, daß beide Unternehmen eigentlich keine Zeit hatten, zusammenzuwachsen, und insbesondere, wie argumentiert wird, aufgrund der nationalistischen Orientierungen auf beiden Seiten entstanden Hindernisse für einen erfolgreichen Verlauf des Zusammenschlusses.

Von den im Unternehmen tätigen Amerikanern wurde die Übernahme von Chrysler sowie die Tatsache, daß sich die Führungsriege des Gesamtkonzerns unter der Leitung von Jürgen Schrempp postwendend in deutschen Händen befand, als tiefe narzißtische Kränkung empfunden:

»The people were just being told different stories all the time and, and they just (-) you just feel different if you're part of the company that was bought, you know. And you're no longer (your company) and, and you're no longer an American company.«

Von den Daimler-Kollegen werden die Chrysler-Repräsentanten in gleicher Weise als diejenigen betrachtet, die übernommen wurden, und auch die Tatsache, daß es sich um eine amerikanische Firma handelte, die »gekauft« wurde, fließt in die durch ein Gefühl der Überlegenheit geprägte Wahrnehmung mit ein. Unterstützt wird diese durch nationale Kategorien geleitete Wahrnehmung durch das Prestige, das dem deutschen Unternehmen Daimler und der Luxus-Marke Mercedes zukommt.

In diesem Kontext ist auch von einem »Überlegenheitsgefühl der Deutschen« die Rede; in bestimmten Situationen des interkulturellen Aufeinandertreffens wird von deutscher Seite – wie aus der Perspektive der Amerikaner argumentiert wird – eine »Überlegenheit« signalisiert, die häufig auch mit nationalen Kategorien in Verbindung gebracht wird. Hier wird von einer grundsätzlichen Überlegenheit der deutschen Kultur ausgegangen, die sich an der technischen und qualitativen Höherwertigkeit der von Daimler hergestellten Automobile bzw. der Produktionsstandards insgesamt zeigt – das Produkt Mercedes wird hier insbesondere als Errungenschaft der deutschen Kultur betrachtet. Dabei wird bei den deutschen Daimler-Mitarbeitern entweder auf die stereotypische Denkweise auf der einen Seite oder andererseits auf aus eigenen Erfahrungen resultierende Überzeugungen rekurriert, daß diese beschriebene, in Deutschland erzielte technische und technologische Überlegenheit existiert.

Weitere Nationalismen werden erkennbar, wenn das Kaufverhalten der Kunden beider Konzerne in Betracht gezogen wird; so beschreiben die Interviewpartner bei Kunden eine Tendenz, diejenigen Automobile zu bevorzugen, die im eigenen Land entwickelt und produziert und entsprechend von einem deutschen oder amerikanischen Unternehmen gefertigt wurden.

»And that's the problem; and there are people in America who (-) who before they would consider buying three cars: (-) General Motors, Ford or Chrysler (-) and now they would consider buying General Motors or a Ford cause their- it's not an American company any more. And you know, there were some Chrysler market (-) market (dismiss-) in the United States.«

Der Patriotismus der amerikanischen Klienten zeigt sich in dieser Hinsicht daran, daß sie sich »einheimische« Autos anschaffen, zum einen – den Aussagen eines deutschen Daimler-Repräsentanten zufolge –, um die »eigene« Volkswirtschaft zu unterstützen, zum anderen aber, weil sie sich mit einem kulturspezifischen Design der Automobile identifizieren, wie beim Modell des PT-Cruiser zu beobachten ist.

Wenn man die »Post-Merger«-Situation insgesamt in Betracht zieht, so stellt sich heraus, daß eine Grundproblematik bezüglich der Unternehmensfusion aus der Identifikation der Mitarbeiter mit ihrem jeweiligen Stammunternehmen resultiert. Von größerer Bedeutung ist jedoch die Identifikation mit der eigenen »Nation« und »Nationalkultur«. Herr Ellis, Chrysler-Expatriate, beklagt sich in diesem Zusammenhang darüber, daß von seiten des Gesamtkonzerns versucht wurde, unterschiedliche Unternehmenskulturen, vor allem aber auch Nationalkulturen in ein einheitliches Unternehmen bzw. in eine Unternehmenskultur zu »zwängen«, was seiner Ansicht nach ein Fehler gewesen sei. Die Unterschiedlichkeiten in bezug auf Unternehmens- und Nationalkulturen und Produkte, die auch mit dem jeweiligen Stolz auf die Errungenschaften von Chrysler und Daimler verbunden seien, den die einzelnen empfinden, könnten nicht einfach aufgelöst werden und der Institution eines Gesamtunternehmens – des neuen DaimlerChrylser-Konzerns – untergeordnet werden. In diesem Sinne können weder National- noch Unternehmenskulturen miteinander »verschmelzen« – der Interviewpartner plädiert dafür, die jeweiligen bereits bestehenden Kulturen als ›gewachsene‹ und feststehende Gebilde zu erhalten.

Die Analyse der Kategorien innerhalb des Bedeutungshorizonts des Konzeptes der »Nation« ergab, daß »Nationalität« und »Nationalgefühl« als basale Momente der Selbst- und Fremdwahrnehmung bzw. Selbst- und Fremdbeschreibung funktionieren; die Zugehörigkeit zur »Nation« ist entscheidender und von größerer Bedeutung als die zu einem Unternehmen:

> »It will always be different but I don't think it's so important that I'm from Chrysler (-) or I don't think it will be so important I'm from Chrysler, but just from America. In the same way, I don't think it'll be for the people moving to Michigan or Auburn Hills it's not so important that they're Daimler-Benz people, but just that they're Germans.«

An anderer Stelle wird von einem US-Amerikaner darauf hingewiesen, daß die DaimlerChrylser-Aktie deshalb konsequent unterbewertet sei, weil zahlreiche Aktionäre den neu geschaffenen Gesamtkonzern nicht mehr mit ihrer Nationalität assoziieren und es vorziehen, in »amerikanische« und »deutsche« Unternehmen zu investieren. Die starke Prägung der Konzerne durch die spezifische Nationalkultur wurde, so gesehen, durch die Fusionierung ›aufgehoben‹, mit der Folge, daß DaimlerChrysler nicht mehr eindeutig mit einer bestimmten Nation identifiziert werden kann.

3.3 »Fremdheit« und die Konstruktion der Abgrenzung

Für die untersuchten Arbeitswelten wird mit Bezug auf unterschiedliche Situationen des interkulturellen Aufeinandertreffens der Individuen das Konzept der »Fremdheit« verwendet, die als bedeutsame Kategorie der Wahrnehmung erscheint. »Fremdheit« bzw. »das Fremde« entsteht ausschließlich in der Abgrenzung zu dem, was als bekannt, gewohnt, vertraut, verständlich etc. angesehen wird – das existentiell Unbekannte, was nicht verstanden wird, erweist sich als nicht zugänglich – zumeist erfolgt eine Distanzierung von dem »Fremden«. »Fremdheit« wird in der Begegnung mit dem jeweils Anderen konstituiert; dennoch handelt es sich um eine Kategorie der subjektiven Wahrnehmung, da sie individuell aus einer subjektiven Perspektive konstruiert wird.

»Wenn man ihn nicht kennt« – Facetten der »Fremdheit«

Das Andersartige, Unbekannte manifestiert sich in konkreten und dabei sehr vielfältigen Interaktionssituationen. Das »Fremde« oder die »Fremden« lösen »Ängste« aus, wie ein türkischer Meister feststellt:

»... die Ängste entstehen immer, wenn ein Fremder kommt, egal ob des jetzt ein Deutscher oder ein Türke ist oder überhaupt, irgendjemand, wenn man ihn nicht kennt, entstehen halt Ängste, Befürchtungen und und und, äh, natürlich bei einem (-) Ausländer oder anders (-) äh entstehen wiederum auch diese Ängste. [...] Und wenn man aber die Person näher kennt, dann sieht das ganz anders aus.«

In dieser Äußerung wird deutlich, daß »Fremdheit« immer nur in der Relation zum Eigenen, Bekannten und Vertrauten wahrgenommen werden kann; Angst und Furcht resultieren aus der Überzeugung, daß das Nicht-Durchschaubare auch nicht berechenbar ist. Der »Fremde« ist derjenige, der sich dadurch vom Eigenen – aus der Perspektive der Informanten – abgrenzt, daß er »anders aussieht«, einen »anderen Glauben« und andere »Sitten« hat, »die Sprache nicht beherrscht« etc.; häufig wird der Fremde mit abweichenden Kategorien, wie beispielsweise »Ausländer« bzw. mit Nationalitäten oder Ethnizitäten, die man als der eigenen Kultur fernstehend empfindet, versehen. Nachfolgende Bemerkung eines deutschen Arbeiters ist hier von Interesse:

»... wenn die Leute halt äh (-) ihre eigene Kultur pflegen und immer in ihren Kreisen verkehren, weißt', wie die Türken, daß die, wenn die mit dem Kopftuch oder was, wenn die an Allah glauben, 's gibt auch ganz ( ) dann kannst du als Deutscher, kannst du da schlecht reinkommen, oder kannst du mit dem brauchst' mit dem nicht reden, weil des bringt dir nichts.«

Die Fremden im eigenen Land sind gemäß einer solchen Sichtweise diejenigen, die sich an die »Kultur« in Deutschland nicht anpassen, weiterhin ihre eigene, fremde Religion pflegen und sich durch ihr Äußeres, durch die »Andersartigkeit« ihrer Kleidung – besonders deutlich wird dies im Falle des Kopftuchs – von dem Gewohnten und Bekannten unterscheiden. Es liegt aus der Perspektive des Sprechers am Verhalten der Immigranten, das eine Distanz zu den »Einheimischen« schafft und eine Anpassung an die vorherrschende »Kultur« verhindert. Im Hintergrund steht die Erwartung, daß diejenigen, die hier in Deutschland »aufgenommen« werden, sich eigentlich an die Gewohnheiten und Gebräuche der »Menschen in Deutschland« assimilieren sollten.

Der argentinische Facharbeiter, Herr Capri, schildert, wie er offensichtlich aufgrund seines Aussehens als »Fremder« wahrgenommen wird, ohne daß von denjenigen, die ihm begegnen, der Versuch unternommen wird, auf irgendeine Art und Weise auf seine Person einzugehen. So trägt lediglich sein Äußeres, seine schwarze Haarfarbe und seine Physiognomie, die als ungewöhnlich betrachtet wird, dazu bei, zumeist von älteren Leuten nicht gegrüßt zu werden, obwohl dies die übliche Konvention eigentlich verlangt:

HC: »... por la vista también; JD: interesante; HC: sí sí: sí; eso lo nota quizás uno, [...] y quizás era un poco más impulsivo, no es así, cuando notaba esto, digamos que uno no me saluda:, así, hoy me río no? JD: sí:; HC: y antes quizás estaba un poco más enojado no? y decía, ah:: ›estos‹, hablando así, ›estos viejos‹ no? así, no? y:: claro, la juventud, por eso digo, el el el eh:: la apariencia, digamos de una persona, que se nota que sea extranjera, e:::h y que lo hagan notar que sea extranjero, se siente mal, no? y puede reaccionar mal también.«[35]

Für ihn ist die manifeste Ablehnung nicht verständlich, und ihn irritiert die Tatsache, daß aufgrund seines äußeren Erscheinungsbildes eine Differenz zwischen ihm und den ›dazugehörigen‹, vertrauten Einheimischen oder Deutschen hergestellt wird. Diese Ablehnung tritt dabei aus der Sicht von Herrn Capri aufgrund der Unterstellung einer vermeintlichen Andersartigkeit ein, indem die Fremdheit stereotypisch anhand des Aussehens konstruiert wird. Dabei ist nicht von Interesse, welcher individuellen Person man hier begegnet,

---

35 HC: »... auch aufgrund des Aussehens; JD: Interessant; HC: Ja, ja, ja; vielleicht bemerkt man das, [...] und ich war vielleicht früher etwas impulsiver, nicht wahr, wenn ich das bemerkt habe, sagen wir mal, daß jemand mich nicht grüßt; heute lache ich darüber, nicht wahr? JD: Ja:; HC: Und früher habe ich mich vielleicht noch mehr darüber geärgert. Ich sagte dann: ›ah, diese da‹, ich sagte so: ›diese Alten‹, nicht wahr? Genau so. Und:::, klar, die Jugend, deshalb sage ich, der, der, der:: die äußere Erscheinung einer Person und man merkt, daß sie fremd [ausländisch] ist, äh::: und daß man sie merken läßt, daß sie fremd ist, die fühlt sich schlecht, oder nicht? Und kann dann auch schlecht reagieren.« Das Interview mit Herrn Capri wurde auf spanisch geführt, da weitere Personen im Büro, wo das Gespräch stattfand, anwesend waren; diese konnten so inhaltlich nichts verstehen, so daß das Interview durch deren Anwesenheit nicht beeinflußt wurde.

ob sie möglicherweise die deutsche Staatsangehörigkeit besitzt, hier geboren wurde und wie lange sie in Deutschland lebt etc. – es geht überhaupt nicht darum, herauszufinden, welchen biographischen Hintergrund die ›abweichende‹ Person aufweist. In der Konfrontation mit dem Andersartigen, mit einem fremden äußeren Erscheinungsbild wird eine Distanzierung ausgelöst, bei der ein näheres Kennenlernen von vorneherein ausgeschlossen wird. Über die Konstruktion von »Fremdheit« in einer derartigen interkulturellen Begegnung wird auf radikale Weise eine Barriere zwischen den Interaktionspartnern errichtet, die jegliche ›weitere‹ Kommunikation ausschließt.

Auch fehlende oder mangelhafte Sprachkompetenz in Deutsch wird für die Einstufung als »fremd« verwendet; gebrochenes Sprechen der deutschen Sprache bzw. »Ausländerdeutsch« wird als »fremd« empfunden. Diejenigen Kommunikationspartner, die sich durch die genannten Merkmale auszeichnen, werden dementsprechend auch als »Fremde« bzw. »Ausländer« kategorisiert, was wiederum auch deren Selbstwahrnehmung entscheidend mit prägt. Eine türkische Führungsperson berichtet über den eigenen Vater, der bei Daimler-Benz beschäftigt war und ursprünglich seine Familie, die sich damals im Jahre 1977 noch in der Türkei befand, nicht nach Deutschland holen wollte:

»Er wollte, daß wir in der Türkei in die Schule gehen, uns weiterbilden in der Türkei, weil er hier ein Fremder ist und nicht weiterkommt; von der Sprache her vom-, von der Art her und vom Umfeld her.«

Als Ausländer der ersten Generation wird der Vater grundsätzlich als der »Fremde« wahrgenommen, er fühlt sich selbst »fremd« in einer deutschen Umgebung, und die Möglichkeit, sich irgendwann in Deutschland »heimisch« bzw. »zuhause« zu fühlen, rückt in weite Ferne.[36]

Diese Zusammenhänge können mit Hilfe der Überlegungen von Georg Simmel über die soziologische Form des »Fremden« ergänzt werden. Der »Fremde« – im Falle der empirischen Untersuchung der »Ausländer« oder »Gastarbeiter« – ist nicht derjenige, der heute kommt und morgen wieder geht, wie manche jener »Gastarbeiter« der ersten Stunde, die wieder in ihre Heimat zurückkehrten, sondern der »Fremde« ist hier derjenige, »der heute kommt und morgen bleibt« (Simmel 1999 [1908]: 764). Die Tatsache, daß Bezeichnungen wie »Gastarbeiter« noch heute zum gängigen Repertoire in den Arbeitsmilieus gehören, bzw. die Beschreibung »Ausländer« an sich, kategorisiert die »fremden« Individuen dahingehend, daß sie im Sinne von Simmel als »potentiell

36 Die Annahme ist an dieser Stelle naheliegend, daß die Bezeichnung »Ausländer«, die sehr häufig in den Arbeitssituationen im Automobilbetrieb verwendet wird, mit »Fremdheit« in Verbindung gebracht wird, das heißt, daß die »Ausländer«, die hier leben, eigentlich grundsätzlich als »Fremde« verstanden werden.

Wandernde« (ebd.: 764) aufgefaßt werden können, das heißt, daß davon ausgegangen wird, daß sie das Land irgendwann wieder verlassen werden. Dieses Wahrnehmungsmuster, das sich auf die im Betrieb tätigen ausländischen Mitarbeiter bezieht, geht einher mit einem bestimmten Motiv, das insbesondere von Ausländern der ersten Generation immer wieder formuliert wird: Für sie ist nach wie vor, obwohl sie zum Teil schon seit über 40 Jahren in Deutschland leben, eine bestimmte »Rückkehridee« präsent, an die eine mehr oder weniger konkret formulierte »Rückkehrabsicht«[37] geknüpft ist.

Das Fremde als Bedrohung – die Angst vor dem Fremden

Der Umgang mit »den Fremden« oder »dem Fremden« bzw. mit »Ausländern« in den untersuchten Arbeitszusammenhängen im Unternehmen scheint, wie aus den Schilderungen einiger Interviewpartner deutlich wird, für eine bestimmte Gruppierung mit besonderen Schwierigkeiten verbunden zu sein – für die »Ostdeutschen«. So wird beobachtet, daß manche »Ossis« – und dies sei früher viel schlimmer gewesen – regelrecht Probleme damit hätten, daß so viele Fremde und Ausländer gemeinsam mit ihnen arbeiteten. Sie könnten nur schlecht damit zurecht kommen, daß die Kollegen zahlreiche fremde Sprachen verwendeten, daß unbekannte Rituale, wie beispielsweise das Beten der Muslime, praktiziert würden. Das dafür verwendete Erklärungsmodell beruht zumeist auf der Annahme, daß »die im Osten einfach nicht an die Fremden gewöhnt sind«, sie hätten auch niemals die Möglichkeit gehabt, den Umgang mit den Fremden zu lernen.

Ein ostdeutscher Mitarbeiter bekräftigt diese stereotypische Argumentation und versucht damit seine persönlichen Schwierigkeiten mit Ausländern, mit denen er zusammenarbeiten muß, verständlich zu machen:

»Wir haben halt auch bißle Probleme, weil wir da(-)mit nichts zu tun haben, weißt', in der Schule nicht und- und- und allgemein mußten wir uns damit nicht auseinandersetzen. Deswegen reagieren die manchmal drüben auch so:: heftig und zünden ein Haus an, das kann ich nicht verstehen, äh des- des ist- des macht man net, aber da kann ich's wieder, meine Leute verstehen, wenn man so schlecht die Leute drauf vorbereitet, was, wie man mit den Leuten umgehen soll.«

Nicht die Initiative des einzelnen kann dieser Darstellung zufolge dazu führen, die Fremden zu verstehen oder mit ihnen zurecht zu kommen, die Erziehung

37 Beide Konzepte, sowohl dasjenige der »Rückkehridee« als auch das der »Rückkehrabsicht«, zeichneten sich als bedeutsame Kategorien im Rahmen der Grounded Theory-Analyse ab; sie tauchten im Bereich der Selbstwahrnehmung der Ausländer der ersten Generation immer wieder auf.

in der DDR war verantwortlich für eine Situation, in der Ausländer nur wenig akzeptiert werden oder in welcher Fremdenfeindlichkeit offen zum Ausdruck gebracht wird. Die Verantwortung für eine solche problematische Grundhaltung gegenüber Fremden wird so von den einzelnen weggenommen und auf die Erziehungsinstanzen übertragen. Diejenigen, die xenophobe Tendenzen zeigen oder gar fremdenfeindlich agieren, seien – wie von dem Interviewpartner erklärt wird – nicht direkt für ihr Handeln verantwortlich; sie werden als ›Opfer‹ des Bildungssystems der DDR dargestellt.

»... (1.0) uns hat man nur unsere Heimatkunde gelehrt, weißt'. Des ist so, des geht, die Kommunisten waren zwar, wie- wie soll ich sagen, die waren zwar Völker, aber rei- die Erziehung ging doch dahin, daß die schon äh bißle national waren, weißt'. Das merk' ich jetzt, des-, des merkt man, (1.0) die haben gesagt halt, wir wir haben Vietnamesen, zwei Prozent und die kriegen den Container mit- mit- dem Moped und Zucker und so und des geht dann; in, nach zwei Jahren sind die wieder weg, weißt', damit mußten mir, mußten wir uns nicht auseinandersetzen, (-) damit. Und dann haben sie uns erzählt, daß wir die ganzen Arbeiter reinholen, mir haben des ja auch- äh über Ostberlin haben die ja die auch eingeschleust, (--) um (-) weil die Leute hier nicht so viel arbeiten wollen.«

Die ›einzigen Fremden‹, denen man in der DDR begegnete, die augenscheinlich als Ausländer wahrgenommen wurden und die sich durch ihr äußeres Erscheinungsbild und die Art und Weise, wie sie lebten bzw. leben mußten, von den DDR-Bürgern unterschieden, stammten hauptsächlich aus Vietnam. Da diese gezwungen waren, in ausgesprochen einfachen Verhältnissen zu leben – als Wohnraum bekamen sie den Container und als Fortbewegungsmittel das Moped zur Verfügung gestellt –, konnte von seiten der Einheimischen auch nicht der Eindruck entstehen, die Fremden profitierten von der Lebensqualität der sozialistischen DDR. Der ostdeutsche Interviewpartner versucht hier zu verdeutlichen, daß aufgrund dieser Ghettoisierung der Gastarbeiter auch kein Neid oder keine Abneigung gegenüber den fremden Vietnamesen entstehen konnte, insbesondere aufgrund der Tatsache, daß feststand, daß diese ›Gastarbeiter‹ das Land nach zwei Jahren wieder verließen. Da sie in der Abgeschiedenheit leben mußten und nur sehr wenig am Alltag der DDR-Bürger teilhatten und auch weil es sich – und da konnte man sicher sein – nur um einen vorrübergehenden Aufenthalt handelte, konnten die Fremden mit dem anderen, eigentümlichen Aussehen *geduldet* werden. Zu dieser Haltung trug bei, daß sie wichtige Arbeiten verrichteten, von denen die Gesellschaft profitierte. Es kann davon ausgegangen werden, daß der Kontakt mit den vietnamesischen Arbeitern nicht besonders intensiv ausfiel, zumal eine Begegnung mit dem Ziel der Verständigung zwischen den kulturellen Gruppierungen auch nicht angestrebt wurde. Man mußte sich, wie hier argumentiert wird, gar nicht mit den Fremden auseinandersetzen. »Fremdheit« wird als solche erhalten, es werden keine Versuche unternommen, diese »Fremdheit« zu überwinden – man differenziert sich von den »Fremden« und duldet sie in ihrer Andersheit, weil sie – so wird angenommen – die Existenz der Einheimischen auch nicht gefährden oder in Frage stellen. Dieser spezifische Umgang mit den »Fremden« kann als strategische Duldung gekennzeichnet werden.

Die scheinbare Überwindung der Fremdheit

Der für folgende Analyse verwendete Interviewauszug umfaßt die Äußerung eines türkischen Meisters und setzt sich insbesondere mit dem Umstand auseinander, daß er als »Ausländer« es trotzdem, trotz seiner vermeintlich marginalen Stellung im Unternehmen zustande brachte, den Meistertitel zu erhalten und zur Führungskraft aufzusteigen. Die Kategorisierung »Ausländer« markiert, wie nicht nur aufgrund der Interpretation der vorliegenden Schlüsselstelle deutlich wird, einen besonderen Stellenwert im interkulturellen Diskurs, sowohl innerhalb der Organisation wie auch außerhalb. Die Kategorie »Ausländer« wird in interkulturellen Interaktionssituationen für die Konstruktion der grundsätzlichen Fremdheit derjenigen Individuen verwendet, die aufgrund ihrer kulturellen Herkunft als ›nicht zugehörig‹ eingestuft werden.

Nachfolgende Interviewpassage entstammt einer Erzählung über die Situation, wie die Kollegen des türkischen Gesprächspartners wahrnahmen, daß er als »Türke« und »Ausländer« eine Leistung vollbrachte, die ihm die Position des Meisters im Unternehmen sichern konnte. Dabei sind die Konstellationen der gegenseitigen Wahrnehmung von Interesse, die sich aus der Zuschreibung von Zugehörigkeiten über Kategorien wie »Ausländer« und »Inländer«, »Vorgesetzter« bzw. »Arbeiter« etc. ergeben:

HE: »Also ich hab äh (-) seither sehr unterschiedliche Stimmung gehört. Ich hab selber keinen Ausländer in meiner Gruppe drin, in der Fachabteilung; aber die Ausländer, die mich gekannt haben, also die äh, die türkischen Kollegen, die wo mich gekannt haben ((Piepsgeräusch und Laufgeräusche)), (7.0) die wo mich gekannt haben, die haben immer gesagt: *Mensch*, ich bin stolz drauf, daß du Meister wirst, und wo ich da äh (-) zeitlang mit dem- als kommissarischer Meister gelaufen bin, also wenn ich nicht bestanden hätte, wenn ich meinen Kittel nicht gekriegt hätte, wäre erste Antwort, ist klar: Was will der Ausländer, er zeigt seine Leistung, er ist spitze, hier, man will ihm den Kittel nicht geben.«[38]

---

38 Der Interviewpartner erzählt weiterhin: »Des war klar, aber ich mein', wenn man den Hintergrund wissen-, weiß und wenn man alles weiß, war des halt nicht so. (-) Und da kam also Stimmung auf, weil man hat, (-) ich hab sehr viel (-) Bekannte hier in Bau 5 auch weil ich ja 10 Jahre lang als Elektriker in Bau 5 gearbeitet hab', in der A-Schicht. Alle die wo mich gekannt haben, *Mensch* ich bin stolz, daß endlich mal ein Ausländer dahannen [hier] Meister wird; richtig stolz, des erzähl' ich meinen *Kumpels*, des erzähl' ich draußen und mein' ganze Verwandt-

Sequenzanalytische Interpretation – Strukturhypothese (Herr Ergiz)

Herr Ergiz beschreibt die »Stimmung« seiner Kollegen in dem Moment, als diese erfuhren, daß er den Meister »geschafft« hatte, als zwiespältig, das heißt, manche von ihnen waren der Tatsache gegenüber, daß er als »Türke« und »Ausländer« dies erreichen konnte, positiv eingestellt, andere ihm aber diesbezüglich nicht unbedingt wohlgesonnen. Bei seiner Abteilung, für welche er als Vorgesetzter verantwortlich ist, handelt es sich um eine Fachabteilung, also um einen Arbeitsbereich, der in der Einschätzung der Mitarbeiter vom hierarchischen Status her als ›hochrangig‹ eingestuft wird, da dort spezialisierte, besonders gut qualifizierte Facharbeiter tätig sind. Bemerkenswerterweise ist in dieser Abteilung außer ihm, dem Meister, kein anderer Ausländer beschäftigt. Das entscheidende Moment in seiner Äußerung besteht in einem fortwährenden ›Hin- und Herspringen‹ zwischen unterschiedlichen Möglichkeiten der Selbst- und Fremdzuordnung zu kulturellen Zugehörigkeiten bzw. in einer wechselnden Identifikation mit sozialen Rollen innerhalb der Organisation, die für ihn als Individuum in Frage kommen.

Die institutionelle Ordnung des Automobilbetriebes ermöglichte dem türkischem Arbeiter als Angehörigen einer Minderheit den Aufstieg bis zum Status des Meisters, eine individuelle Leistung, die von türkischen oder auch anderen »ausländischen« Mitarbeitern ›normalerweise‹ nicht vollbracht wird. Nach dieser *Statuspassage* (vgl. Glaser/Strauss 1971) befindet er sich in einer Position der Betriebshierarchie, in der er sich von seiner eigenen Stellung als Ausländer distanzieren kann (»aber die Ausländer, die mich gekannt haben«), nicht zuletzt auch deshalb, weil er sich selbst zudem problemlos als Deutschen, präziser gesagt als Schwaben charakterisieren kann. Durch seine perfekte Verwendung des Schwäbischen und durch den ihm eigenen Habitus des typischen Meisters bei Daimler ist er in der Lage, sich von seiner türkischen Kulturzugehörigkeit und auch von seiner Rolle als Ausländer zu distanzieren; was die Fremdwahrnehmung anbelangt, kann er durch die Art und Weise, wie er sich präsentiert, die Wirkung erzielen, von den Kollegen nicht als Ausländer eingestuft zu werden, trotz seines Namens, der ihn eindeutig als Ausländer markiert.

Mit der Statuspassage zum Meister erhält Herr Ergiz eine neue Funktion im Unternehmen und bekommt als Vorgesetzter die Verantwortung für eine Fachabteilung, in der nur deutsche Kollegen tätig sind. Die »türkischen Kollegen« seiner früheren Abteilung, die stolz auf die Tatsache waren, daß er trotz

---

schaft usw., die waren natürlich happy; und mein Vater war stolz und der erzählt des heute auch noch. Ich find's gut, warum nicht, man kann auch so stolz sein, daß man überhaupt des geschafft hat.«

seiner Herkunft Meister wurde, trifft er nun nicht mehr; sein sozialer Aufstieg hat die Beziehung zu diesen Kollegen unterbrochen. Sie waren stolz auf seine individuelle Leistung, weil sie ihn als Repräsentanten ihrer gemeinsamen Kultur auffassen; er ist einer von ihnen, einer aus ihrer kulturellen Gruppierung, der – so wird suggeriert – es geschafft hat, aus den bestehenden Verhältnissen auszubrechen, in welchen sie als Türken und Ausländer über wenig Aufstiegschancen verfügen.

Er selbst verdeutlicht seine Überzeugung, daß jeder einzelne durch seine individuelle Leistung und sein Engagement etwas erreichen kann, trotz potentiell existierender Hindernisse oder Benachteiligungen. Diese Einstellung, die einem liberalen Gesellschaftsmodell entspricht, geht davon aus, daß bestimmte Grenzen – die sich etwa aufgrund der kulturellen Zugehörigkeit ergeben – prinzipiell überwunden werden können, wenn die individuelle Kompetenz vorhanden ist.

Herr Ergiz typisiert sich darüber hinaus als historische Person, die »etwas geworden ist«, die bis zum Erreichen ihres Zieles eine prozeßhafte Entwicklung durchlaufen hat und nicht auf die Typisierungen der Anderen, der Kollegen festgelegt werden will; diese typisieren ihn als »Türken«, als »Fremden« in der deutschen Gesellschaft. Er wehrt sich dagegen, im Zusammenhang mit seiner kulturellen Zugehörigkeit in eine spezifische Klasse der Arbeiterschaft eingeordnet zu werden – er selbst möchte nicht mehr der Klasse der türkischen Arbeiter angehören. Wenn die Einordnung als Türke seine Karrieremöglichkeiten beeinträchtigt, weist er diese zurück und macht statt dessen andere Identitätsmomente, die für ihn eher von Vorteil sind, stark.

Der Interviewte bezieht sich zum einen auf die *strukturellen Zwänge* der Arbeitshierarchien im Betrieb, die auch durch die kulturellen Hierarchien der deutschen Gesellschaft – in denen Ausländer eine marginale Stellung einnehmen – beeinflußt werden, und vergleicht diese mit seiner *individuellen Leistung*. Die betriebliche Ordnung mit vorgegebenen Positionen für die Mitarbeiter mit entsprechender Qualifikation und die für den Betrieb spezifische Interaktionsordnung ermöglichten ihm den Aufstieg im Unternehmen und die Distanzierung von der türkischen Community; in diesem Zusammenhang spielt er darauf an, daß seine türkischen Kollegen immer noch im Status des »türkischen Arbeiters« verbleiben. Er unterstellt dementsprechend, daß Türken normalerweise als Arbeiter beschäftigt sind, daß sie über die Position des Arbeiters nicht hinauskommen; er hingegen ist auf die andere Seite übergewechselt, ist Führungskraft geworden und hat seinen eigenen Weg eingeschlagen.

Der »Kittel« des Meisters, eine hell-blaue Arbeitsjacke, die eindeutig den Rang des Trägers innerhalb des Betriebshierarchie markiert, ist für ihn zum Symbol des Aufstiegs und des Prestiges innerhalb des Unternehmens DaimlerChrysler geworden; die Stellung des »Meisters bei Daimler« verfügt über eine lange Tradition und genießt innerhalb des Betriebes ein hohes Ansehen. Mit einer Facharbeiterqualifikation als Grundlage hat man die Möglichkeit, sich nach absolvierter Meisterprüfung bis zur Position des Meisters ›hochzuarbeiten‹; man kann sozusagen ›ganz unten‹ anfangen und es bis zum Meister schaffen, wobei die Qualifikation von besonderer Bedeutung innerhalb des Unternehmens ist. Der Rang des Meisters ist dementsprechend mit Macht verbunden und zeichnet den Interviewpartner als einflußreiche Führungskraft aus. Der Titel des Meisters und die von ihm übernommene Rolle als Führungskraft des Unternehmens DaimlerChrysler erlauben ihm als *Individuum* mit einzigartiger Persönlichkeit hinter diese Funktion als Führungskraft innerhalb der Facharbeiter-Abteilung zurückzutreten, das heißt, er wird im Vergleich zu rangniedrigeren Kollegen verstärkt zu einer ›öffentlichen‹ Person.[39] Im Sinne von Max Weber muß die unpersönliche betriebliche Ordnung als Herrschaftssystem betrachtet werden, in welchem die Hierarchiebeziehungen eindeutig festgelegt sind (vgl. Weber 1980 [1920]: 122-176).

Aufgrund seiner Stellung als Repräsentant des Unternehmens spielt seine kulturelle Herkunft, spielen seine türkischen Wurzeln nicht mehr die entscheidende Rolle. Herr Ergiz imaginiert jedoch die potentielle Reaktion seiner Kollegen auf den hypothetischen Fall, daß er es nicht geschafft hätte, Meister zu werden – dann hätten die meisten seiner Kollegen sicherlich argumentiert, daß dafür seine Herkunft ausschlaggebend gewesen wäre. Dann wäre das Erklärungsmodell verwendet worden, daß prinzipiell »Ausländer« oder möglicherweise insbesondere »Türken« nicht in Führungspositionen erwünscht sind und nicht die Chance erhalten, diesen Status einzunehmen.

Insgesamt wird im Falle des Herrn Ergiz deutlich, daß der jeweiligen Situation bzw. Problemstellung entsprechend ein ›Springen‹ zwischen kulturellen Zugehörigkeiten abhängig von den jeweiligen sozialen Rollen und der Stellung innerhalb der Betriebshierarchie möglich ist und im günstigen Fall auch eine Überwindung der Fremdheit gelingen kann. Ursprünglich wurde er als »Ausländer«, als »türkischer Arbeiter« wahrgenommen, als er die Statuspassage zur Führungskraft noch nicht ›gemeistert‹ hatte; seine individuelle Leistung und das persönliche Engagement im Unternehmen, in Verbindung mit einer Anpassung (»Assimilation«) an und durch die sekundäre Sozialisation in die lokale

39 In Anlehnung an die Überlegungen Pierre Bourdieus zur politischen Delegation kann für die vorliegende Untersuchung abgeleitet werden, daß durch die Vergabe einer Führungsposition eine Entfremdung von untergebenen Facharbeitern und dem Funktionsträger Meister auftritt, der nun über die von der Organisation festgelegte »symbolische Macht« (Bourdieu 1989: 41ff.) innerhalb der Betriebshierarchie verfügt, die ermöglicht, seine Mitarbeiter gleichzeitig zu führen und zu repräsentieren.

schwäbische Kultur, stellen die Basis für seinen Aufstieg bereit. Der kontinuierliche Wechsel zwischen Selbst- und Fremdidentifikationen, die Möglichkeit, unterschiedliche Beschreibungen wie »Türke«, »Deutscher«, »Schwabe«, »Meister bei DaimlerChrysler«, »türkischer Meister« oder »Führungskraft« für sich zu verwenden, Kategorien der Wahrnehmung die auch von den anderen benutzt werden, erlauben ihm, die grundsätzliche Fremdheit als Ausländer zu bewältigen – zumindest solange er Erfolg als Führungskraft hat. Wäre er mit seiner Meisterausbildung gescheitert, wäre seine ursprüngliche Herkunft, die für sämtliche Kollegen fortwährend präsent ist, für die Fremdwahrnehmung relevant und im Vordergrund geblieben. Die Tatsache, daß er von »man« spricht, von der anonymisierten Allgemeinheit im Betrieb, die »ihm« in der hypothetischen Situation »den Kittel nicht geben möchte«, weist auf ein latent existierendes, allgemeines Gesetz der Benachteiligung von Ausländern hin, dessen unantastbare Struktur in einem grundsätzlichen Ausgeliefertsein der Benachteiligten besteht.

Hier wird erkennbar, was als »partizipative Identität« bezeichnet werden kann (vgl. Kap. 2.2.1): Der Informant »greift partizipativ« auf Ressourcen, auf Angebote der Identifikation »zu«, die eine soziale Gruppe, eine Gesellschaft, eine Nation oder ein Unternehmen zur Verfügung stellt bzw. ihm verbindlich zuschreibt (vgl. Hahn 2000: 13ff.). Verschiedenartige Kultur-, Rollen- und Statuszugehörigkeiten, die für Herrn Ergiz alle in bestimmten sozialen Kontexten relevant sein können, formen insgesamt die persönliche Identität des Interviewpartners und zeigen die unterschiedlichsten Facetten seiner Persönlichkeit.

* * *

3.4 Akzeptanz des Anderen/Fremden – Strategien der Anerkennung

Erklärungsmodelle und Wahrnehmungsmuster, die zeigen, wie man sich den Fremden bzw. den Anderen – definiert über kulturelle, nationale, ethnische Zuordnungen – gegenüber verhält, werden an dieser Stelle im Rahmen der Kategorie *Akzeptanz des Anderen/Fremden* erörtert. Beobachtet werden kann, daß sich die Individuen in den analysierten interkulturellen Arbeitswelten Strategien des Umgangs mit dem Fremden und dem Anderen aneignen, mit welchen versucht wird, das Abweichende zu erklären und zu akzeptieren; Fremdheit und Anderssein haben durch diese akzeptierende Haltung keine Ablehnung zur Folge.

»Hoppla, es geht doch« – Akzeptieren der »anderen Kultur«

Die bei den ausländischen Mitarbeitern anzutreffende Überzeugung, daß der Besitz eines deutschen Passes insgesamt zur Akzeptanz in Deutschland führt, wird zwar immer wieder manifest, jedoch nicht durchweg geteilt. So ist ein argentinischer Arbeiter der Ansicht, daß der deutsche Paß durchaus »Respekt« verschaffe und eine größere Akzeptanz bei den »wirklichen Deutschen« hervorrufe, insbesondere dann, wenn man sich durch Namen und äußere Erscheinung dem Anschein nach als »Ausländer« von den gewöhnlichen Deutschen unterscheide. Die deutsche Staatsbürgerschaft, die bei ausreichend langem Aufenthalt von den einstmaligen Migranten auch beansprucht werden kann, führe zu einer größeren Anerkennung unter den »Deutschen«. Es gebe jedoch, so der Argentinier, ebensogut auch Deutsche, die dies nicht akzeptierten, denen ein Paß als Ausweis des ›Deutschseins‹ nicht genüge; dabei würde die Zugehörigkeit über die Abstammung, über die unterstellte biologische bzw. ethnische Gemeinsamkeit definiert.

Wenn es um ein Akzeptieren des Anderen oder des Fremden geht, wird häufig historisch argumentiert: Damit sich Individuen unterschiedlicher kultureller Herkunft aneinander anpassen können und ein gegenseitiges Verständnis entwickeln, heißt es, sei eine gewisse Zeit, das heißt eine bestimmte Entwicklung notwendig, bis ein gegenseitiges Akzeptieren erreicht wird. Ein Entgegenkommen »von beiden Seiten« sei erforderlich, und erst ein langwieriger Prozeß führe zur gegenseitigen Akzeptanz, wie aus folgender Äußerung einer türkischen Führungskraft deutlich wird:

»Da muß man wirklich von beiden Seiten, (-) die Interesse muß da sein, daß man den anderen auch weiterhilft. [...] Und des seh' ich auch, des ganze Zusammenleben, die ganze Kulturen sehe ich dasselbe, daß man äh (-) einfach die Zeit reifen muß, bis man überhaupt auf die Idee kommt, hoppla, (-) es geht doch. Weil man hat sich vor fünfzehn, zwanzig Jahren nicht vorgestellt, daß wir Ausländer so uns entwickeln; also positiv entwickeln; sag ich mir einfach so.«

Ein Verständnis der anderen Kultur ist dieser Schilderung zufolge keinesfalls von Anfang an, von den ersten Begegnungen an gegeben; das Anderssein als Wahrnehmungsmuster ist im Aufeinandertreffen der Kulturen immer präsent. In erster Linie muß die Bereitschaft und das Interesse auf beiden Seiten vorhanden sein, die »anderen Kulturen«, genauer gesagt, die Individuen als ›Träger‹ der »anderen Kulturen« in ihrem Anderssein hinzunehmen und auch auf sie einzugehen. Die »andere Kultur« zu respektieren und auch zu akzeptieren heißt jedoch noch lange nicht, daß es auch darum geht, diese als solche zu ›verstehen‹. Interkulturelle Umgangsformen, die daraus resultieren, daß man sich gegenseitig ohne ein Verstehen des Anderen respektiert, sind historisch gewachsen und haben sich, wie aus den Äußerungen der Interviewpartner deutlich wird, über Jahrzehnte hinweg entwickelt.

Stark international geprägte Arbeitsbereiche führen dazu, daß sich eine Form der Zusammenarbeit entwickelt, die die kulturelle Differenz mit einbezieht, um so die nötige Leistung im Team erbringen zu können. Durch diesen Druck sind die einzelnen sozusagen ›gezwungen‹, miteinander auszukommen – die Anpassung an den Anderen ist so gesehen die einzige Chance:

HY: »... und hier als ich da angefangen hab', (-) äh wurd' hier also in der Gruppe, wenn du so rumkuckst, da sind verschiedene Nationalitäten, ...; JD: ja ja; HY: ... die miteinander zusammen schaffen und sogar manchmal nebenher da auch Spaß haben, die Deutschen und Türken; ((lacht)); JD: ((lacht)); HY: weil die Leute im im Geschäft, die sind anpassungsfähig; die tun sich auch gegenseitig akzeptieren, die sind angepaßt; aber wenn es, (-) aber es ist alles oberflächlich, wenn man aber in die Herzen reinschaut oder über politische Sachen redet, dann haben sie hier also äh Vorurteile.«

Die Akzeptanz der jeweils anderen Kultur, die über eine Anpassung verläuft, erfordert nicht, daß man Individuen mit abweichender kultureller Zugehörigkeit genauer versteht, das heißt, daß man sich ein Wissen über deren andersartige Kultur aneignet; oberflächlich verwendete Stereotype reichen aus, um das Anderssein des Kollegen zu thematisieren und damit auf ihn einzugehen. An der Tagesordnung sind Späße, Witze und Frotzeln, über die national- und regionalkulturelle ›Eigenschaften‹ angesprochen werden; eine Umgangsform mit dem Anderssein von Individuen unterschiedlicher nationaler Herkunft ergibt sich aus der ironisierenden Thematisierung der kulturellen Differenz, die mit ganz bestimmten unterstellten, stereotypisch festgelegten nationalen Sitten und Eigenarten zusammenhängt. Folgende kleine Episode zweier Kollegen an einem international besetzten Fließband, die sich gegenseitig mit ihrer kulturellen Herkunft auf ironische Weise provozieren, kann dies beispielhaft aufzeigen:

HD: »Mischa, komm her!

HE: Was?

HD: Komm her! Wie sieht's aus da in Schweden, sind da viele Elche?

HE: Also, kannst ja selber verarschen °( )° du bist der größte Elch, der da rumspringt (2.0)

HD: Mischa, ich bin Deutscher; (2.0) °(er sagt dummer Russe zu mir)°.

JD: ach so ((lacht))

HD: aber des war Spaß g'meint.«

In der Interaktionssituation ist keineswegs offensichtlich, ob der Kollege, der angesprochen wird, wirklich aus Schweden stammt oder seine Vorfahren aus diesem Land kommen; sein Äußeres – insbesondere sein blondes Haar – könnte jedoch die Vermutung entstehen lassen, daß er Schwede ist. Dies spielt für sein Gegenüber jedoch keine Rolle: Die vermeintliche Herkunft des Kollegen wird zum Anlaß genommen, ihn mit der unterstellten nationalen Zugehörigkeit ›aufzuziehen‹. Der Gesprächspartner des »Schweden« entpuppt sich als Deutscher russischer Herkunft – der »schwedische Kollege« verhöhnt ihn in seiner Entgegnung, indem er ihn als dummen Russen bezeichnet, woraufhin dieser unterstreicht, daß er »Deutscher« sei. So offenbart sich ein lockerer, flapsiger Umgang mit der vermeintlichen nationalen Herkunft, ohne daß die Relevanz kultureller Zugehörigkeit in der Wahrnehmung der Individuen geleugnet wird. Allerdings stellt sich die Frage, inwieweit der unbeschwerte Umgang mit den »Nationalitäten« nur für die Oberfläche zutrifft bzw. spielerische Züge trägt. Wenn ernsthafte, beispielsweise politische, Themen Gegenstand der Kommunikation sind, so werden häufig Vorurteile erkennbar: *Wenn es darauf ankommt*, kann von diesen in besonderer Weise festgelegten Mustern der Wahrnehmung nur schwerlich Abstand genommen werden, weil es sich um grundlegende Überzeugungen handelt.

Verschiedenen Sichtweisen zufolge kann die Tendenz festgestellt werden, daß die Entwicklung bezüglich der Akzeptanz von »Ausländern« innerhalb des Unternehmens und auch in Deutschland insgesamt als positiv zu bewerten ist. Eine Deutsche bosnischer Herkunft beschreibt das so:

»... aber im großen und ganzen es ist viel besser word'n, wie früher sag ich mal. Und auch (-) die Akzeptanz, also wenn- wenn mer's soll ich sagen, wenn man's G'schäft kann, dann wird man auch ganz schnell akzeptiert.«

Ein türkischer Betriebsrat äußert sich über die entsprechende Verbesserung der Situation wie folgt:

»Wir haben ja sehr viele, hab ich vorhin erwähnt, auch türkische Vertrauensleute. Jetzt geh' ich mal nur von den Türken aus; wo vom Bereich vor, wo nur Deutsche schaffen und er vielleicht der einzigste Türke, wird er gewählt, wird akzeptiert, also, wenn wir schon soweit sind, denk' ich, ist des eine Entwicklung, wo man sich gegenseitig anerkennt und akzeptiert. Und dann hat man natürlich auch die Punkte, die kulturellen Punkte, von jedem einzelnen auch anzuerkennen und zu akzeptieren.«

Die Tatsache, daß die als Ausländer Ausgegrenzten inzwischen Repräsentationsfunktionen übernehmen können, indem sie von ausschließlich deutschen Kollegen gewählt wurden, wird vom Betriebsrat als Indiz dafür genommen, daß sich die Situation der ausländischen Mitarbeiter so weit zum Positiven entwickelte, daß den ehemals randständigen Kollegen nun Anerkennung und Akzeptanz entgegengebracht wird. Ein anderer Gewerkschafter vertritt die Ansicht, daß man durch das gemeinsame Ziel – nämlich hochwertige Autos zu bauen – gezwungenermaßen zusammenhalten müsse, egal ob man sich verstehe oder nicht. Da alle gemeinsam eine bestimmte Leistung in bezug auf »Qualität« und »Arbeitsstückzahl« erbringen müßten, nehme die kulturelle Zugehörigkeit eine nur noch untergeordnete Stellung ein; ohne ein funktionierendes Teamwork könne dies nicht erreicht werden, weshalb sich eine gegenseitige Akzeptanz sozusagen ›aus den Umständen heraus‹ ergebe.

Das »Respektieren des Anderen« als Strategie ist darüber hinaus ausgesprochen vorteilhaft, da es ermöglicht, konkret von dessen Eigenheiten zu profitieren. Ein hochrangiger Manager, Herr Fischer, gelangt zu dem Fazit, daß der Umgang mit anderen Kulturen insbesondere über das Respektieren des Anderen und über ein Lernen vom Anderen sowie durch eine Anpassung an die andere Kultur funktionieren könne; bei der jeweils anderen Kultur kann es sich in seinem Sinne um die Regional-, National- oder Unternehmenskultur handeln. Seine Äußerungen können dahingehend interpretiert werden, daß mit Hilfe dieser beschriebenen Strategie des Respektierens des Anderen die Vielfalt (»Diversity«) in interkulturellen Teams genutzt werden kann, um Optimierungsprozesse im Unternehmen anzustoßen.

Vor dem Hintergrund der noch nicht lange zurückliegenden Unternehmensfusion von Daimler und Chrysler und auf der Basis von vielfältigen Erfahrungen in unterschiedlichen Mercedes-Produktionsstätten weltweit – in Spanien, Brasilien, Südafrika, den Südstaaten der USA – argumentiert der Interviewpartner, daß es grundsätzlich zu *keiner* »Vermischung der Kulturen« kommen könne: National- und Regionalkulturen seien zu unterschiedlich, die Produkte von Daimler und Chrysler unterschieden sich massiv und die Unternehmenskulturen wichen stark voneinander ab. So betrachtet geht es immer darum, die jeweils »andere Kultur« im Andersein bestehen zu lassen und im günstigsten Fall von ihr, von dem Neuen, was diese zu bieten hat, zu lernen. Diese Perspektive resultiert aus der Vorstellung, daß das soziale Gebilde, das als Kultur ›gewachsen‹ ist, etwas Eigenständiges ist, genauer gesagt, wird ihm die Eigenständigkeit unterstellt, was dann die Schlußfolgerung nach sich zieht, daß »Kulturen« nicht miteinander verschmelzen können.

»Es geht auch anders« – Toleranz und Anerkennung

Im Hinblick auf die Arbeitswelt des internationalen Managements kann in bezug auf die Konfrontation von Amerikanern und Deutschen behauptet werden, daß angesichts der sich abzeichnenden kulturellen Differenz eine bestimmte Strategie in der Begegnung mit dem Anderen entwickelt werden kann, die weiter reicht als die der »Akzeptanz«: Diese Haltung wird als »Toleranz« gekennzeichnet, wie aus den Äußerungen einer deutschen Managerin, die mit einem Amerikaner verheiratet ist, ersichtlich wird:

»Also des war, war und ist sicher noch ein Problem, einfach diese (--) unterschiedlichen Kulturen, die Amerikaner sind anders geprägt und erzogen als die Deutschen. Des ist einfach so und ich denk, das einzige was so in so ne Firma, daß man-, daß die Toleranz bei beiden Seiten ist, daß man sich so akzeptiert wie man ist und nicht ( ); man kann die nie vereinheitlichen oder verschmelzen; JD: mhm. FR: Des kann nur ein toleriertes Miteinander oder Nebeneinander geben; weil die- diese Amerikaner und Deutsche sind einfach zu unterschiedlich, denke ich.«

»Toleranz« ist in diesem Sinne die grundsätzliche Bereitschaft und Überzeugung, das Andere um seiner selbst willen anzunehmen und im Andersein zu akzeptieren, egal um welche andere »Kultur« es sich dabei handelt. Es gehe dabei um die grundsätzliche Akzeptanz der »Eigenheiten« und »Macken« der Menschen mit der anderen, abweichenden kulturellen Zugehörigkeit, was nicht zuletzt erlernt werden müsse, so die Interviewpartnerin:

»... die Mitarbeiter mit einem Auslandsaufenthalt, die haben in der Regel gelernt; Toleranz, denk' ich, ist des was die lernen; einfach zu tolerieren, daß es auch anders geht, daß es Leute gibt, die anders leben und genauso glücklich und zufrieden sind und ich denk', des ist so mit eins der Dinge, die am meisten prägen, daß daß Leute lernen, Toleranz und Verständnis für andere, anders Denkende, anders Arbeitende, anders Aussehende, was auch immer.«

Es wird die Ansicht vertreten, daß die grundsätzliche Offenheit gegenüber dem Anderen und auch dem Fremden erworben werden kann, daß von den Individuen Umgangsweisen entwickelt werden können, dem Anderen zu begegnen – die erlernte Fähigkeit der Toleranz wird dann als spezifische Kompetenz im Umgang mit dem Anderen wahrgenommen. Der einzelne, der über die Fähigkeit zur Toleranz verfügt, ist dann in der Lage, das Neue, Unbekannte, Eigenartige als solches für sich selbst zu akzeptieren und an der anderen Person zu respektieren. Dadurch, daß man sich Kenntnisse über die anderen Kulturen im Ausland aneignen konnte, verfügt man – so die Begründung – über ein Wissen, generell mit den anderen, sich von der eigenen unterscheidenden Kultur besser umgehen zu können, das heißt Toleranz auszuüben.

»Was ist denn das für ein Schrott« – Von der Abwertung des Anderen zur strategischen Kooptation

Nachfolgende Interpretation der Äußerung einer gehobenen Führungskraft, die für den Aufbau von Mercedeswerken in mehreren Ländern in unterschiedlichen Kontinenten (Brasilien, Südafrika, USA, Südeuropa) zuständig war und zum heutigen Zeitpunkt den Einsatz von Daimler-Expatriates weltweit organisiert, vermittelt ihren spezifischen Umgang mit dem jeweils kulturell Anderen. Die Äußerung hat die Fusion von Daimler mit Chrysler zum Thema:

Sequenzanalyse, Herr Fischer (Manager), Interviewauszug:

HF: »... am Anfang, glaube ich ja, am Anfang glaub ich ja; daß man einfach, wo wir in den ersten Vergleichen waren, das ging mir genauso, wenn ich in eine Chrysler-Fabrik reingekommen bin, hab ich gesagt, was ist denn das für ein Schrott, nee ...

JD: ((lacht))

HF: (-) ... im Laufe des Prozesses haben wir aber lernen müssen, daß die einfach andere Produkte herstellen und daß der, ich sag jetzt mal, der Durchschnittsamerikaner, der einen Chrysler kauft, auch eine ganz andere Anforderung an dieses Produkt hat.«[40]

Sequenzanalytische Interpretation – Strukturhypothese (Herr Fischer)

Eindeutig kommt hier die massive Abwertung dessen zum Ausdruck, was der Interviewpartner als Repräsentant von Daimler ›wahrnehmen‹ konnte, als er zu Anfang der Fusion regelmäßig eine Chrysler-Fabrik besichtigte. Er bezieht sich undifferenziert auf die Fabrik insgesamt und könnte die Fertigungstechnik, die Technologie, die Produkte, die dort hergestellt werden, oder auch Produktionsweisen ansprechen, die allgemein von ihm ›abgeurteilt‹ werden. Zwar geht er nicht auf die Menschen ein, die in der entsprechenden Fabrik tätig und an der Herstellung der Chrysler-Produkte beteiligt sind, jedoch qualifiziert er sie indirekt über die Beschreibung der von ihnen hergestellten Produkte. Da er selbst konkrete Erfahrungen bei seinen Fabrikbesuchen mit den Produkten der Anderen machte und diese Erfahrungen sich auch immer wieder bestätigten, konnte er sich persönlich von der Faktizität dessen überzeugen, was er selbst als Ergebnis feststellte. Seine Erkenntnisse, so vermittelt er, aus eigener Erfahrung gewonnen, sind definitiv und unzweifelhaft, und jeder andere, der das-

40 Die darauffolgenden Formulierungen sind als Kontextinformation weiterhin von Interesse: HF: »... ah und der Mercedeskunde selbst in Amerika unterscheidet sich total von einem Chryslerkäufer; (1.0) und äh, da mußten wir natürlich lernen zu sagen, okay jetzt laß uns mal diesen Schrotthaufen; JD: ((lacht)); HF: auf deutsch gesagt, mit anderen Augen aus- ankucken, nämlich aus dem Bedürfnis des Kunden, der ein Chryslerfahrzeug kauft; so, der möchte ein funktionierendes Fahrzeug haben, des muß nicht besonders schön sein oder besonders äh äh ja für's Auge, ah, erfreulich im Sinne von Qualität oder sonst was, so lang's die Funktionalität bringt und so lang's einen entsprechend niederen Preis hat, ist des okay, so. Das sind wir ja gar nicht gewöhnt; wir kommen ja aus der Welt ›für den Kunden nur das Beste‹ (--), und ah da sind wir natürlich irgendwo geprägt.«

selbe erlebt hätte, wäre zum gleichen Schluß gekommen. Pauschal wird das, worauf sich seine Aufmerksamkeit beim Betreten der Fabrik richtet, als »Schrott« bezeichnet; »Schrott« kann man nur noch wegwerfen, was dort hergestellt wird, ist nicht zu gebrauchen – impliziert er mit seiner Aussage. Verwundert betritt er in dieser Situation eine Automobilfabrik von Chrysler in den Vereinigten Staaten und gerät in Erstaunen darüber, welche Technologie er hier vorfindet. Es könnte auch sein, daß sich vorgefaßte Stereotypisierungen darüber bestätigten, die über die amerikanische Automobilherstellung und die Qualität ihrer Autos existieren.

Umgangssprachlich verwendet er den Begriff »Schrott« für die Bewertung von funktionsfähiger Maschinerie und von ›nagelneu‹ hergestellten Automobilen; es handelt sich keinesfalls um kaputte bzw. stillgelegte Produkte, die demnächst »verschrottet« werden sollen. Damit formuliert er nicht nur eine Abwertung, darüber hinaus verleiht er seinem Unglauben und Staunen Ausdruck, daß die Möglichkeit existiert, daß überhaupt ein solcher »Schrott« hergestellt werden kann.

Als Repräsentant von Daimler verfügt er über andere Idealvorstellungen in bezug auf Automobilherstellung. Wenn man nun Daimler-Qualität und Technologie als Maßstab ansetzt, muß man zu dem Schluß gelangen, daß im Vergleich dazu Technologie und Produkte von Chrysler »Schrott« sind. Der Interviewpartner erkennt die Differenz und reagiert mit Ablehnung – ein Zeichen dafür, daß er die eigenen Standards nicht relativieren und deshalb die Differenz nicht als solche hinnehmen kann. Wenn er sich so äußert, nimmt er im Prinzip die Rolle des Ingenieurs und Technikexperten ein und beurteilt aus dieser Position heraus die amerikanische Automobilherstellung oder er nimmt etwa auch die Rolle des Alltagsmenschen in Deutschland ein, der mit der US-amerikanischen Automobilkultur nichts anfangen kann.

In seiner Rolle als Manager, der auf globaler Ebene wirkt, ist er jedoch eigentlich ganz anderen Anforderungen ausgesetzt: Im Management-Diskurs war zu Beginn der Daimler-Chrysler-Fusion von einer »wedding made in heaven«, einer »Hochzeit im Himmel« und vom »merger of equals«, vom »Zusammenschluß unter Gleichen« die Rede, Slogans, die einer breiten Öffentlichkeit bekannt waren. Der Interviewpartner als internationaler Manager stellt nun in diesem Zusammenhang für sich fest, daß er diese interkulturelle Begegnung anders bewerten muß: Er stellt fest, daß die Amerikaner eine andere Vorstellung davon haben, welchen Kriterien ein Automobil entsprechen muß, weshalb sie auch völlig andersartige Autos herstellten.

Den Management-Philosophien entsprechend, die er persönlich internalisiert hat, wird die interkulturelle Leitidee oder Ideologie der »Globalisierung« propagiert, die kulturelle Vielfalt als Fundus für Innovation betrachtet. Verschiedenartige Kulturen – National-, Regional- und Unternehmenskulturen – können den Theorien des Managements zufolge »verschmelzen«, »fusionieren«, »zusammengeführt werden«, mit positiven Konsequenzen für das globale Unternehmen. Gemäß dieser Überzeugung können die unterschiedlichsten Kulturen voneinander profitieren, »Synergie-Effekte« können aufgrund des Ideenreichtums, der sich mit der Verschmelzung der »Kulturen« ergibt, erzielt werden. Herr Fischer ist sich jedoch dessen bewußt, daß die Realität anders aussieht, als sie in den besagten Management-Ideologien postuliert wird, und daß sich die »Fusionierung der Kulturen« alles andere als einfach erweist. Möglicherweise könnte er davon ausgehen, daß es sich bei der Globalisierungs-Idee um eine Illusion handelt. Dies würde bedeuten, daß er zwei Wirklichkeitsebenen unterscheidet; das Proklamierte ist nicht das, was pragmatisch erreicht werden kann.

Als Automobil-Experte, der mutmaßlich über eine Ausbildung als Ingenieur verfügt, ist er der Meinung, daß das, was Chrysler produziert, »Schrott« ist und auch »Schrott« bleibt. Dieses Urteil wird im weiteren relativiert, denn sein Qualitätsanspruch ist nicht das letztgültige Kriterium – solange sich die Produkte der Anderen verkaufen lassen, ergibt sich für ihn kein Problem; solange der Durchschnittsamerikaner damit zufrieden ist und Chrysler-Automobile anschafft, ist alles in Ordnung. Ökonomische Prinzipien erleichtern also hier die Begegnung von unterschiedlichen Firmen-, Automobil- und Nationalkulturen. Obwohl sich der Interviewpartner als Individuum eigentlich nicht mit dem Produkt der amerikanischen Kooperationspartner identifiziert, kann er als Manager die Differenz annehmen, solange betriebswirtschaftliche Erfordernisse erfüllt werden – Ziel der Internationalisierung in der Automobilbranche ist schließlich, daß Grenzen überwunden und Märkte ausgedehnt werden, wie das Paradigma der Managementlehre dies beschreibt.

Seine spezifische Denkweise als erfolgreicher Manager spiegelt zusammenfassend die von ihm gewählte Strategie: Es macht für ihn keinen Sinn, das Schwesterunternehmen Chrysler zu ändern und umzustrukturieren, das heißt dafür zu sorgen, daß aus seiner Sicht qualitativ hochwertigere Automobile zu höheren Preisen hergestellt werden, die ohnehin nicht für den amerikanischen Markt geschaffen wären. Er ist davon überzeugt, und dabei handelt es sich um die medial verbreitete öffentliche Meinung, daß es sich bei der Fusion von Daimler und Chrysler um keinen »Zusammenschluß unter Gleichen« handelt, sondern daß der amerikanische Konzern von Daimler übernommen wurde, was auch daran zu erkennen sei, daß die Chefetage, das Machtzentrum des Gesamtkonzerns, ausgesprochen schnell in deutsche Hände gelangte. Seine persönlichen Erfahrungen mit Tochterunternehmen und Mitarbeitern unterschiedlicher kultureller Herkunft in zahlreichen Ländern in unterschiedlichen

Kontinenten begründen seine Überzeugung, daß es nicht möglich ist, die »Kulturen« – seien es »nationale«, »regionale« oder »Unternehmenskulturen« – miteinander zu »verschmelzen«, sondern daß jede »Kultur« für sich neben den anderen existieren muß und daß es ausgesprochen schwierig ist, für das Unternehmen insgesamt auf der Basis der »kulturellen Vielfalt« Synergie-Effekte zu erzielen.

Diese von Herrn Fischer entwickelte bzw. gewählte Strategie, mit der beschriebenen Situation als Folge des »Merger« zurechtzukommen, kann als »Kooptation« (Selznick 1966: 259-261), als »freundliche Umarmung« gefaßt werden, die sowohl die Ebene der Unternehmen als auch der Kulturen betrifft.[41] Der Konzern DaimlerChrysler muß von den deutschen Daimler-Repräsentanten so kontrolliert werden, daß Chrysler weiterhin in gewohnter Manier Automobile herstellen kann, ohne daß Daimler-Maßstäbe der Chrysler-Automobilproduktion ›aufoktroyiert‹ werden und das Chrysler-Produktionssystem ›zerstört‹ werden muß. Das einstmalige Chrysler-Erfolgsmodell soll erhalten bleiben und weiterhin neben dem abweichenden Modell des Herstellers von Luxusautomobilen Daimler existieren, allerdings unter dem Regiment der deutschen Vorstandsvorsitzenden. *Kooptation* ermöglicht trotz abweichender Unternehmensstrukturen eine Kooperation dadurch, daß die Differenzen akzeptiert und toleriert und so das Anderssein des Schwesterkonzerns Chrysler auch legitimiert werden. Dabei ist hervorzuheben, daß sich die dargestellte Kooptations-Strategie als Überzeugung des Managers abzeichnet, die sozusagen seine Wahrnehmung des Unternehmenszusammenschlusses ›leitet‹.

Gemäß der Deutung von Herrn Fischer soll nun nicht nur Daimler mit Chrysler ›kooptieren‹, sondern die Strategie der *Kooptation* soll auch für die Begegnung unterschiedlicher Nationalkulturen verwendet werden. Im Rahmen der Unternehmensfusion nimmt die »deutsche Kultur« eindeutig eine Vormachtstellung ein, so daß sich wiederum – wie auf der organisationalen Ebene – eine ungleiche Stellung der beiden zur Kooperation gezwungenen Partner

41 Der Begriff der »Kooptation« beschreibt den Mechanismus, mit welchem externe, der Kernorganisation widersprechende Elemente in organisationelle Entscheidungsstrukturen integriert werden, mit der Absicht, diese unter Kontrolle halten zu können. Dies kann allerdings zur Folge haben, daß beispielsweise Repräsentanten der externen Interessengruppe Einfluß innerhalb der Organisation, wenn auch nicht die entscheidende Macht gewinnen können. »The organizational imperatives which define the need for coöptation arise out of a situation in which formal authority is actually or potentially in a state of imbalance with respect to its institutional environment. [...] However, the need for a sense of legitimacy may require an adjustment to the people in their undifferentiated aspect, in order that a feeling of general acceptance may be developed. For this purpose, it may not be necessary actually to share power: the creation of a ›front‹ or the open incorporation of accepted elements into the structure of the organization may suffice.« (Selznick 1966: 260)

bzw. Gegner ergibt. So betrachtet muß ebenfalls eine *Kooptation* bezüglich der amerikanischen Kultur stattfinden: Diese Kultur betrachtet Autos als Gebrauchsgegenstände, die man nach wenigen Jahren wieder ausrangiert und durch neue ersetzt; die Vorstellung der Amerikaner bezüglich der Ästhetik der Automobile erweist sich aus der Perspektive der Deutschen als fremdartig, und auch die Ansprüche an Qualität weichen bei den Amerikanern stark von denen der Deutschen ab, wie aus der Argumentation des Managers ersichtlich wird. Da diese nationalkulturellen Differenzen als stark ausgeprägt beschrieben werden, stellt sich die Zusammenarbeit der ›Träger‹ dieser Nationalkulturen, der Individuen amerikanischer und deutscher Herkunft als besonders problematisch dar. Damit es nicht zu Konflikten kommt, kann die Dominanz der deutschen Kultur mit Hilfe der Strategie der *Kooptation* die Verschiedenheit der amerikanischen Kultur hinnehmen, indem diese Kultur in das ›interkulturelle Modell‹ des »Merger« in ihrem Anderssein aufgenommen und dennoch kontrolliert wird. Als internationaler Manager bei DaimlerChrysler kommt er schlußendlich zur Einsicht: »Schrott bleibt Schrott« und es macht keinen Sinn, die Produktkonzeption bei Chrysler zu ändern. Dies erweist sich für ihn dann als unproblematisch, wenn Chrysler dazu fähig ist, die Produkte erfolgreich in den USA zu verkaufen – eine Ausgangsposition, mit der er in der Lage ist, kulturelle Grenzen zu überwinden.

3.5 Stereotypische Wahrnehmung

Die Analyse der Ebene der individuellen Wahrnehmung des jeweiligen Anderen in interkulturellen Kontexten verdeutlichte immer wieder, daß die Begegnung mit dem Anderen häufig über stereotypische Wahrnehmung gesteuert wird, insbesondere wenn der Andere als Gegenüber gar nicht bzw. nur wenig bekannt ist – Bekanntheitsgrade bestimmen die Verwendung von Stereotypen. Häufig werden spezifische Verhaltensweisen oder Eigenschaften mit bestimmten Nationalitäten oder Ethnizitäten in Verbindung gebracht, sie dienen der Einschätzung des Anderen und fließen in die Wahrnehmung desselben mit ein. Exemplarisch zeigt sich diese Situation in der Äußerung einer deutschen Managerin, die in den USA für DaimlerChrysler tätig ist:

FR: »... die amerikanische Mentalität ist ja eher so so extro-, die gehen auf dich zu, die kommen auf dich zu, die Deutschen machen ja oft so (-) also des war ganz positive Erfahrung, denke vor allem dieses offene, freundliche, manche- die Deutschen, viele interpretieren es als oberflächlich, als gestellt, als verlogen im negativsten Sinne dann auch, aber des empfindet halt jeder, ( ) ist bei jedem anders.«

Die Managerin thematisiert verschiedene Eigenheiten, die US-Amerikanern landläufig unterstellt werden, dabei ist sie sich jedoch dessen bewußt, daß diese vermeintlich existenten Eigenheiten, die für die Amerikaner zuzutreffen scheinen, unterschiedlich interpretiert werden können. Selbst mit einem Amerikaner verheiratet, beschreibt sie die ›typische‹ extrovertierte Verhaltenweise als Offenheit und Freundlichkeit und weist darauf hin, daß ihre Überzeugung aus zahlreichen konkreten Kontakten mit Amerikanern resultiert. Andererseits verweist sie auf Deutsche, die das extrovertierte Verhalten als »oberflächlich« oder »verlogen« betrachten. Umgekehrt werden angeblich vorhandene Eigenschaften, wie »Pünktlichkeit« oder »Gründlichkeit«, stereotypisch mit dem Deutschsein verknüpft, und das bei den Deutschen beobachtete Verhalten wird dementsprechend auch gemäß der Stereotype interpretiert. Ein ehemaliger deutscher Expatriate, der mehrere Jahre in den USA tätig war, distanziert sich von dem Klischee der Oberflächlichkeit und deutet diese amerikanische Grundhaltung als »Offenherzigkeit« – er bemerkt, daß für die Amerikaner jederzeit die Freiheit vorhanden sei, den Kontakt auch in Zukunft noch zu pflegen. Durch eine solche Verhaltensweise wird eine Legitimation der Unverbindlichkeit erreicht.

Vorurteile oder stereotypisch vorgefaßte Wahrnehmungsmuster sind immer in jeder Begegnung mit dem Anderen wirksam, sie sind Bestandteil des über die Sozialisation erworbenen subjektiven Wissensvorrats, und es ist nahezu unmöglich, diese Vorurteile gänzlich auszuschalten bzw. zu reflektieren. Kennzeichnend für diese Konstellation ist die Tatsache, daß, sobald in Arbeitsbeziehungen Schwierigkeiten auftreten, die nun problematisierten Verhaltensweisen des Gegenübers mit dessen Herkunft oder Kultur erklärt werden, wie aus folgender Äußerung eines italienischen Meisters mit sekundärer Sozialisation in Deutschland deutlich wird:

»... es gibt wirklich Leut', die sagen also, äh, ich sag's einfach mal so ›scheiß Türken‹, mh, und da sag' ich auch sehr oft im Gespräch ›Mensch Leut‹, Vorsicht mit dene Äußerungen, weil ich kann mich noch sehr gut erinnern, wie es geheißen hat: ›scheiß Italiener‹; JD: mhm; HD: und wenn sich da jeder mal ein bißchen zurück entsinnt, wie er sich da gefühlt hat, denk' ich, ist es unfair, wenn wir die, ja die Gefühle ja schon mal durchgemacht haben, uns dann auf dieses Level stellen und auch so unqualifiziert anfangen; man muß differenzieren; (-) und viele machen das auch; aber ich denk', wenn's Problemsituationen gibt, dann ja, dann grenzt man aus; dann ist's auf einmal der Türke, vorher war's der Kollege, der türkische Kollege, dann ist's der Türke.«

Solange eine reibungslose kollegiale Zusammenarbeit möglich ist, fällt es nicht besonders schwer, den kulturell Anderen zu akzeptieren und zu tolerieren (vgl. Kap. 3.4), treten jedoch Unstimmigkeiten oder Konflikte auf, löst sich die lediglich an der Oberfläche vorhandene Akzeptanz sofort wieder auf, wie die bereits zitierte Argumentation (vgl. S. 97) eines italienischen Gruppensprechers zeigt:

HY: »... aber es ist alles oberflächlich, wenn man aber in die Herzen reinschaut; JD: mhm; HY: oder über politische Sachen redet, dann haben sie hier also äh Vorurteile; JD: ja ja; HY: dann sehen Sie, wie wie (   ) oberflächlich Inhalt, hat nichts Festes.«

Vorurteile sind den Darstellungen zufolge feststehende Grundüberzeugungen, die häufig negativ besetzt sind und als stereotypische Einschätzungen funktionieren, von denen sich Interaktionspartner nur schwerlich distanzieren können. Zwar hat man in der Vergangenheit eigentlich positive Erfahrungen mit Italienern, Deutschen, Amerikanern oder Türken am Arbeitsplatz gemacht. Kommt es zu Unstimmigkeiten und Problemen, wird auf die vorhandenen Wahrnehmungsmuster rekurriert, um das Verhalten der kulturell Anderen erklären zu können. Nicht erwünschtes oder ungewöhnliches Verhalten wird dann kategorisch auf die kulturelle Herkunft der Anderen zurückgeführt, ohne daß davon ausgegangen wird, daß eine Problematik sich aufgrund individueller Eigenschaften des Gegenübers ergeben könnte, für die die kulturelle Zugehörigkeit des Kollegen allenfalls sekundär verantwortlich ist.

»Egal wo man hinkommt« – die Kategorie »Ausländer« als Stereotyp

Vorgefertigte kategorische Einstufungen als »Ausländer« sind häufig zu hören – stereotypische Muster der Beurteilung des Anderen sind die Grundlage dafür. So wird, wie erwähnt (vgl. Kap. 3.3), das äußere Erscheinungsbild als Kriterium für die Identifikation des Kollegen als »Ausländer« verwendet: Haut- und Haarfarbe, Frisur, Bärte etc. sind Gegenstand der stereotypischen Zuordnung des Merkmals »Ausländer«, die unabhängig davon vorgenommen wird, welche Staatsbürgerschaft die entsprechende Person aufweist:

»... weil wenn jemand mein' Namen liest, (--) oder mich sieht, haja, dunkel, (-) ist ein Ausländer, ist ein Türke, wird man nicht draufkommen, daß ich deutscher Paß hab' oder Deutscher bin. Weil man wird mich immer als Ausländer behandeln, egal wo man hinkommt. Es sei denn, man hat sich bewiesen, man hat sein' Freundeskreis, weil da wird man nicht mehr gefragt, ob man Ausländer ist oder nicht.«

Darüber hinaus dient der Name, ein nicht-deutscher Name, der Identifikation als »Ausländer«, eine stereotypische Zuschreibung, die insbesondere »Ausländer« der zweiten und dritten Generation, die ihre Sozialisation vollständig bzw. zum größten Teil in Deutschland erleben, erfahren. Obwohl diese Individuen in jedem Fall Deutschland als ihre Heimat bezeichnen würden und sie überwiegend auch über die deutsche Staatsbürgerschaft verfügen, werden sie aufgrund ihres »ausländischen«, das heißt türkischen, italienischen oder russischen

Namens häufig von den Deutschen als Nicht-Deutsche und »Ausländer« eingestuft. Stereotypisch wird in diesen Fällen anhand der Kriterien ›äußeres Erscheinungsbild‹ und ›Name‹ die Kategorie »Ausländer« als Wahrnehmungsmuster verwendet, ohne in Betracht zu ziehen, welche biographische Situation der einzelne mitbringt und über welche Staatszugehörigkeit oder auch Nationalität er verfügt.

Stereotypisch verwendete nationale Zuschreibungen betreffen häufig kriminelles Verhalten – nicht zuletzt ist von »Ausländer-Kriminalität« die Rede –, wie die Äußerung eines türkischen Mitarbeiters demonstriert:

»... ich denke, nur weil die Leute so viel Vorurteile haben; JD: mhm; HY: wenn egal in Deutschland irgend etwas passiert; das kotzt mich an, weil die erste Reihe sind die Türken; obwohl die Türken damit nichts zu tun haben; was weiß ich, obwohl da Asylanten-Wanderungen sind und so, und wenn man nennt Doppelstaatsbürgerschaft; JD: ja; HY: wir sind hier in Deutschland zu viel, aber wir wollen wahrscheinlich nicht alle, (-) äh alle äh, deutsche Staatsbürgerschaft; und wenn wir wollen, dann haben wir nur nur unsere persönlichen Gründe.«

Der Interviewpartner beklagt sich an dieser Stelle darüber, daß immer dann, wenn in Deutschland Ausschreitungen stattfänden oder Straftaten verübt würden, sofort die Türken dafür verantwortlich gemacht würden, auch wenn sie unbeteiligt gewesen seien. Es werde nicht nach den wahren Schuldigen gesucht, und aufgrund eines Vorurteils werde zwangsläufig darauf geschlossen, daß die türkische Community für die Probleme zur Verantwortung zu ziehen sei. Wenn nun von seiten der »Ausländer« und insbesondere der »Türken« dafür plädiert würde, die doppelte Staatsbürgerschaft in Deutschland einzuführen, werde dieses Ansinnen allein damit erklärt, daß dies ihre kriminellen Machenschaften erleichtern würde, da eine Strafverfolgung durch den Besitz beider Pässe erschwert werde. Die türkische Herkunft verweist somit stereotypisch auf den vermeintlich existenten Sachverhalt »kriminelle Aktivität«, die Fremdwahrnehmung in Deutschland verfügt über ein Deutungsmuster, das ›automatisch‹ eine Verbindung zwischen türkischer Herkunft und Kriminalität herstellt.

Bezüglich der Aufstiegschancen innerhalb der Betriebshierarchie des Automobilbetriebes wird darauf hingewiesen, daß »Ausländern« häufig nicht zugetraut werde, bestimmte höhere Positionen zu erreichen und insbesondere die Rolle von Führungskräften einzunehmen. Ein türkischer Betriebsrat, der sich auf die Zeit vor seiner Meisterausbildung bezieht, beschreibt dies folgendermaßen:

»... des kann ich so sagen jetzt, weil's auch so war, äh, als ich dann bei meinem damaligen (1.0) Vorgesetzten dann (-) vorsprach, ich hab' Lust auf d' Meisterschule zu gehen, möchte weitermachen und dementsprechend auch (--) eingesetzt werden, hab ich schon des Gefühl gehabt, des geht doch nicht, ein Türke ein Meister, wo hem mir denn des g'habt, bisher. Und des hat er dann auch so g'sagt; JD: hat er so g'sagt; HL: des hat er so g'sagt; des können sie auch durchaus so reinnehmen.«

Dieser Darstellung entsprechend wird auch bei hochqualifizierten ausländischen Fachkräften, die über eine gute Sprachkompetenz in Deutsch verfügen, immer noch die Möglichkeit kategorisch ausgeschlossen, in Führungspositionen zu gelangen. Die vorgefertigte Meinung, daß Ausländer keine gehobenen Positionen einnehmen können, ist in bestimmten Arbeitszusammenhängen vorherrschend. So werden Aufstiegschancen eingeschränkt, auch wenn die erforderliche Qualifikation eigentlich vorhanden ist.

Dennoch, so ergänzt der türkische Betriebsrat, führe die Einstufung als »Ausländer« im Betrieb weit weniger zu konkreten Benachteiligungen als außerhalb, da im Rahmen des Arbeitverhältnisses die Leistung des einzelnen mehr oder weniger unabhängig von der kulturellen Herkunft im Vordergrund stünde:

HL: »Es ist nicht selbstverständlich, wie im Betrieb, gleichbehandelt zu werden, ja, der kann von mir aus vierzig Jahre da sein, der kann von mir aus eine bessere Schulausbildung haben, fachlich besser drauf sein, der kann alles Positive an sich haben, aber der trägt den deutschen Namen nicht und hat auch den deutschen Paß nicht; somit gehört er nicht zu uns, so. Und wenn ich mit diesem Gedanken gestärkt werde, dann habe ich draußen die Situation, daß ich ausgegrenzt werde; JD: °mhm°; HL: die Politiker können des ja so schön reden, und nichts anderes machen sie im Prinzip, was der kleine Kollege dann umsetzt, egal in welcher Form (--) umsetzt; was der Kollege Politiker so schön in- in Rhetorik ausgrenzt, machen's die andern eben in praktischer Art.«

Der Interviewte, der sich auf die Situation von Ausländern in Deutschland insgesamt bezieht, verweist an dieser Stelle darauf, wie Politiker die gegenüber »Ausländern« bestehenden Vorurteile instrumentalisieren, in diesem Falle im Bundesland Hessen. Er beschreibt eine rhetorische Strategie, die zur Ausgrenzung von ausländischen Mitbürgern führe und sich sozusagen auf das ›Denken des kleinen Mannes‹ auswirke. Diese politische Strategie sei auch innerhalb des Unternehmens spürbar und werde insbesondere über Print-, vor allem Boulevard-Medien in die alltägliche Diskussion im Automobilbetrieb eingebracht. Gemäß seiner Überzeugung werden bereits existierende Stereotype über Ausländer, auch bezüglich einer spezifischen kulturellen Herkunft, verwendet, um politisch zu agitieren, bzw. werden neue Stereotype über ausländische Mitbürger ›ins Leben gerufen‹, um gezielt Politik machen zu können:

»... da wird doch geschürt. Auch der Kollege, der der der überhaupt nichts damit zu tun hat, wenn er jeden Tag über die Nachrichten, über die Medien erfährt, ja, daß des so ist, irgendwann, wenn man einem Menschen ständig sagt, die Wand hier ist schwarz, und er hat weiß noch gar nicht vorher gesehen, der glaubt, daß des schwarz ist.«

Das fehlende Wissen über bestimmte Ausländergruppierungen und ihre Lebensweise, einhergehend mit bestimmten Stereotypen über Ausländer in Deutschland, wie beispielsweise die Kriminalitätsunterstellung, ermöglicht, wenn man der Argumentation des Interviewpartners folgt, daß die Menschen in Deutschland für politische Zwecke manipuliert werden. Stereotype sind in diesem Sinne diffuse Einschätzungen, die als Grundüberzeugungen im Wissensvorrat der Individuen verankert sind; sie können gezielt aktiviert werden, da sie immer in die Wahrnehmung des *Anderen* mit einfließen. Sie ›lösen‹ sich – vorübergehend – ›auf‹, wenn das Individuum als Persönlichkeit mit einzigartiger Biographie verstanden wird – wie dies beispielsweise in einer Freundschaft geschieht –, wodurch kulturspezifische Stereotype in den Hintergrund treten können und nicht mehr die zentralen Kategorien der Wahrnehmung des Anderen darstellen.

Diejenigen Stereotype, die gemeinhin als »Vorurteile« bezeichnet und als negative Einstellungen gegenüber sozialen Gruppen aufgefaßt werden, können als Bestandteil von Ideologien betrachtet werden. Dem sozialpsychologischen Ansatz Theodor W. Adornos zufolge kann in sozialen Gruppierungen eine kulturspezifische Reaktionsbereitschaft vorhanden sein, die in den politischen, ökonomischen und sozialen Überzeugungen der einzelnen Person ideologisch bestimmte Antwortmuster ausbildet. Diese kulturell festgelegten Reaktionsmuster entstehen durch elterliche Erziehungspraktiken und lassen sich aus psychoanalytischer Perspektive als das Ergebnis bestimmter Konstellationen von Es, Ich und Über-Ich verstehen, wobei entscheidend ist, daß diese Muster zu einer »vorurteilsvollen Persönlichkeitsentwicklung« führen können (vgl. Adorno 1995 [1950]: 105ff.). Dieser Ansatz könnte erklären, wie über »Ausländer« gefällte Pauschalurteile – die als Kollektivphänomene auftreten – die Wahrnehmung des einzelnen bestimmen, und er erläutert darüber hinaus, wie die kulturell geprägten Vorurteile politisch instrumentalisiert werden können.[42]

42 Soll genauer erörtert werden, wie »Vorurteile« als stereotypische Wahrnehmungsmuster zur Geltung kommen, so kann aus wissenssoziologischer Perspektive folgende Annahme weiterhelfen. Wissen und Vorurteil werden in konkreten Erfahrungen in entsprechenden biographischen Situationen des Individuums gebildet. Die Erfahrungen sind räumlich, zeitlich und sozial sowie nach Graden der Unmittelbarkeit und Anonymität gegliedert (Schütz/Luckmann 2003 [1975]: Kap. III, 147ff.). Je mehr einzigartige Aspekte eines Problems, einer Erfahrung, eines Gegenstands vernachlässigt werden, um so schematisierter ist die Lösung des Problems, ist der »Typ«, mit Hilfe dessen eine Erfahrung in den subjektiven Wissensvorrat eingeordnet bzw. ein Gegenstand, eine Person oder ein Ereignis erfaßt wird (Luckmann/Luckmann 1993: 62). Die schematisierte Problemlösung kann, wenn dies für den einzelnen von Interesse ist, so verwendet werden, daß bestimmte Eigenschaften des Anderen schlicht ausgeschlossen werden, indem man sie nicht berücksichtigt; eine schablonenhafte Wirklichkeitserfassung ist dann der Fall, wenn man sich gar nicht mehr dessen bewußt ist, daß die andere Person über Stereotype wahrgenommen wird. Das Fremde, für mich Irrelevante ist mir nahezu unbekannt,

Weitere bemerkenswerte Einsichten in die Funktionsweise von Stereotypen ergeben sich aus der Bemerkung eines amerikanischen Expatriate, der zum Zeitpunkt der Datenerhebung in den Headquarters von DaimlerChrysler in Stuttgart-Möhringen beschäftigt war und der über interkulturelle Trainings als Vorbereitung für Expatriate-Aufenthalte reflektiert:

»They do a lot to give us training on cultural difference and things like that, which in some (-) respects I think isn't so good because it, it fosters a lot of the stereotypes (-) it says Germans are closed, it says Germans are formal, it says Germans (-) have a closed door policy so the door's closed, it says that Germans are very serious about titles, Herr, Frau, Doktor, Professor ...«

Dieser Beobachtung zufolge werden in den interkulturellen Trainings bereits existierende Vorurteile über eine Nation und deren Mitglieder reproduziert und verstärkt bzw. werden Manager und andere Fachkräfte für ihren Auslandsaufenthalt gerade mit Hilfe von Informationen ›ausgebildet‹, die auf stereotypischen Einschätzungen der Einheimischen im entsprechenden anderen Land basieren. Dies habe zur Folge, daß die Expatriates gar nicht mehr über die Chance verfügten, unvoreingenommen eine neue Kultur kennenzulernen; sie begegnen der neuen Kultur sozusagen mit einem vorgefertigten Wahrnehmungsmuster, das ihnen zwar im Ausland weiterhelfen soll. So betrachtet sind die Chancen begrenzt, gegenüber dem Neuen im Ausland zuerst einmal offen zu bleiben; stereotypisches Lehrwissen hilft den potentiellen »Expats«, sich im entsprechenden Ausland zu orientieren, und zugleich behindert es den Lernprozeß, sich von vorgefertigten Überzeugungen – die sich häufig beim Auslandsaufenthalt auch immer wieder bestätigen – wieder zu lösen.

Verfestigung und Reflexion von Stereotypen

Aus den Analysen wird erkennbar, daß die Sonderform der ›stereotypischen Wahrnehmung‹ auf festgelegten Wissensbeständen basiert, die erworben und erlernt wurden und die grundsätzlich in jeder Wahrnehmung präsent sind. In den interkulturellen Arbeitsmilieus, die durch die Fusion des amerikanischen mit dem deutschen Unternehmen entstanden, zeichnet sich eine andere Situation ab als in den über Jahrzehnte hinweg ›gewachsenen‹ interkulturellen Arbeitszusammenhängen des Daimler-Automobilbetriebs. Amerikaner und Deutsche begegnen sich im Managementbereich erst seit kurzem, und beide

ich weiß fast nichts darüber. Trotz meines begrenzten Wissens sind meine Vorstellungen davon dennoch besonders starr festgelegt, weil sie so begrenzt sind (vgl. ebd.: 56). Gerade das schemenhafte Wissen enthält Elemente stereotypen Wissens, die zu Vorurteilen im Alltagsverständnis werden können.

Seiten verfügen über wenige konkrete Erfahrungen mit den Kooperationspartnern in Interaktionssituationen; ihre individuelle Wahrnehmung des Anderen basiert dementsprechend in diesem Bereich vornehmlich auf den wenig präzisen stereotypischen Kategorien, die immer schon Bestandteil des Wissens der einzelnen waren oder beispielsweise in interkulturellen Trainings erst erlernt wurden.

Sowohl Amerikaner als auch Deutsche werden in diesem Kontext als Repräsentanten der jeweiligen Konzerne Chrysler und Daimler betrachtet und – wie die Daten verdeutlichen – mit den von ihnen hergestellten Produkten in Verbindung gebracht. Stereotypisch wird die einzelne Person dahingehend beurteilt, welche »Nationalität« sie hat, für welchen Konzern sie tätig ist und an der Herstellung welcher Automobile sie beteiligt ist; kaum ein Weg führt daran vorbei, daß in den Arbeitskontexten diese Wahrnehmungsmuster verwendet werden. Von diesen Kategorien der Fremd- und auch Selbstwahrnehmung wird nur dann Abstand genommen, wenn der einzelne als Privatperson unabhängig von korporativen Zugehörigkeiten wahrgenommen wird.

In den Arbeitskontexten der Daimler-Automobilfabrik, so zeigt sich in den Daten, ist die kulturelle Herkunft des einzelnen stärker in den Hintergrund gerückt. Die Tatsache, daß jemand aus Italien, Deutschland, der Türkei oder aus Portugal stammt, ist schon gewöhnlich geworden. Die Chancen, daß in diesen interkulturellen Kontexten jemand als individuelle Persönlichkeit mit besonderen Eigenschaften und Vorlieben wahrgenommen wird, ist im Rahmen dieser sich über Jahrzehnte entwickelnden Interkulturalität größer als im Bereich des internationalen Managements, in welchem das gegenseitige kulturelle Wissen übereinander noch nicht besonders stark ausgeprägt ist. Was die Amerikaner konkret über die Deutschen wissen und umgekehrt, was man sich aus persönlichen Erfahrungen im Aufeinandertreffen der Individuen beider Gruppierungen angeeignet hat, gehört zu einem spezifischen Wissen, das vielfältiger und präziser ist als gängige stereotypische Wahrnehmungsmuster – diese sind für die deutsch-amerikanische Kommunikation immer noch mächtig und wahrnehmungsleitend.

Die aus der Datenanalyse resultierende Kategorie der »stereotypischen Wahrnehmung«, die sich aufgrund der Kontrastierung der beiden interkulturellen Arbeitswelten als besonders zentral erweist, kann mit phänomenologischen und hermeneutischen Überlegungen noch genauer erläutert werden. Im Sinne von Martin Heidegger beruht jegliches *Verstehen* – und somit natürlich auch interkulturelles Verstehen – auf einem *Vorverständnis*. Das heißt, daß das Verstehen sich immer auf einen konkreten Verweisungsrahmen bezieht und auch auf ein Repertoire an begrifflichen Bestimmungen (Sprache, Gestik etc.) zurückgreifen muß (vgl. Heidegger 1993 [1927]: § 31, 32), also auf Wissensbestände, die vorher schon von den Kommunizierenden geteilt werden müssen. Dieses von Gadamer beschriebene »Wunder des Verstehens« ist keine »geheimnisvolle Kommunion der Seelen, sondern eine Teilhabe am gemeinsamen Sinn« (Gadamer 1990 [1960]: 297).

Auch bei Kommunizierenden unterschiedlicher kultureller Herkunft muß – wissenssoziologisch argumentiert – ein gemeinsamer Sinn ›unterstellt‹ werden, muß ein gemeinsam geteilter Wissensvorrat als Basis für die Verständigung vorhanden sein. Zu diesem Wissensvorrat gehören auch die Stereotype und Vorurteile, die über die Anderen in den untersuchten Arbeitswelten existieren und denen in der interkulturellen Begegnung und Verständigung eine bestimmte Funktion zukommt: Sie erleichtern es, den Anderen zu verstehen, auch wenn es sich um ›starre‹ Kategorien der Einschätzung von Individuen unterschiedlicher kultureller Zugehörigkeit handelt. In der Kommunikation mit den Anderen sind Vorurteile immer präsent, sie sind Bestandteile der Wahrnehmung des einzelnen und können nur reflektierend hinterfragt werden. Wird der Begriff neutral verwendet, sind »Vorurteile« Gadamer zufolge »Bedingungen des Verstehens« (Gadamer 1990 [1960]: 281ff.; Grondin 1991: 143ff.); ohne sie könnte kein Verstehen des Anderen stattfinden. Dementsprechend basiert auch die hier beschriebene stereotypische Wahrnehmung auf einer »Vorurteilsstruktur«. Die Individuen in den interkulturellen Arbeitswelten können gar nicht anders, als den kulturell Anderen auf der Basis von stereotypischer Wahrnehmung zu erfassen.

4. Interaktion in interkulturellen Arbeitskontexten

Der analytischen Trennung zwischen *Wahrnehmung* und *Interaktion* folgend, werden nun diejenigen im Rahmen der Grounded-Theory-Analyse entwickelten Kategorien präsentiert, die insbesondere mit der Interaktion in interkulturellen Kontexten in Verbindung stehen. Diese sozusagen künstlich vorgenommene Aufgliederung beider Ebenen war – wie gesagt – für die Datenerhebung nicht ausschlaggebend. Für die Dateninterpretation ist sie jedoch deswegen relevant, weil durch sie gerade das ›Zusammenspiel‹ der beiden Ebenen Wahrnehmung und Interaktion bezüglich der Thematik Interkulturalität und interkulturelle Kommunikation präzisiert und erklärt werden kann. Aufgrund des bestehenden Feldzugangs standen für die Untersuchung der Ebene der Interaktion größtenteils Interviewdaten zur Verfügung, das heißt, daß Erkenntnisse über interkulturelle Interaktion hauptsächlich – sozusagen indirekt – über die Beschreibungen der Informanten abgeleitet wurden.[43] Die Zielsetzung der analytischen Trennung von Wahrnehmung und Interaktion besteht unter anderem darin, herauszufinden, wie die Organisation den konkreten Umgang der Individuen unterschiedlicher kultureller Herkunft leitet oder kontrolliert. Die Daten weisen darauf hin, daß die subjektive Wahrnehmung des Anderen abweicht vom beobachteten Verhalten des individuell Handelnden in Interaktionssituationen, was auf den Einfluß des organisationalen Rahmens zurückgeführt werden kann.

Zu Beginn des Kapitels werden die interaktionsspezifischen Grundlagen der interkulturellen Kommunikation anhand der von den Informanten so bezeichneten Kategorie der »kulturellen Vielfalt« (»diversity«) erläutert, um verstehen zu können, wie Interkulturalität im allgemeinen beschrieben wird (4.1). Daraufhin wird die besondere Bedeutung der »Sprache« für die Kommunikation im Rahmen der interkulturellen Begegnung erörtert (4.2). Im daran

---

43 Hinsichtlich der Beschaffenheit der Daten muß erwähnt werden, daß bei der Analyse der Ebene der Interaktion nicht nur Aufzeichnungen von konkreten interkulturellen Interaktionssituationen – von Gesprächen am Arbeitsplatz, von Diskussionen –, sondern vor allem auch Daten verwendet wurden, in welchen indirekt über die Interaktion von Individuen unterschiedlicher kultureller Zugehörigkeit berichtet wird.

anschließenden Abschnitt geht es um die Darstellung von In- und Exklusionsprozessen, die sich in Interaktionssituationen in unterschiedlichen Arbeitsmilieus abzeichnen (4.3). Die spezifische Ausprägung der Interkulturalität, die mit dem konkreten Verlauf des Daimler-Chrysler-Merger einhergeht, und die diesbezüglichen deutsch-amerikanischen Kommunikationsvorgänge werden dann in einem Exkurs analysiert (4.4). Abschließend erfolgt die Erörterung der für die Thematik der Interaktion in interkulturellen Kontexten entscheidenden Kategorie der »Unvereinbarkeit der Kulturen« (4.5).

4.1 »Kulturelle Vielfalt«/»Diversity« in Interaktionszusammenhängen

Mit dem Begriff der »Interkulturalität« werden sowohl im Automobilbetrieb als auch im internationalen Management die Zusammenhänge beschrieben, in welchen Individuen unterschiedlicher kultureller Zugehörigkeit dem Zwang unterliegen, zu interagieren. Hier ist nicht nur von Interesse, herauszuarbeiten, wie kulturelle Differenz in Interaktionssituationen produziert oder reproduziert wird, sondern insbesondere, wie aufgrund der zum Ausdruck gebrachten kulturellen Differenz die interkulturellen Interaktionen und Kommunikationen in den jeweiligen untersuchten Arbeitswelten verlaufen. Die Kontrastierung der beiden Arbeitswelten soll darüber hinaus ermöglichen, bestimmte Strukturen und Muster, die typischerweise in interkulturellen Interaktions- und Kommunikationssituationen im Rahmen der Organisation erkennbar sind, zu erforschen. Zudem wird die Idee der »kulturellen Vielfalt« als eigenständiges Thema von den Individuen im empirischen Feld angesprochen, eine Idee, die sozusagen als die Voraussetzung für die Interkulturalität verstanden werden kann. Der Begriff der »kulturellen Vielfalt« bzw. »cultural diversity«, kurz »diversity«, ist insbesondere im aktuellen Management-Diskurs präsent und erlebt hier gerade seine Hochkonjunktur.

»Kulturen werden das Zusammenleben [immer] beeinträchtigen« – Interkulturalität als Bedingung der Interaktion in Arbeitswelten

Die Tatsache, daß bestimmte Abteilungen innerhalb des Unternehmens kulturell heterogen sind, daß es sich um spezifisch interkulturell geprägte Arbeitsmilieus handelt, wird in einigen Aussagen zwar grundsätzlich als problematisch dargestellt. Trotz dieses Konflikts wird die Annäherung ›der Kulturen‹ aber nicht per se verhindert, wie die Äußerung des Betriebsrats türkischer Herkunft zeigt:

»Natürlich, Kulturen spielen immer eine Rolle und werden auch immer beeinträchtigen, des Zusammenleben beeinträchtigen (1.0); aber (--) man bleibt doch nicht stehen. Also des was mal vor dreißig, fünfunddreißig Jahren war, kann ja nicht eins zu eins übernommen werden, was sich in der Entwicklung der Kulturen, der Integration hier vollbracht worden ist, kann man doch nicht sagen, äh, des geht uns alles nichts an und wir machen alles wie vor dreißig Jahren, was zwischen den Menschen, zwischen den Kulturen und Nationalitäten sich abgespielt hat.«

Hier wird die Ansicht vertreten, daß eine Beeinträchtigung entsteht, wenn unterschiedliche »Kulturen« zusammenarbeiten bzw. »zusammenleben« müssen. Kulturelle Unterschiede erschweren in diesem Sinne generell die Zusammenarbeit; ein Fortschritt kann jedoch dahingehend festgestellt werden, daß sich zum einen die »Kulturen«, aber auch der Status der »Integration« der unterschiedlichen Kulturen weiterentwickeln. Was in Deutschland »vollbracht« wurde, habe zu einem Niveau der Integration geführt, das als Errungenschaft der letzten drei Jahrzehnte betrachtet werden könne, so der Interviewpartner. Die Entwicklung ist in diesem Sinne so weit fortgeschritten, daß man alte Differenzierungen bezüglich »Kultur« und »Nationalität« heute nicht mehr geltend machen kann. Obwohl der interviewte Betriebsrat die kulturellen Differenzen im allgemeinen als problematisch betrachtet, sind ihm keine Fälle von Streitigkeiten aufgrund von Nationalität bekannt, und er beobachtet, daß Mitarbeiter unterschiedlicher kultureller Herkunft eigentlich »gut miteinander auskommen«.

Der Ansicht eines türkischen Elektriker-Meisters zufolge hängt die »positive« Entwicklung bezüglich der Integration der ausländischen Mitbürger in Deutschland und auch innerhalb des Automobilbetriebs vor allem mit der Initiative jener Ausländer zusammen, die sich um ein funktionierendes Zusammenleben bemühten. Diese hätten während der letzten fünfzehn Jahre viel dafür getan, damit sich ihre Situation in Deutschland weiterentwickelt; vermutlich spielt er damit auf die Verbesserung der Sprachkompetenz und andere Anpassungstendenzen an. In diesem Zusammenhang scheint von Bedeutung zu sein, daß die beschriebenen »Integrationsvorgänge« vor allem auf die Entschlossenheit und den Einsatz der Ausländer zurückzuführen sind, wobei sich – wie behauptet wird – die deutsche Seite weniger mit Integrationsfragen auseinandersetze.

»Profitieren« von der kulturellen Vielfalt

Die Vorteile der kulturellen Vielfalt in den unterschiedlichsten Arbeitsmilieus werden immer wieder von den Befragten hervorgehoben, wobei vor allem die Perspektivenvielfalt, die sich in interkulturellen Arbeitszusammenhängen einstellt, betont wird. Frau Lanica, eine bosnisch-deutsche Meisterin, äußert sich dazu folgendermaßen:

FL: »Wie könnt man des am besten beschreiben? Es ist (2.0) grad durch die Kulturen ist es vielleicht (-) gar nicht schlecht, daß Deutsche und grad zum Beispiel Türken, Griechen, weil ja alle eigentlich eine andere Kultur haben; JD: mhm; FL: zusammen schaffen, weil (-) der eine sieht's beim andern, (-) was der macht, de- des ist sie sagen Südländer sind vielleicht (--) eher ein bißchen lockerer drauf. Man weiß es, wenn man in Urlaub geht; JD: ja ja; FL: dann ist des einfach und des ist die Mentalität von denen, die ist auch hier übertragbar; JD: aha; FL: und da ist dann auch oft auch lustig und die machen öfter mal 'nen Spaß und (-) nicht wie die Deutsche', sag ich mal, die sind da eher bereit, mal Witzle zu machen und wenn man dann beobachtet an den Bändern, wo viele Ausländer arbeiten, da ist es immer lustig, da geht's also (-) ist immer lu- geht's lustig zu. Und des ist vielleicht bei den Deutschen weniger so, da.«

Ihre Erfahrungen führen Frau Lanica zu der Auffassung, daß, wenn in Arbeitsmilieus unterschiedlich kulturell geprägte Sicht- und Denkweisen aufeinandertreffen, die einzelnen in der Zusammenarbeit voneinander profitieren können. Diese Sichtweisen wirken sich auf das Handeln aus, weshalb auch kulturspezifische Handlungsmuster erkennbar seien, wenn es beispielsweise um konkrete Problemlösungen der Mitarbeiter geht (vgl. auch Kap. 3.1). Entscheidend ist dann, daß man von den Kollegen mit der ›anderen‹ kulturellen Zugehörigkeit gewinnen kann in dem Sinne, daß man ihre kulturspezifische Verhaltensweise erkennen lernt (»der eine sieht's beim andern«) und so sein eigenes Repertoire an Lösungsmöglichkeiten anreichert. Man ist sozusagen aufgrund der kulturellen Vielfalt in den unterschiedlichen Arbeitsmilieus in der Lage, wie an anderer Stelle argumentiert wird, seinen »Horizont zu erweitern«.

Die Umgangsformen der ausländischen Mitarbeiter werden, verglichen mit denen der Deutschen, als »ein bißchen lockerer« bezeichnet, was auch häufig aus dem Wahrnehmungsmuster der »südländischen Mentalität« (vgl. Kap. 3.1) folgt. Eine besondere Eigenart der international besetzten Abteilungen ist der ›Spaßfaktor‹. So ist die deutsch-bosnische Meisterin der Ansicht, daß es nicht die Deutschen seien, die für Spaß sorgen; wenn es am Arbeitsplatz »lustig« zugeht, sei dies vielmehr den anderen Kulturen und deren »Mentalität« zu verdanken. Es wird impliziert, daß die »Mentalität« der Deutschen Humor am Arbeitsplatz nicht unbedingt fördert. Ein junger Türke, der an einem Fließband in der Produktion beschäftigt ist, bestätigt diese Beobachtungen mit seiner Ansicht, daß die kulturelle Vielfalt am Arbeitsplatz zu mehr Freude führe, was bei kultureller Einheitlichkeit so nicht gegeben sei.

HY: »Und äh als ich hier anfing, ich hab' mal draußen hier, draußen im, draußen hab' ich meine Ausbildung gemacht; JD: mhm; HY: da war's in Kleinbetrieben war's ganz anders; JD: mhm; HY: da waren die Leute so deutsch; JD: mhm; HY: und hier als ich da angefangen hab', (-) äh wurd' hier also in der Gruppe, wenn du so rumkuckst, da sind verschiedene Nationalitäten; JD: ja ja; HY: die miteinander zusammen schaffen und sogar manchmal nebenher da auch Spaß haben die Deutschen, Türken; ((lacht)); JD: ((lacht)).«

Insgesamt wird von den Interviewten der Eindruck vermittelt, daß die Eintönigkeit von kulturell einheitlichen Arbeitsmilieus in kulturell heterogenen dadurch ›zerstört‹ wird, daß neue, andersartige Perspektiven der Kollegen mit ihren spezifischen kulturellen Eigenheiten den Arbeitsalltag beleben und daß die Kommunikation durch abweichende, aus kulturellen Besonderheiten resultierende Ideen »bereichert« wird.

Die Vorstellung einer »Bereicherung« ist bei zahlreichen Mitarbeitern in beiden analysierten Arbeitswelten präsent; ein türkischer Betriebsrat formuliert beispielsweise:

»... und die Kulturen, die können sich ja im Prinzip in Gänze nur bereichern, und ah stellen eigentlich kein Defizit her, meiner Meinung nach. Und ich wünsche mir im Prinzip, daß daß diese Gleichsetzungen auch von den gesetzlichen Bestimmungen her endlich erreicht werden.«

Obwohl die Zusammenarbeit von Individuen unterschiedlicher kultureller Herkunft Probleme aufwirft, wird prinzipiell argumentiert, daß die Arbeitsgruppen insgesamt von der kulturellen Vielfalt profitieren können. Von den »Kulturen« wird sozusagen ein Wissen für potentielle Problemlösungen zur Verfügung gestellt, so daß in interkulturellen Milieus die Möglichkeit besteht, von den kulturell Anderen zu »lernen«, wie aus der Äußerung eines deutschen »Centerleiters« deutlich wird.

»Dann kommt dazu, man soll sich selber immer wieder äh, in die Pflicht nehmen und fragen, auch wenn dir das im Moment das nicht gefällt, daß der's so macht, frag dich lieber erst mal, warum macht er's denn so, als ihn von vorneherein zu verurteilen, nach dem Motto, das ist alles Schrott, das ist alles schlecht und so weiter. Warum macht er's denn so und was, wenn er's so macht, was hat denn der für Vorteile, die ich eigentlich nicht hab; die ich bisher auch noch nicht erkannt hab. Also ich sag mal, man könnt's kurz umschreiben mit dem Thema gegenseitigen Respektieren und von andern lernen wollen, um möglicherweise auch noch Vorteile für sich selber und für sein Fortkommen, für sein Lernen zu profitieren. Das, sag ich mal, ist die einfache Formel auch mit welcher Kultur auch immer auszukommen.«

Häufig wird jedoch inhaltlich nicht genau definiert, wie man profitieren kann und in welcher Hinsicht das Lernen vom anderen stattfindet. Es wird nicht genau deutlich, welche Art von Wissen übernommen wird. Eine Ausnahme stellt beispielsweise die Argumentation dar, daß »die Deutschen« von »den Amerikanern«, die über eine pragmatische Kompetenz im ökonomischen Handeln verfügten (vgl. Kap. 3.2), lernen könnten, weil diese sich in Business-Angelegenheiten besser auskennten.

Die Bereicherung ergibt sich aus einem reflexiven Zugang zum Handeln der Anderen: Welchen Sinn hat es, welche Optionen erschließen sich, wenn man die fremden Routinen vergleicht mit den eigenen gewohnheitsmäßigen Handlungsformen? Diese Vorgehensweise soll – folgt man der Argumentation des Managers – dazu dienen, das persönliche Repertoire an Problemlösungsmustern bzw. das individuelle Fachwissen zu erweitern, indem man das andersartige Wissen in das eigene integriert. Ein deutscher Expatriate, der bei Daimler in Tuscaloosa in den amerikanischen Südstaaten beschäftigt war, schließt sich dieser Sichtweise an:

»... des ist halt für die Leut, die da mitgemacht haben, ( ) die ah unterschiedliche Kulturen mitkriegen, andere Arbeitsweisen, daß es auch anders funktioniert. Man muß eben offen reingehen, also dann bringt jedem, also jeder, der im Ausland war, ( ) Kontakt haben und alles, hat viel Positives.«

Auch mit dieser Äußerung wird die Vorstellung vermittelt, daß eine Bereicherung dadurch entsteht, daß man sich die Arbeitsweisen der Individuen aus anderen Kulturen aneignet, Praktiken, die als kulturbedingte Handlungsmuster die Möglichkeit eröffnen, neue Wege in der Umsetzung von Arbeitsaufgaben einzuschlagen. Für die vorliegende Äußerung könnte ausschlaggebend sein, daß die Überzeugungen der Führungskräfte insbesondere durch die aktuelle Managementlehre beeinflußt und geprägt wurden, in welcher »kulturelle Vielfalt« – bzw. der populäre englische Begriff der »cultural diversity« – ›hoch gehandelt‹ und als Grundelement des Erfolgs internationaler Unternehmen propagiert wird (vgl. Jung 2003; Jung/Schäfer 2003).[44]

44 Für die Interpretationen der Äußerungen zahlreicher Interviewpartner ergibt sich dabei die Schwierigkeit, daß nicht genau nachvollzogen werden kann, ob ihre Ansichten bezüglich des Themas »kulturelle Vielfalt« aus eigenen Erfahrungen mit der Problematik resultieren oder aus Management-Paradigmen übernommen wurden. Für die Analyse der Interaktion in interkulturellen Kontexten erweisen sich die Schilderungen der eigenen Erfahrungen bezüglich des Themas als wesentlich relevanter, da sie reale interkulturelle Situationen reflektieren.

»Different kinds of input« – Kulturelle Heterogenität als Faktor der Innovationsförderung

Alle für die Analyse der Arbeitswelt des internationalen Managements befragten Führungskräfte beschäftigen sich mit der Problematik von Arbeitszusammenhängen, die sich durch kulturelle Vielfalt auszeichnen. Folgende Grundüberzeugung kristallisiert sich dabei heraus: Die Zusammenarbeit von Individuen unterschiedlicher kultureller Herkunft wirft zwar Probleme auf, trägt jedoch prinzipiell zu einer besonders erfolgreichen Teamarbeit bei. Nachfolgende Äußerungen eines amerikanischen Expatriate von Chrysler sollen illustrieren, wie eine solche Annahme begründet werden kann:

»Finance, decision making, globalization (-); I'm in favor of diversity ((glass clinking)) of all kinds of diversity. You get better decisions, you get better (--) kno- better effects, better quality. I think diversity in general is a favorable thing. It just takes a little while to get used to it; JD: What do you mean exactly with diversity?; HF: (-) People with different ideas, people with different backgrounds, different cultures, hm could be different skin whatever, but (--) but I think any organization benefits from the more::: different kinds of input that come into it. The better off it is in general in making decisions and getting work done.«

Der Interviewpartner beschreibt mit »diversity« die Vielfalt der Menschen am Arbeitsplatz im allgemeinen; diese bringen individuell unterschiedliche Ideen, Kulturen und einen jeweils besonderen Hintergrund mit. Jede Organisation kann aus einem solchen Sammelsurium aus Ideen und Überzeugungen einen Nutzen erzielen, denn auf der Basis dieser »diversity«, so der Interviewte, könnten bessere Entscheidungen getroffen und insgesamt eine bessere Qualität erzielt werden; eine Begründung, warum das so ist, wird gleich im Anschluß geliefert:

HF: »Ye::ah I think it does hm (--) if, if you have – take it the other way, if you have too much homogeneity, everybody comes from the same school, everybody learning the same things, everybody has the same ideas, the same, you know, culture, you- you're limited to the ideas that you can come up, you're limited to the (-) um, to breaking out of the box, to doing new business to uh, learning new things really. So any inputs, I mean, you do have what do they call it, it's a destructive thing to have diversity (-) and it's unpleasant sometimes, because (-) you're more comfortable when everybody's the same. But, the more um, the more you disrupt an organization, I think, the better. Ultimately, yeah, it's really fun when you do it (laughter).«

Kulturelle Homogenität, so wird vermittelt, sei problematisch, weil die Denkweisen der Mitarbeiter in einem ›einheitlichen‹ Arbeitsteam nicht sonderlich voneinander abwichen, weil diese im Rahmen ein und derselben theoretischen und praktischen Schule ausgebildet wurden. In diesem Fall verfügten Arbeitskräfte gar nicht über das Potential – über ein Wissen, das das der Allgemeinheit übersteigt –, um neue Horizonte zu eröffnen und überhaupt Neues zu erlernen; aufgrund eines homogenen kulturellen Hintergrunds sei eine solche Arbeitsgruppe in diesem Sinne limitiert. Obwohl es mit Sicherheit bequemer sei, wenn alle im Team dieselbe kulturelle Herkunft mitbringen, da – so kann gefolgert werden – weniger Unstimmigkeiten zwischen Kollegen auftreten und ein Grundverständnis unter ihnen eher vorhanden ist. Schließlich ist Herr Fearns der Ansicht: Je mehr die Organisation insgesamt durch die kulturelle Vielfalt ›aufgebrochen‹ wird, desto besser funktioniere sie.

Versucht man die Argumentation des Expatriates und auch seiner Kollegen weiterzudenken, so können ihre Beobachtungen dahingehend gedeutet werden, daß Individuen in einem interkulturellen Arbeitskontext in der Lage sind, im Team neue, ungewöhnliche Problemlösungen zu entwickeln. Dies könnte auch eine Grundlage dafür bilden, was gemeinhin als »Innovation« verstanden wird. Die Reflektionen der Mitarbeiter, die aus ihren konkreten Erfahrungen zur kulturellen Vielfalt und Interkulturalität resultieren, verweisen auf die Idee einer interkulturell angereicherten Multiperspektivik und könnten ein Erklärungsmodell für das Phänomen der »Innovation« abliefern.

Individuen verschiedener kultureller Herkunft unterscheiden sich aufgrund ihrer entsprechenden gesellschaftlichen Wissensvorräte, die Bestandteil ihres jeweils subjektiven Wissens sind. Etwas Neues kann in interkulturellen Interaktionszusammenhängen dann entstehen, wenn das für die einzelnen ›lebensweltlich Gegebene‹ aufgrund der Konfrontation mit kulturell Anderen in Frage gestellt wird, das heißt, wenn im Handeln unerwartete Sachverhalte auftauchen, zu denen auf Anhieb kein Handlungsbezug hergestellt werden kann. Dieser Sachverhalt, das Unerwartete in einer Arbeitssituation, ist nicht ›intersubjektiv gesichert‹ und gehört zunächst nicht zum common-sense-Wissen des gesamten interkulturellen Teams (vgl. auch Käbisch 2002: 201f.). Wenn nun in Interaktionen Störungen aufgrund der unterschiedlichen Wissensbestände und Herangehensweisen auftreten, kann sich dadurch die Basis für eine neue Handlungslösung ergeben, wenn die Handelnden über die Offenheit, unvertraute Handlungsmöglichkeiten außerhalb der gewohnten Abläufe zuzulassen, und über Prozeduren des Erlernens und Anerkennens des Neuen verfügen. Kreativität, als Basis für Innovation, ist die Fähigkeit, Neues, Originelles zu gestalten bzw. hervorzubringen, bzw. der psychologische Prozeß, durch den wertvolle neue Produkte bzw. Lösungswege kreiert werden (vgl. MacKinnon 1968: 435). Den Schilderungen der Interviewpartner zufolge könnte die kulturelle Vielfalt am Arbeitsplatz dafür förderlich sein, daß Wege für kreatives Handeln eröffnet werden.

Die formalen Überlegungen von Herrn Fearns werden nun anhand einer konkreten Analogie illustriert, die nicht die kulturelle Herkunft als maßgeblich ansetzt, sondern das Geschlecht der Mitarbeiter. Analog wird hier davon ausgegangen, daß Frauen und Männer über voneinander abweichende Wissensbestände und Denkstrukturen verfügen, weshalb in gemischten Arbeitsmilieus der Ideenreichtum vergrößert werden kann:

HF: »Yeah, you have to learn to work together and to come to consensus, but to listen to all ideas. I mean, we went through it in the US in terms of women in the workforce (-); we didn't have many women at all in the workforce in engineering or decision making or anything and (-) our car designs were boring and old and clunky and the quality wasn't good and you know, if you only have men designing something you really don't get the benefit; so (-) we discovered that right away that women don't just bring the feminine aspect but they bring all whole different way at looking at problems and decisions and (-) and it's disruptive at first but it's very much better.«

Der Sprecher macht in seiner Äußerung die Tatsache, daß zu einem bestimmten Zeitpunkt das Design der von Chrysler hergestellten Autos »langweilig«, »veraltet« und »plump« wirkte und sich ihre Qualität als nicht besonders gut erwies, daran fest, daß vornehmlich Männer an der Entwicklung beteiligt waren, insbesondere im technischen Bereich und in denjenigen Positionen, in welchen die Entscheidungen getroffen wurden. Seitdem mehr Frauen in diesen Abteilungen eingesetzt wurden, verbesserte sich die Situation nicht nur – so Herr Fearns –, weil sie ihre feminine Perspektive in die Arbeit mit einbrachten, sondern vor allem deshalb, weil sie auf eine völlig verschiedene Weise Probleme bearbeiteten und Entscheidungen fällten. Das von ihm erläuterte Beispiel veranschaulicht, wie in spezifischen Arbeitszusammenhängen aufgrund der Vielfalt der Denkweisen positivere Ergebnisse in der Herstellung von Automobilen erzielt werden können. Exemplarisch soll dies untermauern, wie im übertragenen Sinne die kulturelle Vielfalt auf vergleichbare Art und Weise dazu beiträgt, eine erfolgreiche und innovative Zusammenarbeit in den Teams zu erreichen.

Insbesondere die Expatriate-Einsätze werden mit der Annahme erklärt und legitimiert, daß sie Gewohntes aufzubrechen und andere kulturspezifische Problemlösungsmuster innerhalb der Arbeitskontexte des Partnerunternehmens implementieren können. Ein Finanzexperte von Chrysler, der sich zu einem Auslandseinsatz in den Headquarters in Deutschland aufhielt, erklärt dies mit folgenden Worten:

HE: »Ye:ah, I think that's one of the reasons why they brought me here; they want to kinda get the perspective of a Chrysler person and they want to get the perspective of an American approach to business um, so I think in all of our meetings it comes out, (1.0) you know. It's very obvious that I'm an American and it's very obvious that they're not. But I think (-) we use that as an advantage (-) I mean a chance for them to learn a chance for me to learn.«

Der Mitarbeiter vertritt die Position, daß sein spezifisch amerikanischer Ansatz in bezug auf Business-Angelegenheiten der Grund dafür ist, warum er in Deutschland eingesetzt wird. Damit wird indirekt nahegelegt, daß deutsche Manager in diesem operativen Bereich von ihm lernen könnten. Die typische amerikanische Herangehensweise für die Durchführung von Geschäften zeigt sich – so die Argumentation – in Meetings, in welchen in interkulturellen Interaktionssituationen insbesondere Amerikaner mit Deutschen verhandeln, so daß sich die jeweilige Kulturspezifik herauskristallisiert.[45]

»A big step into this culture« – Formen des Beziehungsaufbaus zur fremden Kultur

Tendenziell vertreten – wie dargestellt – Mitarbeiter in beiden Arbeitswelten in unterschiedlichsten Positionen die Ansicht, daß an kulturell vielfältigen Arbeitsplätzen der einzelne vom interkulturellen Kontakt insgesamt profitieren kann. Durch den Kontakt mit den Kollegen der abweichenden kulturellen Herkunft kann zum einen die Zusammenarbeit bereichert werden, zum anderen aber auch der Alltag bzw. die Lebensqualität der einzelnen Mitarbeiter. Im konkreten interkulturellen Kontakt, das heißt in face-to-face-Interaktionen, wird eine Annäherung der Individuen unterschiedlicher kultureller Herkunft möglich, gleichzeitig zeichnen sich aber Probleme ab, wie auch Abgrenzung signalisierende Verhaltensweisen erkennen lassen.

Die Idee des »Profitierens von der anderen Kultur« aufgreifend, erläutert eine deutsche Managerin, die in den US-amerikanischen Südstaaten bei Daimler beschäftigt ist, daß die Auslandseinsätze der Expatriates grundsätzlich positive Auswirkungen hatten:

> »Die haben, die haben gelernt, daß auch andere Wege nach Rom führen, daß man auch mit anderen Wegen und Mitteln ein Ziel erreichen kann und nicht nur so wie sie's ( ), doch die haben, also die haben sich, ich würde sagen zu neunzig Prozent sind die dadurch menschlich gereift und haben einfach (1.0) Verständnis auch für andere Arten, andere Menschen, andere Ideen, andere Gedanken.«

Die Interviewpartnerin geht so weit zu behaupten, daß diejenigen, die einen Auslandaufenthalt erlebten, durch den interkulturellen Kontakt »menschlich reiften«; das Motiv der »Horizonterweiterung« wird auch an dieser Stelle deut-

45 Auch dieser Informant geht von einer Grundüberlegung aus, gemäß welcher das Zusammenwirken kulturspezifisch variierender Wissensbestände – Strategien, Problemlösungsmuster, Geschäftsverhalten etc. –, die die Individuen in interkulturelle Arbeitskontexte mit einbringen, zu vorteilhafteren Arbeitsergebnissen führt. Die Kombination aus verschiedenartigen Wissensbeständen ermöglicht demzufolge aufgrund der Erweiterung des Wissensrepertoires neue Wege für konkrete Handlungsentscheidungen einzuschlagen und gemeinsam kreative oder innovative Lösungen zu finden.

lich. Inwiefern es möglich ist, sich der anderen Kultur anzunähern, wird daran festgemacht, ob man Freundschaften mit den kulturell Anderen schließen kann, wie ein amerikanischer DaimlerChrysler-Mitarbeiter signalisiert:

HF: »The friends that we've made are through the company (2.0) but I've learned to play Skat, do you know Skat? JD: Oh yeah; HF: I shouldn't say I've learned to play, I've played it a little bit. It's a big step into this culture; yes; JD: well yeah; HF: It's a wonderful and intriguing game.«

Die freundschaftlichen Beziehungen, die am Arbeitsplatz mit den Kollegen »aus der anderen Kultur« aufgebaut werden, sind für die Mitarbeiter ein Indikator dafür, wie nahe man den kulturell Anderen steht. Freundschaften verweisen darauf, daß bereits eine Vertrautheit zu einzelnen Personen aus dem anderen Kulturkreis entstanden ist. In der zitierten Äußerung erwähnt der Amerikaner seine Kenntnisse des Skatspiels und hebt damit hervor, daß er dadurch schon »einen großen Schritt in diese Kultur« vollzogen habe. Skat symbolisiert also für ihn eine Eigenart deutscher Lebensweise. Das Erlernen dieses Spiels dokumentiert die Bereitschaft, aktiv an dieser Kultur teilzuhaben.

Im interkulturellen Kontakt werden jedoch auch Tendenzen der Abgrenzung von den kulturell Anderen erkennbar. Die manifeste Ablehnung der Anderen bzw. der »Fremden«, die sich aufgrund konkreter Interaktionssituationen am Arbeitsplatz ergibt, zeigt sich in den Äußerungen eines in Ost-Deutschland aufgewachsenen Mitarbeiters:

HD: »... wenn sie halt stur sind und sich nur auf sich beziehen, also auf ihre türkische Kultur und; JD: aha; HD: und dann find ich's halt doch hart, in dem Sinn, da kann ich mit den Leuten nichts anfangen, weißt', des ist; JD: aha; HD: ähh (2.0) da find ich °halt sie hier nicht, also hier° nicht her passen. Ich bin mmh, wie soll ich sagen, (1.0) jeder, jeder hat seine fremde Kultur, aber (1.0) soll ähm (--) schwierig (-) schwierig (3.0).«

In der Begegnung mit der »türkischen Kultur« hat der Interviewpartner den Eindruck, daß die kulturell Anderen sich auf sich selbst, auf ihre eigene Kultur beziehen, und er ist der Ansicht, daß diese sich nicht an die Gegebenheiten in Deutschland anpaßten. Aus diesem Grund lehnt er diese Arbeitskollegen ab und befindet, daß »sie hier nicht her passen« und daß sie nicht hier arbeiten sollten. Die Ferne zur »türkischen Kultur« wird von ihm als besonders ausgeprägt empfunden, während er sich anderen Ausländergruppierungen näher fühlt:

HD: »Ich- ich- ich will mit keinem Ärger und es gibt gute Leute und es gibt wieder schlechte Leute, wie es bei den Deutschen auch ist, weißt. Und wenn's, wenn's wenn's keine (1.0) so mit den normalen, so mit Portugiesen oder mit Italienern geht's besser, weil die uns (--) verwandter sind im- vielleicht in der Reg- Religion oder so, weißt, da kannst besser mit denen kommunizieren, oder so.«

Die vom Interviewpartner beschriebene »Verwandtschaft« zu den Portugiesen und den Italienern ermöglicht dieser Argumentation zufolge, daß eine bessere Kommunikation zwischen ihm und diesen ausländischen Kollegen stattfinden kann. Er nimmt die Haltung ein, daß diejenigen, die als Migranten nach Deutschland kommen, sich an eine unterstellte deutsche Stamm-Kultur anpassen müssen. Die Initiative muß dieser Denkweise zufolge immer von den Zugewanderten ausgehen. Ausgeblendet wird dabei, inwieweit die ›deutsche Kerngesellschaft‹ aktiv einen Beitrag zur Integration der »Ausländer« leisten muß. Wenn die Ferne zur anderen Kultur bzw. Fremdheit zu stark ausgeprägt ist, heißt das für den Interviewten, daß diese Fremden »hier nicht her passen«. In diesem Sinne schließt er eine Öffnung der »deutschen« Gesellschaft gegenüber den fremden Kulturen aus.

Asymmetrien in interkulturellen Begegnungen

Im Aufeinandertreffen der Amerikaner und Deutschen in der Arbeitwelt des internationalen Managements zeichnet sich ein »Überlegenheitsgefühl der Deutschen« (vgl. Kap 3.2) ab. Dies wirkt sich in der Unterstellung einer vermeintlichen Überlegenheit aus, die konkrete Interaktionssituationen zwischen den Individuen der beiden Kulturen beeinflußt. Frau Riley, eine deutsche Managerin, die in Tuscaloosa (USA) beschäftigt ist, schildert ihre Beobachtungen:

> FR: »... daß dann solche deutsche Mitarbeiter zu ihren amerikanischen Kollegen, die teilweise auf dem gleichen Level waren, gesagt haben, so nach dem Motto, ›you guys don't know how to build that and you have no experience and you don't know what Mercedes call a ( )', also des war-, des war schon deutlich; JD: mhm; FR: so nach dem Motto, wir zeigen euch jetzt, wie man Fahrzeuge baut, wie man Mercedes baut. Ich mein, ist sicher auch-, war ja auch so mit Sinn der Sache, des war- des Mercedeswissen transferieren.«

In konkreten Interaktionen in Arbeitsvorgängen wird von den deutschen Expatriates ihre ›erwiesene‹ Fachkompetenz zum Ausdruck gebracht und den amerikanischen Kollegen gegenüber signalisiert, daß in bezug auf Fachwissen Mercedes-Repräsentanten das Sagen haben, auch wenn die Amerikaner über eine vergleichbare Qualifikation verfügen. Die deutschen Vertreter, die in den US-amerikanischen Südstaaten den Auftrag hatten, ein neues Mercedes-Automobilwerk mit aufzubauen, zeichneten sich – den Aussagen der Interviewten zufolge – dadurch aus, daß sie den amerikanischen Kollegen ›unverblümt‹ vermittelten, wie sie ihre Arbeit zu gestalten hätten bzw. wie Mercedes-Fahrzeuge hergestellt werden müßten. Häufig werde dabei grundsätzlich davon ausgegangen, daß sich die deutsche Herstellung von Mercedes-Produkten als hochwertig und bewährt erwiesen hätte und insofern nicht in Frage gestellt werden kann. Aus diesen Gründen insistieren die deutschen Expatriates, daß diese Produktionsweise auch von den amerikanischen Mitarbeitern in Tuscaloosa übernommen werden muß. Die Managerin erzählt weiterhin:

»... aber die Aussagen kamen da sicherlich rüber, ihr seid ja-, ihr wißt ja überhaupt nicht von was- und wir machen des seit dreißig Jahren haben wir des schon so gemacht und nur des ist der einzig richtige Weg, sicherlich ja; JD: und wie sind die Amerikaner damit umgegangen? FR: Ich weiß es nicht so genau. Ich denk die haben vieles:: vieles geschluckt (--) was se, was sollten sie dagegen anbringen, und man muß auch sehen, so ein deutscher Expat im Auslandswerk hat halt schon ein bißle ein' Sonderstatus, ich mein', er ist halt da wegen seines fachspezifischen Wissens.«

Von deutscher Seite wurde den amerikanischen Mitarbeitern nur geringfügig der Weg eröffnet, eigene Perspektiven in Arbeitszusammenhänge mit einzubringen – »der richtige Weg« bezüglich der Automobilherstellung wurde von den Deutschen vorgegeben. Den amerikanischen Kollegen war kaum möglich, sich den deutschen Vorgaben zu widersetzen. Die in diesem Zusammenhang von mehreren Informanten beschriebene »Überlegenheit« wird an anderer Stelle auch als »Daimler-Arroganz« bezeichnet. Erstaunlicherweise geschieht dies nicht von seiten der Amerikaner, sondern deutsche Daimler-Mitarbeiter kategorisieren sich mit dieser Bezeichnung selbst.

Frau Riley kritisiert zwar diese Verhaltensweisen der deutschen Expatriates, hebt jedoch auch hervor, daß es sich schließlich um ein Mercedes-Werk handele, weshalb auch die Prinzipien der deutschen Mercedes-Mitarbeiter in den neuen Betrieb in den Südstaaten übertragen werden sollten. Die erwähnte »Daimler-Arroganz« relativiert sie mit Bezug auf noch drastischer vollzogene Unternehmensfusionen:

FR: »... und was jetzt so die Amerikaner, wie die da drüber sprechen, weiß ich nicht, weil ich bin halt-, ich bin halt auch deutsch in deren Augen. Wobei ich mich da immer so als Zwitter zwischen ((lacht)) den Kulturen seh' [...]. Aber ich glaub des ist, des ist- wenn, man dann so hört, wie jetzt Japaner in USA agieren, des ist ja noch ( ) die setzen da ja noch eins drauf, also ist nur, gilt nur die japanische Mentalität und Einstellung.«

So betrachtet verhalten sich die deutschen Repräsentanten immer noch weniger direktiv als die Japaner, die in den USA ihre Standorte aufbauen. Im Vergleich zu den Deutschen sei in dieser Hinsicht noch eine Steigerung der Bevormundung zu konstatieren, da die Japaner den Amerikanern ihre »Mentalität« und »Einstellung« aufoktroyieren, wie die deutsche Führungskraft zum Ausdruck bringt. Durch die Abgrenzung zum Verhalten der Japaner wird das der Deutschen ›entschärft‹ – es wird sozusagen eine Art Entschuldigung für die Bestimmtheit der Deutschen gefunden.

Interkulturelle Kompetenz

In den Gesprächen ergeben sich jedoch nicht nur unaufhebbare Problematiken der interkulturellen Interaktion. Ebenso lassen sich Strategien ausmachen, die die Individuen unterschiedlicher kultureller Herkunft im konkreten Umgang miteinander anwenden. Das entscheidende Konzept der Wahrnehmung des Anderen, das von besonderer Bedeutung in bezug auf »funktionierende« interkulturelle Kommunikation ist, ist dasjenige der »Akzeptanz« (vgl. Kap. 3.4). Ein deutscher Manager in gehobener Position beschreibt dies mit folgenden Worten:

HF: »... wie gesagt, wenn sie mit zwölf Jahren in eine ganz andere Kultur gesetzt werden, ah dann ah lernen sie natürlich sich anzupassen, anzugleichen, bestimmte Dinge auch ah zu akzeptieren, die sie in Deutschland nicht akzeptieren würden. Also ich erzähl mal einfach ein Beispiel: Ich bin, ich bin ja nicht hier im Schwabenland aufgewachsen, sondern ich bin an der Grenze zur DDR aufgewachsen; JD: mhm; HF: und da hatten wir als Kinder sagen wir mal so ständig so die amerikanischen Besatzer so um uns rum; JD: mhm; HF: und die haben dann auch Grenzstreife gefahren so und da war das Thema ah Neger oder Schwarzer war für uns nichts nichts Anrüchiges; JD: mhm; HF: also es waren nette Kerle, die haben uns mit Kaugummi versorgt.«

Hier wird die Ansicht vertreten, daß die Fähigkeit schon aufgrund von Erlebnissen in der Sozialisation erlernt werden kann, sich an eine andere Kultur »anzupassen« und diese zu »akzeptieren«. Diese Kompetenz kann man sich den Überlegungen des Interviewten zufolge am besten aneignen, wenn man in dieser fremden Kultur lebt. Wird diese Annahme ›idealtypisch zugespitzt‹, so handelt es sich bei einer solchen »Akzeptanz« der anderen Kultur um eine Grundhaltung, die man entwickelt und prinzipiell einnimmt, wenn es zur Begegnung mit Individuen anderer kultureller Zugehörigkeit kommt. In diesem Sinne verfügt man über interkulturelle Kompetenz, über eine kommunikative Befähigung, die grundsätzlich in interkulturellen Interaktionssituationen eingesetzt werden kann. Man hat gelernt, mit Menschen anderer Hautfarbe, Religion oder Sitten umzugehen, und entwickelt eine Vertrautheit zu denen, die einem vormals fremd waren.

Diese Fähigkeit der interkulturellen Kompetenz ist nicht immer vorauszusetzen, wie sich unter anderem in folgender Formulierung erkennen läßt:

»Ich glaub, des haben die meisten Mitarbeiter sich selber erarbeiten müssen, wie sie damit umgehen, weil (1.0) Probleme hatten eigentlich alle. [...] Du hast auch hier einen Mitarbeiter, die haben einfach- oder Kollegen, die haben eine freundliche Art, mit anderen umzugehen, dann hasch halt diese Urschwaben, die da drauflos wettern bis zum-, dann ist dann manchmal schon ’ne- sagen wir einmal einer der etwas sozial Kompetenteren eingesprungen und hat versucht zu schlichten.«

Die Interviewte macht an dieser Stelle deutlich, daß es auch persönlich vom einzelnen abhängt, ob dieser in der Lage ist, mit den kulturell Anderen umzugehen; nur bestimmte Individuen verfügen dieser Beschreibung zufolge über interkulturelle Kompetenz.

Alltägliche Störungen der interkulturellen Kommunikation

Das häufige Auftreten von Kommunikationsproblemen in interkulturellen Interaktionskontexten wird von DaimlerChrysler-Mitarbeitern regelmäßig thematisiert, wobei auffällig ist, daß innerhalb der Arbeitswelt des internationalen Managements, in welcher die »Annäherung der Kulturen« noch nicht besonders weit fortgeschritten ist, diese Schwierigkeiten wesentlich öfter zur Sprache kommen. Ein in Stuttgart beschäftigter amerikanischer Expatriate versucht herauszufinden, ob die Unterschiede zwischen den Mitarbeitern eher auf die Zugehörigkeit zu einem Unternehmen zurückzuführen sind oder ob die entsprechende Nationalkultur des einzelnen dafür verantwortlich ist:

HF: »... oh, that's, it's a Daimler instead of a Chrysler person (-) no::, I don't think so (--) no, I treat everybody as an individual person rather than you know, where they came from or whatever. Whatever their job is, it doesn't really matter (--) um (5.0) no, there's always communication problems but they're mostly because of the history and background and (-) you know *culture* not because its Daimler or Chrysler (--)? I don't think.«

Der Interviewpartner argumentiert, daß nicht die »Unternehmenskultur« des einzelnen Mitarbeiters ausschlaggebend für Kommunikationsstörungen ist, sondern die »Nationalkultur« die Verständigung erschwert. Darüber hinaus werden Überlegungen angestellt, inwieweit kontinuierlich auftauchende Kommunikationsprobleme auf eine spezifische Gruppendynamik oder eben doch auf die kulturelle Herkunft des einzelnen zurückzuführen sind.

HE: »... but I mean there's a lot of communication issues we have here internally. Communication problems, challenges that (-) it's difficult to know whether that's unique to this group or whether it's unique to culture. Um, we have a lot of difficulties sometimes setting priorities for example, and also (-) and also making decisions we have a lot of problems and I, my perspective is that's unique to this group. It's not a, a German versus an American, um (2.0) ((knock, knock)), ( ) types of things (4.0). I mean, I think we have a really unique group that's unique in Chrysler and in Daimler. I mean, we're really young international focus group all who speak English perfectly from their side and me who speaks some German. Um (3.0) yes, I don't think we're gonna have the typical types of communication issues that exist with some other people.«

Der amerikanische Expatriate vertritt hier – abweichend von der gängigen Meinung – die Position, daß für auftretende Kommunikationsprobleme nicht der unterschiedliche kulturelle Hintergrund verantwortlich ist, sondern wie das

Arbeitsteam als solches zusammengesetzt und wie die besondere Dynamik zwischen den Mitarbeitern im Team geartet ist. Dieser Argumentation zufolge ist der Grund für die gute Zusammenarbeit in seiner Gruppe darin zu sehen, daß es sich um ein innerhalb der Unternehmen Chrysler und Daimler gut eingespieltes und insbesondere junges Team handele. Er impliziert in seiner Äußerung, daß es jüngeren Mitarbeitern leichter fällt, mit der kulturellen Vielfalt in der Arbeitsgruppe zurechtzukommen. Darüber hinaus ist dieser Ansicht zufolge das erfolgreiche Funktionieren der Kommunikation auch auf die individuelle Persönlichkeit des einzelnen Kollegen zurückzuführen sowie darauf, welche Sprach- bzw. interkulturelle Kompetenz dieser mitbringt.

Insgesamt wird aus verschiedenen Darstellungen ersichtlich, daß aus der kulturellen Differenz grundsätzlich Kommunikationsprobleme resultieren, es aber vom Individuum bzw. der Arbeit des Teams abhängt, wie diese jeweils bewältigt werden, das heißt, welche Strategien für den Umgang mit Kommunikationsstörungen entwickelt wurden. Gelingt es in bestimmten Fällen, Lösungen für Kommunikationsprobleme zu finden, besteht durchaus die Möglichkeit, daß aus der kulturellen Vielfalt und Interkulturalität in Arbeitsmilieus neue, innovative Problemlösungsmöglichkeiten bzw. Produktentwicklungen geschaffen werden (vgl. oben, S. 118ff.).

4.2 »Sprache« in interkulturellen Arbeitswelten

Eine besonders wichtige Thematik, die sich im Rahmen der Analyse von interkulturellen Interaktions- und Kommunikationszusammenhängen herauskristallisierte, ist der Bereich der »Sprache« bzw. »sprachlichen Kommunikation«. Das Aufeinandertreffen von Individuen unterschiedlicher kultureller Zugehörigkeit ist entscheidend vom Faktor »Sprache« abhängig, da Kommunikationen vor allem sprachlich vollzogen werden. In diesem Zusammenhang thematisieren die Informanten »Sprachkompetenz«, »Sprache und Integration«, »Verständigung« und die »Übersetzungsproblematik«, Aspekte, die sich als maßgeblich für die Gestaltung interkultureller Kommunikationsvorgänge erweisen.

Es zeigt sich, daß das Erlernen der fremden Sprache einen ausgesprochen wichtigen Schritt bezüglich der Teilhabe an der anderen Kultur darstellt. In beiden interkulturellen Arbeitswelten bei DaimlerChrysler erweist sich das Beherrschen der fremden Sprache als ein für die Interviewpartner relevanter Diskussionspunkt.

»Ein großer Fehler von mir« – die Bedeutung der Sprachkompetenz

Ein amerikanischer Expatriate, Herr Price, der in Stuttgart-Möhringen in den Headquarters tätig ist, erklärt, worin die entscheidende Bedeutung der Sprachkompetenz für die Teilnahme am kulturellen Leben in Deutschland liegt:

»I think the thing that would- just make life easier and happier is really the language issue and, and just (-) getting to the point where you just understand (--) you just turn on the radio and you just understand all of the news that you hear, you understand things and then you feel more part of the co- (-) the, the culture and the country because you share their concerns, you share their politics, you share uh, what's important to the Germans and so, it (-) you know, Germans want to see that you care about their country, that you don't just care about the US (--) stuff. And so, um, the language I think is very important.«

In diesem Sinne vermittelt Sprachkenntnis einen Zugang zum politischen und kulturellen Leben in Deutschland. Der Expatriate ist der Ansicht, daß mit Hilfe der deutschen Sprachkompetenz für ihn die Möglichkeit besteht, herauszufinden, was für »die Deutschen« relevant und von Interesse ist. Man sei mittels der Sprache in der Lage, einiges von dem zu teilen, was den Menschen in Deutschland wichtig ist. Darüber hinaus signalisiere man den Deutschen als Fremder, der ihre Sprache erlernt, daß man sich um ihr Land kümmere und es wertschätze.

Ob jemand im jeweils fremden Land fähig ist, sich die Sprache der dort Lebenden anzueignen, hänge vornehmlich vom Interesse des einzelnen an der entsprechenden Landeskultur ab. Daß das Erlernen der anderen Sprache über kurz oder lang prinzipiell möglich sei, wenn man das wirklich wolle, behauptet der portugiesische Mitarbeiter, Herr Meros:

HM: »Uh, das war hart, das war hart; ((lacht)) ja gut äh ich denk' mal, daß die (--) daß die Leute, also wenn jemand hierher kommt und den Interesse hat in dem Land (-) hier; egal wo; oder hier oder in Frankreich oder in Schweiz egal; JD: mhm; HM: der muß auf die Sprach' also richtig, der muß ganz ganz Interesse haben; JD: ja ja; HM: sonst schafft er's nicht; sonst schafft er's nicht; weil ich denk' mal Griechisch ist schlimm zum Lernen oder zum Sprechen, aber man lernt diese schon, wenn jemand Interesse hat ne, also (-) das war das war bißchen hart, aber hab' ich geschafft; nicht so gut, ...«

Auch dieser Interviewpartner geht davon aus, daß es mit dem »Interesse« der einzelnen Person am anderen Land, an der anderen Kultur zu tun hat, ob sie sich entscheidet, sich die entsprechende Sprachkompetenz anzueignen. Nicht so sehr die Tatsache, ob eine Sprache leicht oder schwer zu erlernen sei, spiele eine Rolle, sondern der Wille des einzelnen. Ein türkischer Arbeiter, der die Situation seines Vaters und dessen deutsche Sprachkenntnisse beschreibt, schildert dies folgendermaßen:

HY: »Ja, er könnte besser sprechen, wenn er wollt'; JD: ach so ja; HY: wenn er wollte; und wenn man sich nicht dazu zwingt, am Anfang kennt, mein Vater, ich weiß nicht, noch vor fünfzehn Jahren, ja, fünfzehn Jahren hat mein Vater gut deutsch sprechen können, aber jetzt interessiert ihn nicht; JD: mhm; HY: er ist Rentner jetzt, jetzt kommt er her und besucht er uns, dann geht er wieder nach Türkei; JD: mhm; HY: aber vor fünfzehn Jahren hat er auch sehr gut ( ) deutsche Sprache beherrscht.«

Diese Äußerungen vermitteln die Überzeugung, daß jeweils der individuelle Mitarbeiter selbst für sich entscheidet, ob er die andere Sprache erlernt oder nicht, wobei die jeweilige Kompetenz davon abhängt, inwiefern die Kenntnisse aktuell auch eingesetzt werden. Speziell die deutsche Sprachkompetenz erweist sich jedoch vor allem bei Ausländern der ersten Generation als ausgesprochen problematisch, was mit der »Rückkehridee« zusammenhängt (vgl. Kap. 3.3), die als Motiv das Leben dieser Gruppierung in Deutschland nach wie vor bestimmt:

HD: »... und hat jetzt ein Haus, die kamen wirklich, um Geld zu verdienen; der kam mit dreihundert Mark und das erzählt der ihnen, mit dreihundert Mark kam der nach Deutschland; natürlich, Wohnsituation deprimierend am Anfang, und hat sich dann eben hochgearbeitet, hat aber aufgrund dieser Konstellation gar keinen Wert drauf gelegt, deutsch zu lernen.«

Zahlreiche ausländische Mitarbeiter der ersten Generation gingen davon aus, daß sie irgendwann Deutschland wieder verlassen und in ihre Heimat zurückkehren würden, und entschlossen sich deswegen, darauf zu verzichten, die deutsche Sprache intensiv zu erlernen, das heißt beispielsweise Sprachkurse zu besuchen. Mit einigen grundlegenden Formulierungen konnte man zurechtkommen, man traf sich mit den »eigenen Leuten« und war insofern nicht gezwungen, die deutsche Sprache besonders gut zu beherrschen. Die Entscheidung, die deutsche Sprache nicht intensiv zu erlernen, wurde von vielen Ausländern dieser Generation bereut, wie die Äußerung eines portugiesischen Facharbeiters zeigt:

HM: »War sehr sehr schwer; Sprache und alles [...]. Ja ja, ( ), ist ein großer Unterschied zwischen Leut' und Temperatur, vor allem die Sprache ist schwer; JD: mhm; HM: aber ich habe nie Interesse Deutsch (-) Deutsch lernen nie; JD: mhm; HM: das war eine große Fehler von mir; JD: Und warum? HM: weil ich dachte, ich schafft hier bloß drei bis vier Jahr, maximal fünf Jahre und dann geht weg (noch nie); das war ein großer Fehler (2.0); aber zu spät.«

Gerade diese »Rückkehridee«, die niemals bzw. erst mit der Rente in die Tat umgesetzt wurde, hielt eine Vielzahl der ausländischen Mitarbeiter der ersten Generation davon ab, sich stärker mit dem Erlernen der deutschen Sprache zu befassen, und erschwerte die Teilnahme am sozialen und kulturellen Leben.

Die mangelnde deutsche Sprachkompetenz wird, so beschreibt ein anderer portugiesischer Mitarbeiter, von bestimmten Kollegen am Arbeitsplatz kritisch betrachtet:

HM: »... und äh und äh wieso stellt er also mein Arbeitgeber, wieso stellt er solche Leute ein, der kann überhaupt kein Deutsch sprechen also kennt überhaupt nicht sprechen ne; JD: ja ja; HM: wieso stellt der solche Leute ein, und so und so weiter, ne, das war ein bißchen streng auch mit den Arbeitskollegen, aber nach ein Jahr oder zwei ist das eigentlich vorbei, es gibt immer Leute und Leute, nicht?«

Bestätigt findet man dieses Diskreditieren defizitären Sprachgebrauchs auch im Phänomen des »Imitierens«: Wenn bestimmte ausländische Mitarbeiter nur gebrochen Deutsch sprechen, wird dies häufig vom jeweiligen Gegenüber nachgeahmt, wie folgende Äußerung eines türkischen Meisters zum Ausdruck bringt:

»... man verfällt halt selber, in der Firma merkt man auch selber, wenn einer so komisch redet, versucht man auch ((lacht)) dem auch komisch rüberzubringen, wenn ah:: zieht des ins Lächerliche und des ist halt aber menschlich, des ist nicht net auf einzelne bezogen, äh wenn zum Beispiel einer seine Sätze nicht richtig aussprechen kann und dann sagt man des gleiche ihm gegenüber auch, weil ja man meint, er versteht des nur so, und der andere gegenüber sagt, haja, ist ja richtig, wie ich ü:: wie ich artikuliere, wie ich mich gebe, und da bleibt des auch ein bißchen haften.«

Der Interviewpartner liefert eine Erklärung dafür, warum die Arbeitssituation möglicherweise dazu beiträgt, daß ausländische Mitarbeiter unter Umständen nicht in der Lage sind, ihre Deutschkenntnisse zu verbessern. Häufig wird von deutschsprachigen Kollegen automatisch in »Ausländerdeutsch« geantwortet, wenn festgestellt wird, daß jemand die Sprache nicht perfekt beherrscht. Dies geschieht aufgrund der Annahme, daß man sonst nicht verstanden wird. So kann beobachtet werden, daß die Deutschen an ihrem Arbeitsplatz ihre Sprechweise ändern und dem Deutsch der Ausländer anpassen. Dementsprechend kann davon ausgegangen werden, daß in diesen interkulturellen Kommunikationssituationen ausländischen Kollegen die Möglichkeit erschwert wird, ihre Deutschkenntnisse zu perfektionieren.

»Integration über Sprache erleichtern«

Wenn die Problematik der Sprache im Mittelpunkt der Diskussionen steht, so wird darauf hingewiesen, daß Sprachkenntnisse sehr viel zu tun haben mit der »Integration« der Individuen zum einen in der deutschen Gesellschaft und zum anderen in den jeweiligen Arbeitsmilieus bei DaimlerChrysler. »Integration« als von den Interviewten verwendeter Begriff beschreibt hier den Modus, inwieweit man dazu in der Lage ist, am sozialen, kulturellen und politischen Leben in Deutschland bzw. im jeweiligen fremden Land teilzunehmen, wie man sich verständigen kann und über welche sozialen Beziehungen, wie beispielsweise Freundschaften, man in der fremden Kultur verfügt. Die »Integration« der einzelnen Personen und deren Familien ist entscheidend von den Kenntnissen der jeweiligen fremden Sprache abhängig, »Integration« ohne Sprachkompetenz erscheint nicht denkbar, wie besonders aus den Äußerungen eines deutschen Managers ersichtlich wird:

»... wir zwingen die eigentlich gar nicht, und auch wenn sie dreißig Jahre in Deutschland leben, zwingen wir sie eigentlich nicht, wenn sie hier arbeiten, ah wirklich Deutsch zu lernen. Und der eine kann das vielleicht mit ein paar gebrochenen Worten, daß er möglicherweise noch mit dem einen deutschen Kollegen dann spricht, ein bißle sich austauschen kann, aber seine Frau zuhause, die nun schon dreißig Jahre da lebt, kann noch nicht mal allein einkaufen gehen in Deutschland. Und da sag ich, da machen wir wahrscheinlich einen Fehler, da, daß wir die Menschen einfach nicht am Anfang hart konfrontieren, aber ihnen dann die Integration über die Sprache erleichtern. Denn wenn einer dreißig Jahre lang kein Deutsch lernt, sag ich mal ganz einfach, dann dann integriert er sich nicht. Und das führt wahrscheinlich auch bei uns, speziell in Deutschland, zu so Ausgrenzung, zu so bestimmten Kolonien, mit ständigen Spannungen untereinander.«

Der Interviewte sieht hier die grundlegende Ursache einer nicht gelungenen »Integration« in der Tatsache, daß von ausländischen Mitarbeitern und Mitbürgern nicht verlangt bzw. gefordert werde, daß diese die deutsche Sprache erlernen. In seinem Sinne sind Deutschkenntnisse die notwendige Basis für die Möglichkeit der Teilnahme am Alltagsleben in Deutschland – ohne mehr oder weniger vorhandene Sprachkenntnisse ist seiner Argumentation zufolge keine »Integration« weder am Arbeitsplatz noch mit Bezug auf die bundesdeutsche Gesellschaft möglich. Darüber hinaus macht er spekulativ Phänomene der »Abgrenzung«, also der Grenzziehung zwischen kulturellen Gruppierungen, und daraus resultierende »Spannungen« daran fest, daß eine ausgeprägte Sprachkompetenz nicht bei sämtlichen ausländischen Mitarbeitern vorhanden ist. Die in Deutschland existierenden Probleme sind so gesehen insbesondere zum einen darauf zurückzuführen, daß von ausländischen Mitbürgern Deutschkenntnisse nicht gefordert werden, zum anderen darauf, daß diese selbst nicht die Initiative zum Spracherwerb ergreifen.

Auch für in Deutschland beschäftigte amerikanische Expatriates, die in erster Linie im Rahmen ihrer Tätigkeiten auf englisch kommunizieren, stellen fehlende Deutschkenntnisse im Endeffekt immer ein Problem dar, wie folgende Bemerkung eines Amerikaners zeigt:

»So in a short period of time a lot of people have come over and from my perspective what makes it hard for the Americans to adapt here and perhaps what is a bad thing that Chrysler is doing is that they send over a lot of Americans who don't speak language, some of whom this is their first trip overseas of those fifty-five people I think you'll meet two or three that were never in Europe before; JD: must be really hard for them; HE: it- it's very hard for them but I think it's also (-), it's a reflection on Chrysler.«

Aufgrund fehlender Sprachkenntnisse bleibt den zahlreichen von Chrysler entsandten Expatriates viel davon verschlossen, was sich kulturell und politisch in Deutschland abspielt. Daher wird dafür plädiert, daß Chrysler eigentlich nur Mitarbeiter mit guten Deutschkenntnissen entsenden sollte. Amerikanische Expatriates kommunizieren in nahezu allen Arbeitzusammenhängen auf englisch, haben jedoch keinerlei Möglichkeit, sich außerhalb ihrer Arbeitsmilieus zu integrieren. Der Interviewpartner stellt weiterhin dar:

»When you send those type of people here, smart people in the context of Chrysler but very difficult for them to operate in a multicultural kind of setting, (-) so (--) it's been a little more difficult for the Americans to:: come over here than it has for the Germans. The Germans who (work over) there speak English very good, adapt into the company are international thinking, many of whom have lived abroad, so they're going over there and becoming part of the Chrysler (-).«

Deutsche Expatriates, die in den USA zum Einsatz kommen, integrierten sich besonders gut im Unternehmen von Chrysler, da sie sehr gut Englisch sprächen und in der Lage seien, international zu denken. Damit impliziert der Sprecher, daß Kenntnisse einer Fremdsprache zum internationalen Denken gehören. Es wird darauf hingewiesen, daß die Sprachausbildung in Deutschland grundsätzlich besser sei als in den Vereinigten Staaten. Insgesamt wird jedoch deutlich, daß Kenntnisse in der entsprechenden Fremdsprache des Landes, in dem man sich aufhält – auch wenn in Arbeitskontexten Englisch bzw. eine andere Landessprache im Mittelpunkt steht –, unerläßlich für eine Verständigung mit den Individuen der dominanten kulturellen Zugehörigkeit im entsprechenden Land ist.

Kommunikationsstörungen aufgrund von Sprachdefiziten

Treten Störungen im Rahmen der sprachlichen Kommunikation auf, so kann dies zu Konflikten zwischen Individuen unterschiedlicher kultureller Herkunft führen. Folgendes Beispiel, das von einem deutschen Gruppensprecher erzählt wird, kann das verdeutlichen:

HM: »... also bis jetzt ist es noch so, die Gruppe kann immer noch selbst entscheiden (1.0), wie man (-) die Arbeit einteilt. Und dann gibt's halt auch Meinungsverschiedenheiten; ( ) ich hab Jugoslawen in der Gruppe, ich hab Türken in der Gruppe, ich hab (-) Polen in der Gruppe, Rumänen (1.0), also von sechzehn Leut', sag mal, äh äh- fünf Nationalitäten; JD: mhm; HM: und dann gibt's natürlich au- auch manchmal Probleme (2.0) und die ganz großen Probleme mit den Gruppengesprächen, (1.0) die sind (-), es gibt äh- (-) Ausländer, die verstehed einfach nicht richtig äh, wenn ich jetzt was moderier, (1.0) verstehen sie's nicht richtig, könnet es nicht richtig aufnehmen und dann kommt's manchmal zum-, sag mehr mol, zum a Krach. Er versteht's nicht richtig mir [wir] meinet's richtig (--) er nimmt's nicht richtig auf und dann explodieren sie manchmal. Dann muß man halt sagen, jetzt mol ruhig, mir [wir] spreched nachher noch mal unter vier Augen, ich erklär dir das genau in Wörter, nicht in Sätzen, so daß du des mitkriegst (--). Und dann sind sie wieder beruhigt (-) sozusagen.

Hier wird zum Ausdruck gebracht, daß in Arbeitszusammenhängen, in denen Gruppenarbeit praktiziert wird, anders als etwa bei der von Gruppen unabhängigen Fließbandarbeit, gelingende Kommunikation eine entscheidende Rolle für einen reibungslosen Arbeitsablauf spielt. Damit die Gruppe funktioniert, müssen in Gruppengesprächen die Aufgaben jedes einzelnen Mitglieds vereinbart werden, da die Arbeiten nicht kontinuierlich und einheitlich, Tag für Tag wiederholt, sondern immer wieder neu abgesprochen werden müssen. Der Gruppensprecher, der dafür sorgen muß, daß die Arbeitsgänge jedes einzelnen immer wieder neu innerhalb der Gruppe koordiniert werden, schildert die Problematik, daß einige Mitarbeiter aufgrund sprachlicher Defizite die Aufteilung der Aufgaben nicht nachvollziehen können und daß dies dazu führe, daß einige den Eindruck bekämen, ungerecht behandelt zu werden. Aufgrund der ›Ohnmacht‹, die sich aufgrund der fehlenden Sprachkompetenz ergibt, komme es auch manchmal dazu, daß »sie dann explodieren«.

Bei einfachen Fließbandarbeiten, die monoton vollzogen werden, steht die Sprachkompetenz hingegen nicht im Vordergrund, so die Ansicht von Frau Lanica, einer deutsch-bosnischen Meisterin. Man habe vorübergehend Ferienarbeiter aus Frankreich eingestellt, die auch ohne Deutsch zu beherrschen, einfache Arbeiten nach kurzer Zeit perfekt durchführen konnten. Sie wurden eingelernt, indem sie das nachahmen mußten, was ihnen gezeigt wurde. Des weiteren half ein Mitarbeiter, der Französisch sprach, die entsprechenden Tätigkeiten zu vermitteln. Da der Aufenthalt der Ferienarbeiter im Automobilbetrieb lediglich sechs bis acht Wochen dauert, könne dieser Sprachmangel in Kauf genommen werden.

Die Meisterin erwähnt jedoch weiterhin, daß gerade in Gruppendiskussionen die Sprachkompetenz der einzelnen besonders gefragt ist. Im Rahmen von – zum damaligen Zeitpunkt – neu eingeführten, aus der Managementlehre entlehnten Beteiligungsmaßnahmen für Mitarbeiter, wie beispielsweise »ULB« (Umsetzung Leitbild), bietet die wöchentliche Durchführung von Diskussionen allen Mitgliedern der Gruppe die Möglichkeit, Probleme zu thematisieren, Beschwerden zu formulieren oder neue Ideen einzubringen. Fehlt die Artikulationsfähigkeit, ergeben sich Schwierigkeiten:

FL: »Ja, viele trauen sich nicht, auch weil sie einfach sprachlich einfach nicht (-), nur gebrochen sprechen. Dann sind sie lieber ruhig, bevor sie was Falsches sagen, oder so, aber äh des ist dann die Aufgabe des Meisters zu sag-, zu merken, hoppla denen drückst irgendwo, aber meistens kommen die Leute alleine dann auf einen zu. Also unter vier Augen und muß man halt viel Geduld und Verständnis mitbringen.«

Fehlende Sprachkompetenz verhindert, daß die einzelnen ihre Meinung, ihre Sorgen etc. äußern können. In diesem Sinne handelt es sich bei mangelhaften Sprachkenntnissen um einen Faktor der Ausgrenzung bestimmter Individuen, der die kulturell Anderen zum einen beschreibt und zum anderen deswegen exkludiert, weil ihre Teilnahme an Kommunikationen ausgeschlossen wird.

Zusammenfassend muß erwähnt werden, daß Sprachkompetenz für die interkulturelle Kommunikation in beiden analysierten Arbeitswelten entscheidend für die Begegnung der Individuen unterschiedlicher kultureller Herkunft ist, da die Übermittlung von Wissensbeständen ›zwischen den Kulturen‹ fast ausschließlich über sprachlichen Austausch möglich wird. Daß es sich beim Erlernen und Beherrschen der fremden Sprache um eine Herausforderung handelt, zeigt folgende Äußerung eines amerikanischen Chrysler-Mitarbeiters:

JD: »What kind of communication problems are there? HF: Just everything you can think of uh, misunderstandings, (--) you know, general communications; (-) it's just uh, very difficult. Even people that know English very well, Europeans that know English very well still don't (-) understand the subtleties of the English language and same thing with people that know German as a second language don't understand the subtleties of the German and so, it's (-) you can't get to that really deep level of communication of understanding.«

Aufgrund der meist knappen Fremdsprachenkenntnisse können Kommunikationen nur auf einem bestimmten einfacheren bzw. oberflächlicheren Niveau stattfinden. Bezieht man den Begriff der »Übersetzung« nicht ausschließlich auf die sprachliche Ebene, so führt die Form, in welcher beispielsweise Kritik von Deutschen und Amerikanern in interkulturellen Arbeitszusammenhängen formuliert und dabei in die Fremdsprache übertragen wird, häufig zu Mißverständnissen (»Amerikaner werden ja mit Lob kritisiert ...«) (vgl. Kap. 3.1). Es erweist sich als besonders schwierig, den Humor, der in der anderen Sprache zum Ausdruck gebracht werden soll, zu verstehen, wenn der einzelne nicht einen intensiven Prozeß des Spracherlernens vollzieht und nicht über das nötige Kontextwissen verfügt. Das Verständnis der subtilen Sprachzusammenhänge, das »Verständnis von Sprachspielen« (Wittgenstein 1995 [1953]: § 7) stellt eine ausgesprochen schwierige Angelegenheit für die Individuen in den unterschiedlichen Arbeitswelten dar.

Auch die Übersetzungsproblematik taucht im Rahmen der Gespräche auf: Ein argentinischer Mitarbeiter weist darauf hin, daß man es eigentlich schaffen müsse, in der anderen Sprache zu denken, da es grundsätzlich nicht immer möglich sei, alles von einer Sprache in eine andere zu übersetzen.[46] Man könne niemals exakt den Sinn dessen in die andere Sprache übertragen, was in der jeweiligen Muttersprache zum Ausdruck kommt – die andere Sprache beherrschen bedeute deshalb, fähig zu sein, in ihr zu denken. Man dürfe nicht ständig von der Muttersprache ausgehen und das Gedachte dann in die deutsche Sprache übersetzen, weil dabei zu viel vom eigentlichen Sinn, der ausgedrückt werden soll, verloren gehe.

4.3 Prozesse der In- und Exklusion – Verständigung und Konflikt in interkulturellen Kontexten

Im folgenden Abschnitt wird dargestellt, wie in Interaktionsprozessen durch In- und Exklusion »Grenzen« zwischen kulturellen Gruppierungen konstruiert bzw. verstärkt werden und wie die Fremd- und Selbstdefinition kultureller Zugehörigkeiten in beiden interkulturellen Arbeitswelten vonstatten geht. So werden zum einen Erscheinungen wie »Benachteiligung«, »Diskriminierung« und Konflikte kultureller Prägung, die von den Interviewten thematisiert werden, beschrieben, zum anderen werden jedoch auch Umgangsformen wie »Kollegialität«, »gegenseitige Vertrautheit« oder »Verständnis« skizziert, die die Begegnung von Individuen unterschiedlicher kultureller Herkunft bestimmen.

Nachfolgende sequenzanalytische Interpretation konzentriert sich auf die konkrete Interaktionssituation zweier Betriebsräte unterschiedlicher kultureller Herkunft: Ein seit über 30 Jahren in Deutschland lebender Portugiese (Marcelo Beira) – Gastarbeiter der ersten Stunde – und sein schwäbischer Kollege (Albert Dieterle) diskutieren die Thematik der Zusammenarbeit unterschiedlicher Kulturen im Automobilbetrieb. Mit dieser Interpretation soll beispielhaft

46 Herr Capri verdeutlicht seine Ansicht zum Übersetzungsproblem mit den folgenden Worten: »... sí:: para hablar correcto un idioma, se tiene que aprender a pensar lo que ya va a decir, en castellano. Eso es difícil, a lograr eso; es mucho más difícil, pero así se aprende un idioma a hablar, perfectamente; (1.0) porque la traducción, es buena, pero a veces no se puede traducir, cien por cien; sino, se tiene que retraducir el sentido que u- lo que uno quiere decir; a veces con otras palabras; pero el sentido, se tiene que entender °no es verdad?° es importante también, no? (viste?) ((Lachen))«. Die deutsche Übersetzung: »... ja:: um eine Sprache korrekt zu sprechen, muß man lernen, schon das auf spanisch zu denken, was man sagen wird. Das ist schwierig, das zu schaffen; es ist viel schwieriger, aber so lernt man, eine Sprache perfekt zu sprechen; (1.0) weil die Übersetzung ist schon gut, aber manchmal kann man nicht hundert Prozent übersetzen, sondern man muß den Sinn dessen rückübersetzen, was man sagen möchte, manchmal mit anderen Worten; aber den Sinn muß man verstehen können, oder nicht? Er ist auch wichtig, oder? (Siehst Du?) ((Lachen))«.

veranschaulicht werden, wie sich in der interkulturellen Begegnung Ein- und Ausgrenzungsprozesse vollziehen.

Sequenzanalyse, Herr Beira (HB)/Herr Dieterle (HD) (Betriebsräte), Interviewauszug:

HB: »( ) ich bin ein Gewerkschaftvertreter, nur ich sage ehrlich und ich sage aus Grund, daß ist ( ) äh, heut mein Vertrauen in Gewerkschaft in Deutschland °ist praktisch weg°. Aus Grund ich sehe in letzten zehn Jahre (1.0) von Arbeitbewegung so schnell zu geben ohne kaufen, ohne kaufen und wir sehen Geschicht' von Mensch, also wir leben heut unser Sozialsystem nicht für unsere Vergangenheit, vielleicht von d' Leut' was haben vor dreißig, also vor vierzig fünfzig Jahre, ich rechne nix mehr von meine Zeiten, sie haben diese Sozialleistung herausbringen. Die Gewerkschaft war damals in Bewegung. Heute (--) verdienen Unternehmen Milliarden, (1.0) die Unternehmer haben noch nie soviel Geld verdient wie's heute, aber wenn der Betrieb was bringen, Gewerkschaft für Mensch was schaffen, null, echt null ((Klopfen an der Tür)).«

HD: »Des was der Marcelo sagen will, bring ich auch manchmal an und des muß man einfach auch so sagen. Der Deutsche ist satt. Der ist satt. Der ist zufrieden mit dem, was er hat und wenn wir jetzt die Gewerkschaft ins Spiel bringen, dann sind die uns alle voraus, Frankreich, Italien, Portugal, die sind alle voraus. Weil wenn die was durchsetzen wollen, setzen sie's durch mit aller Macht. Da machen sie lieber ein Produkt, zum Beispiel, sieht d- die Orangen oder was es ist in Italien, wenn da der Preis gedrückt wird von der Regierung, dann schmeißen's lieber ins Meer rein, bevor s' um den halben Preis verkaufen. Des macht der Deutsche nicht. Der Deutsche macht des nicht; der tut sich auch nicht positionieren und so.«[47]

Strukturhypothese (Textauszug) – interkulturell geteilte Sinnwelten im Zeichen von internationaler Solidarität

Der Gesprächspartner, Herr Beira aus Portugal (IG-Metall), bekennt sich explizit zu seiner Rolle als »Gewerkschaftsvertreter«, wobei er sich als Repräsentant der Arbeiterbewegung kennzeichnet. Dabei ist insbesondere hervorzuheben, daß er die internationalen Ideale der Gewerkschaftsbewegung als ›höchste Gebote‹ betrachtet – sie stellen für ihn Werte dar, die nicht in Frage gestellt werden können. Sein *Bekenntnis* – als Strukturmoment der Äußerung – bezieht sich auf die grenzüberschreitende Ideologie der Arbeiterbewegung;

47 Dieser Gedanke des deutschen Betriebsrats (Herr Dieterle) wird noch weiter entwickelt: »Da hamer', sind des Vorbilder für uns, was Gewerkschaftsarbeit ist. Des ist schon richtig, die unsere sind zu träge, zu ja ja, die streitet ja für uns, mir nehmed's nachher auch, des ist- des ist so wollt er's eben sagen, daß des unsere Mentalität nicht so ist, Gewerkschaft; des machen die Südländer viel besser. Franzosen, Italiener, Portugiesen, was das man so hat.«

Werte wie »Gerechtigkeit« und »Solidarität« usw. werden symbolisch durch seine Position als internationaler Gewerkschafter repräsentiert, wobei er diese übergeordneten Zielvorstellungen der Arbeiterbewegung verfolgt. Indem er sich als Aufklärer versteht, stellt er seine Vernunft als Instanz in den Vordergrund, eine Vernunft, die ihn die Ideale der Arbeiterbewegung als Einsicht in die Notwendigkeit ernstnehmen und verfechten läßt.

Auf der Grundlage dieser Rolle als ›idealer Repräsentant der Arbeiterbewegung‹ kann sich der portugiesische Betriebsrat darüber hinaus von seiner Funktion als ›realer Vertreter der IG-Metall in Deutschland‹ *distanzieren*[48] und insofern die gegenwärtige Arbeiterbewegung in Deutschland kritisieren. Das in Deutschland existierende Sozialsystem muß seiner Ansicht nach als Errungenschaft der Gewerkschaftsbewegung der letzten 30 Jahre gesehen werden, als Fortschritt, von dem das Land heute maßgeblich profitiert. Momentan allerdings sei es der Gewerkschaft nicht mehr möglich, etwas zu leisten, das heißt die Rechte der Arbeiter konstruktiv und engagiert zu verteidigen. Zusätzlich unterstreicht er seine Enttäuschung über die Aktivität der Gewerkschaft mit dem Hinweis, deutsche Unternehmen würden derzeit so viel verdienen wie niemals zuvor. Herr Beira identifiziert sich mit der internationalen Arbeiterbewegung, geht jedoch bezüglich der Organisation der deutschen Gewerkschaften, die er persönlich repräsentiert, auf Distanz.

Dadurch, daß seine individuelle Position in den Mittelpunkt der Argumentation gestellt wird, kann er seinen kritischen Geist zum Ausdruck bringen und als frei denkendes Individuum seine persönliche Meinung über die Aktivitäten der Gewerkschaft in Deutschland zum besten geben. Obgleich Repräsentant der Gewerkschaft, sieht er sich für die von ihm beschriebene Misere der gegenwärtigen Arbeiterbewegung nicht verantwortlich.

Der Gesprächspartner betrachtet die Einrichtung eines »Sozialsystems« als Teil einer Entwicklung innerhalb der Geschichte des Menschen (»wir sehen schon von Geschicht' von Mensch«). Maßgeblich verantwortlich für eine derartige Entwicklung war seiner Argumentation zufolge der Arbeits- und möglicherweise auch Klassenkampf und das Engagement der Gewerkschaften. Das so erreichte »Sozialsystem« ist Bestandteil einer gerechteren Gesellschaft, die der Geschichtsauffassung des Herrn Beira zufolge aufgrund einer historischen Umbruchsituationen, zu der auch die Arbeiterbewegung ihren Beitrag leistete, entwickelt wurde. Die Errungenschaften dieser sozialen Bewegung stammten jedoch aus einer anderen Zeit, als der Arbeitskampf noch Erfolge habe erzie-

48 Die Strategie der *Distanzierung* von seiner Funktion und Rolle des Gewerkschaftsvertreters bei Daimler wird als weiteres Strukturmoment erkennbar. Mit diesem Abstandnehmen vermag er im Rahmen der Äußerung seine für ihn persönlich gültigen Ideale und Werte zur Geltung zu bringen.

len können. Während der letzten zehn Jahre hingegen haben die Gewerkschaften in Deutschland den Arbeitern keinerlei Vorteile verschafft.

Die direkte Bezugnahme von Herrn Dieterle auf die Äußerung von Herrn Beira ermöglicht nun zu erkennen, welche Deutungsmuster des portugiesischen Betriebsrats vom deutschen Kollegen geteilt werden und wo Abweichungen auftreten. Dabei stellt sich die Frage, ob gemeinsam geteilte Deutungsmuster oder möglicherweise kulturspezifische, voneinander abweichende Deutungsmuster identifizierbar sind?

Innerhalb der Gesprächssituation wird der Interviewer von Herrn Dieterle direkt angesprochen, wobei dieser in der dritten Person über Herrn Beira redet und die Thematik aufgreift, die vom portugiesischen Betriebsrat erwähnt wurde. Die Formulierung »der Marcelo« deutet zum einen darauf hin, daß der Sprecher aus Süddeutschland stammt. Zum anderen läßt die Verwendung des direkten Personalpronomens in Kombination mit dem Eigennamen erkennen, daß beide eine kollegiale, wahrscheinlich freundschaftliche Beziehung verbindet. Herr Dieterle geht nun davon aus, daß sein Kollege Marcelo – möglicherweise aufgrund der eingeschränkten Sprachkompetenz – offensichtlich nicht das vermitteln konnte, was er eigentlich sagen wollte, und erklärt sich zu dessen ›Übersetzer‹. Er versucht eine Rekonstruktion dessen, was sein Kollege Marcelo formulierte, mit dem Anspruch, eine richtige Interpretation liefern zu können. Er setzt sich dafür ein, daß der andere verstanden wird, ohne diesen jedoch zu bevormunden, da ein Einverständnis zwischen beiden offensichtlich vorhanden ist. Herr Dieterle versetzt sich in die Position seines ausländischen Kollegen und nimmt sich das Recht heraus, diesen in seiner Argumentation zu ›unterstützen‹ – in diesem Sinne betätigt er sich als Vermittler und ›Übersetzer‹.

Deutlich wird, daß Herr Dietele und Herr Beira einer spezifischen ›in-group‹ ihres besonderen Arbeitsmilieus angehören, wobei der Interviewer – der mit diesem Milieu nicht vertraut ist – als Fremder anwesend ist. Beide Kollegen versuchen nun gemeinsam Informationen über ihre Tätigkeit als Betriebsräte an den fremden Interviewer, der über ihr Insider-Wissen nicht verfügt, zu übermitteln. Herr Dieterle unterstellt einen gemeinsamen Konsens zwischen beiden Kollegen (»bring ich auch manchmal an«) und lenkt seine Aussage in die Richtung einer Solidarisierung mit Marcelo. Unter Verwendung des »man« erfolgt der Verweis auf die Allgemeinheit (»und des muß man einfach so sagen«), die bestätigen kann, daß genau das der Fall ist, wovon beide vorgeblich überzeugt sind. Es wird ausgesprochen, was normalerweise nicht erwähnt wird, weil die Thematik möglicherweise tabu ist – Kritik an Mißständen, so könnte angenommen werden, darf in Gewerkschaftskreisen nicht offen ausgesprochen werden.

Die im Anschluß formulierte Kritik (»der Deutsche ist satt«) bezieht sich nicht speziell auf die Arbeiterbewegung, sondern auf die »Deutschen« im allgemeinen: Es handelt sich um eine stereotypische Formulierung, die durch eine Singularisierung noch verstärkt wird. Der Deutsche ›an sich‹ ist gemäß der Generalisierung von Herrn Dieterle »satt«. »Satt« könnte in diesem Zusammenhang »wohlgenährt«, »zufrieden«, »träge« oder »vollgefressen« bedeuten – für die Deutschen bzw. die deutschen Arbeiter steht in diesem Sinne zuallererst die Nahrungsaufnahme im Vordergrund. Wenn man »satt« ist, bewegt man sich nicht und engagiert sich auch nicht mehr für die Ziele der Arbeiterbewegung. Aufgrund der scheinbaren Zufriedenheit, die sich aus der »Sättigung« ergibt, werden die eigentlichen Ziele der Arbeiter nicht erreicht, man wird korrumpiert und engagiert sich nicht mehr für die Ideale der Gewerkschaft.[49] Die Auffassung des Gewerkschafters wird durch die Überlegung von Karl Marx untermauert, der der Ansicht ist, daß der Arbeiter nur so viel haben sollte, daß er sich nicht der Zufriedenheit hingibt und noch den Willen zur Auflehnung gegenüber den ausbeutenden Kapitalisten verspürt.[50]

Als Deutscher kann sich Herr Dieterle diese (Selbst-)Kritik leisten, während der Portugiese sie so nicht formulieren könnte, da dies als Affront gegen »die Deutschen« aufgefaßt werden könnte. Was für Herrn Beira ein Tabuthema darstellt, wollte er sich öffentlich dazu äußern, ist für die beiden Kollegen bzw. Freunde, wenn diese ›unter sich‹ sind, eigentlich schon ›common sense‹. Bei der Formulierung »der Deutsche ist satt« könnte es sich um einen Allgemeinplatz handeln, der so stereotypisiert ist, daß er in einem bestimmten Milieu von unterschiedlichen Individuen geteilt wird. Das Bild einer im Überfluß verwahrlosten Freizeitgesellschaft könnte damit ausgesprochen sein.

Beide kennen sich als Kollegen ausgesprochen gut, wobei jeder über die Auffassungen und Ansichten des anderen Bescheid weiß, weshalb Albert auch in der Lage ist, die Stellungnahme Marcelos genauer zu erklären. Die Kommu-

49 Diese Auffassung widerspricht der Argumentation in Bertold Brechts Dreigroschenoper, wenn dort die Ansicht vertreten wird: »Erst kommt das Fressen, dann kommt die Moral« (Brecht 1997 [1928]: 246f.). Im Sinne Brechts werden sich sozusagen erst die ›Gesättigten‹ für Werte und Moral einsetzen, nach Meinung des Gewerkschafters treibt der Hunger die Arbeiter in den Arbeitskampf.

50 »Alles, was dir der Nationalökonom an Leben nimmt und an Menschheit, das alles ersetzt er dir in Geld und Reichtum, und alles das, was du nicht kannst, das kann dein Geld: Es kann essen, trinken, [...], ins Theater gehn, es weiß sich die Kunst, die Gelehrsamkeit, die historischen Seltenheiten, die politische Macht, es kann reisen, es kann dir das alles aneignen; es kann das alles kaufen; es ist das wahre Vermögen. Aber es, was all dies ist, es mag nichts als sich selbst schaffen, sich selbst kaufen, denn alles andre ist ja sein Knecht, und wenn ich den Herrn habe, habe ich den Knecht und brauche ich seinen Knecht nicht. Alle Leidenschaften und alle Tätigkeit muß also untergehn in der Habsucht. Der Arbeiter darf nur soviel haben, daß [er] leben will, und darf nur leben wollen, um zu haben.« (Marx 1987 [1844]: 161)

nikationssituation vermittelt die Übereinstimmung der beiden darüber, daß das Problem der Deutschen darin besteht, daß diese »satt« seien. Ein Widersprechen des Portugiesen bleibt aus, beiden Kollegen vertreten insgesamt eine einheitliche Position.

Durch die *Singularisierung* nimmt der Betriebsrat eine ›Gattungsbeschreibung‹ des »Deutschen« vor. Dadurch wird eine Naturalisierung »des Deutschen« mit bestimmten gattungsmäßig ihm zugeschriebenen Eigenschaften erreicht und der Eindruck vermittelt, daß ›Gattungsmerkmale‹ dem »Deutschen« von Natur aus eigen sind; Angehörige dieser Gattung – so wird impliziert – sind ohne die ihnen quasi wesensmäßig eingeschriebenen Merkmale nicht denkbar. *Widersprüchlich* ist im Rahmen der Äußerung jedoch, daß dieses »satt sein« normalerweise ein vorübergehender Zustand ist und somit eigentlich keine gattungsmäßige, natürliche Eigenschaft darstellen könnte – in diesem Sinne handelt es sich um eine paradoxe Formulierung.

In der Äußerung des deutschen Betriebsrats läßt sich eine *biologistische Denkweise* erkennen, die davon ausgeht, daß die Wesensmerkmale der Mitglieder der deutschen Nation biologisch/genetisch festgelegt sind. Dem könnte zugrunde liegen, daß eine gemeinsame Abstammung für die Bestimmung der Nationalität im Sinne einer ethnischen Definition ›unterstellt‹ wird. Da man jedoch aus biologischer Sicht nicht kontinuierlich »satt sein« kann, könnte dies darauf hindeuten, daß es sich ausschließlich um eine metaphorische Verwendungsweise der Formulierung handelt, die auf Eigenschaften wie »befriedigt«, »träge« oder auch »genügsam« hinweisen könnte. Die Widersprüche in der Denkweise beider Betriebsräte bleiben erhalten: Die biologistisch determinierte Logik erweist sich als übermächtig, wenn davon ausgegangen wird, daß bestimmte Eigenschaften einer Gruppierung – den Deutschen – gattungsmäßig zugehören; das »satt sein« hält sie vom Arbeitskampf ab. Daß sie aber früher einmal für die Errungenschaft des Sozialsystems kämpften, paßt mit der Argumentation nicht zusammen – beiden ist nicht bewußt, daß sich auch Mentalitäten mit der Entwicklung der Sozialstruktur ändern. Trotz der Gegensätzlichkeiten innerhalb des Begründungszusammenhangs können die Gewerkschafter ihre Position bezüglich der deutschen Arbeiterbewegung aufrechterhalten.

In seiner Reaktion auf die Äußerung des Portugiesen unterstellt Herr Dieterle diese biologistische Denkweise, mit welcher Herr Beira angeblich die Entwicklung der Gewerkschaftsbewegung in Deutschland erklärt. Dies obwohl Herr Beira bezüglich der Aktivitäten der Gewerkschaften vordergründig nicht in nationalen Kategorien denkt, die üblicherweise über das Deutungsmuster »Mentalität« hergeleitet werden, wie in seiner vorausgehenden Aussage deutlich wurde. Es zeigt sich jedoch, daß es sich bei den nationalen Kategorisierungen um gemeinsam geteilte Stereotype handelt, da Herr Beira durch ausbleibendes Widersprechen seine Zustimmung signalisiert. Deshalb ist davon auszugehen, daß die von Herrn Dieterle seinem Kollegen zugeschriebene Fremdwahrnehmung der deutschen Arbeiter so, wie er sie darstellt, ungefähr zutreffend dessen Sichtweise ausdrückt, wobei der Deutsche die Äußerung des Portugiesen lediglich genauer erklärt bzw. ergänzt. Beide Kollegen, die sich ausgesprochen gut kennen, haben bereits eine gemeinsame Erklärung des Phänomens »Ende der Arbeiterbewegung in Deutschland« entwickelt.

Die ›Gattungsbestimmung‹ des »Deutschen« wird fortgesetzt und mit weiteren Eigenschaften, die ihm zugehören, versehen; »der Deutsche« ist nicht nur »satt«, sondern auch »zufrieden«. Insgesamt betrachtet wird durch die biologistische Gattungsbeschreibung eine *Entpolitisierung* der Situation der Arbeiterbewegung in Deutschland erreicht. Es wird impliziert, daß die Deutschen über ›genetisch‹ festgelegte Eigenschaften verfügen, an welchen auch die politischen Verhältnisse nichts ändern können. Darüber hinaus wird zum Ausdruck gebracht, daß »die Deutschen«, wenn sie sich so verhalten, nichts dafür können, weil »der Deutsche« einfach so ist und keine Möglichkeit besteht, ihn zu ändern.

Daß beide Gesprächspartner die völkerübergreifenden Ideale der Arbeiterbewegung anerkennen und als Leitprinzipien betrachten, ist offensichtlich. Für sie ist in diesem Sinne auch eindeutig, daß die Werte, beispielsweise der Gerechtigkeit, Gleichheit, Solidarität etc., international und universell gültig sind, unabhängig davon, durch welche nationale Arbeiterbewegung sie zur Geltung kommen. Trotz unterschiedlicher kultureller Herkunft können sich beide Kollegen verständigen, weshalb davon auszugehen ist, daß die Bedingungen für interkulturelle Kommunikation besonders gut ausgeprägt sind, wenn die Mitarbeiter über gemeinsam geteilte, universal gültige Ideologien verfügen, die unabhängig von kulturellen Idiosynkrasien vertreten werden. Die Zielsetzungen der Gewerkschaften sind international, worüber sich beide einig sind, und die repräsentierten Ideale werden von ihnen vorausgesetzt und gemeinsam unterstellt.

Resümierend kann festgestellt werden, daß auf der persönlichen Ebene zwischen beiden eine anscheinend freundschaftliche Beziehung vorhanden ist, die auf einen hohen Grad an Vertrautheit schließen läßt. Obwohl beide eine kulturell differente Zugehörigkeit und insofern einen differenten subjektiven Wissensvorrat aufweisen, konnten sie dennoch auf gemeinsam geteilte Wissensbestände zurückgreifen, zu denen beispielsweise die Ideale der internationalen Gewerkschaftsbewegung zu zählen sind, außerdem die offenkundig einheitliche Meinung bezüglich des biologistischen Erklärungsmodells von Verhaltensweisen oder auch das gemeinsam geteilte Wahrnehmungsmuster

»Mentalität«. Vertrautheit und gemeinsame Wissensbestände sind für den Portugiesen und den Deutschen Voraussetzung für interkulturelle Kommunikation, die im Falle der beiden Kollegen zu funktionieren scheint, das heißt, daß eine Verständigung trotz teilweise noch existierender Sprachbarriere stattfinden kann.[51] Diese spezifische interkulturelle Interaktionssituation resultiert aus einer »Horizontverschmelzung« (vgl. Gadamer 1990 [1960]: 311ff.; Kap. 2.2.1) auf der Basis geteilter politischer Überzeugungen, die im Kontext der Rollen als Betriebsräte zum Ausdruck gelangt und so die kulturelle Annäherung fördert.

* * *

Gewachsene Vertrautheit und beharrende Ungerechtigkeit – Prozesse der In- und Exklusion

Für beide Arbeitswelten wird die Tendenz deutlich, daß insbesondere die Thematisierung der kulturellen Differenz in Interaktionssituationen dazu führt, daß Unterschiedlichkeiten und das Anderssein der individuellen Person hervorgehoben werden und so die Kategorisierung der kulturellen Herkunft eine spezifische Relevanz erhält. Als Paradebeispiel für eine Beschreibung von Prozessen der Ein- und Ausgrenzung dient die Änderung des Systems der Arbeitnehmervertretung: 1996 wurde die Praxis einer nach Nationalitäten getrennten Repräsentation der Arbeiter aufgehoben (vgl. Kap. 3.2). Gerade weil die Mitarbeiter nach nationalkulturellen Kriterien getrennt wurden, kam es

51 *Ethnographische Daten zum Gespräch*: Beide Betriebsräte, Herr Beira aus Portugal und Herr Dieterle aus Deutschland, die schon über lange Zeit hinweg zusammenarbeiten, sind ungefähr Mitte fünfzig und Vertreter der IG-Metall; das Interview findet im Büro des Portugiesen statt. Der portugiesische Betriebsrat war früher intensiv in verschiedenen Vereinen, die sich auch für die Integration der Portugiesen in Deutschland einsetzen, tätig. Er weist auf eine an der Wand hängende Kopie eines Zeitungsausschnittes aus einer portugiesischen Zeitung hin: Auf einem Foto ist er gemeinsam mit dem damaligen Bundespräsidenten Richard von Weizsäcker abgebildet, in dem Moment, in dem er eine Auszeichnung für seine Verdienste im Zusammenhang mit der Integration portugiesischer Mitbürger in Deutschland verliehen bekommt. Des weiteren präsentiert er an einer Stelle im Gespräch die Titelseite einer portugiesischen Tageszeitung, darauf ein Portrait von ihm und ein Artikel, der ihn als in Deutschland lebender Kritiker der portugiesischen Regierung darstellt. Außerdem erwähnt er, etwa fünfzehn Jahre lang SPD-Mitglied gewesen zu sein, er sei jedoch, da er nicht mehr mit der Parteipolitik zufrieden war, vor fünf Jahren ausgetreten. Sein deutscher Kollege erweist sich als sehr offen gegenüber den Fragestellungen und teilt meist die Auffassungen, die Herr Beira als Betriebsrat vertritt. Er läßt ihm häufig den Vortritt, wenn es um Äußerungen im Gespräch geht, und muß teilweise gezielt gefragt werden, um wieder ins Gespräch eingebunden zu werden. Er trägt die ästhetisierte Version eines Mercedes-Sterns als Emblem an sein Hemd angesteckt. Am Ende des Interviews bekomme ich zwei umfangreiche Bücher über die Geschichte der Arbeiterbewegung in Baden-Württemberg geschenkt.

zu einer Thematisierung von Ungerechtigkeiten, die auf die Herkunft zurückgeführt wurden. Dies ist der Äußerung eines türkischen Betriebsrats zu entnehmen, der sich auf die frühere Situation bezieht:

HL: »Sie müssen sich ja vorstellen, ich muß ja irgendwie meine Daseinsberechtigung aufzeichnen, und und um des machen zu können, muß ich ja die Unterschiedlichkeiten, die Ungerechtigkeiten immer wieder sauber aufschlüsseln, und immer wieder berichten, also man hat weniger von- von der Integration, also sprich von Zusammenführen von einer konstruktiven Zusammenführung gesprochen, eher da drüber, was eigentlich alles ungerecht und schlecht läuft. Weil dadafür bin ich ja gewählt worden, um des aufzuzeigen.«

Damit Ungerechtigkeiten überhaupt mit der Kategorie »Nationalität« in Verbindung gebracht werden können, muß der Aspekt der »Nationalität« oder »Nationalkultur« erst als Element der Fremd- und Selbstbeschreibung in Interaktionszusammenhängen verwendet werden. Bestimmte Ausprägungen der kulturellen Differenzierung müssen für die Interagierenden relevant sein, damit Vor- und Nachteile geltend gemacht werden können. So stellt in interkulturell geprägten Milieus die »Nationalität« vordergründig nicht unbedingt das Kriterium dar, mit welchem der Kollege in Verbindung gebracht wird; sie ist jedoch latent in der Wahrnehmung der Mitarbeiter vorhanden und wird in den erwähnten spezifischen Situationen aktiviert.

In den über Jahrzehnte hinweg ›gewachsenen‹ interkulturellen Milieus der Automobilfabrik, spielt die Herkunft des einzelnen nicht die entscheidende Rolle für seine soziale Position im Betriebsgefüge. Ein Indiz hierfür liefert die Beobachtung, daß dann, wenn kulturelle Unterschiede im Aufeinandertreffen der Individuen zu konkreten Benachteiligungen führen, sich ausländische Mitarbeiter dies nicht gefallen lassen, selbstbewußt auftreten und ihre Rechte verteidigen – innerhalb des Automobilbetriebes ist ein hoher Grad der Emanzipation bestimmter Ausländergruppierungen erkennbar. Daraus folgt, daß Exklusionsprinzipien nicht ausschließlich an den Faktor der kulturellen Herkunft gekoppelt sind.

Bezüglich der deutsch-amerikanisch geprägten Arbeitswelt im Bereich des Managements wird von den Interviewpartnern eher für eine Differenzierung zwischen den Nationalkulturen plädiert, da die kulturellen Unterschiede beispielsweise in den Bereichen Automobil-Entwicklung, -Fertigung, Design, aber auch zwischen den »Unternehmenskulturen« von Daimler und Chrysler so umfassend seien, daß eine erfolgreichere Zusammenarbeit dann stattfinde, wenn diese jeweiligen Kulturen strikt auseinandergehalten werden. Die kulturell spezifische Arbeits- und Herstellungsweise der Deutschen und der Amerikaner habe zum Erfolg der jeweiligen Automobilunternehmen geführt.

Inklusion auf der Basis von »Kollegialität« und »Verständnis«

Mit Bezug auf interkulturelle Arbeitsmilieus in der Automobilfabrik werden immer wieder die Umgangsformen »Kollegialität« und »Verständnis« thematisiert, die die Zusammenarbeit der Individuen unterschiedlicher kultureller Herkunft regulieren, wie folgende Formulierung zeigt:

HD: »... aber ansonsten würd' ich die Kollegialität hier im Werk auf alle Fälle mal in vorderster Linie nennen; also gehen sie mal raus an's Band, das ist, ich hab' da viele Bekannte, ich geh' auch manchmal raus, wenn ich grad was hab oder so oder wenn ich mal kurz Zeit hab' und bin in der Nähe, geh ich mal hin, da sehen sie alle, die lachen und die scherzen alle miteinander; °(ich hab's ja auch erlebt)°; JD: mhm; HD: Ich denk' schon, daß Kollegialität und Verständnis da ist.«

Tendenziell wird aus den Daten ersichtlich, daß in den meisten analysierten Arbeitsmilieus hauptsächlich auf eine kollegiale Art und Weise miteinander umgegangen wird und eine kooperative Haltung im Vordergrund steht. Insbesondere von den interviewten Betriebsräten wird angemerkt, daß innerhalb des Betriebes eine »gerechte« Ordnung bezüglich der Repräsentation der Interessen der einzelnen existiere. Im Vergleich zur Situation »draußen«, wo zahlreiche Ausländer beispielsweise nicht wählen dürften und ihre Diskriminierung offen erkennbar sei, könne man im Betrieb gerechtere Verhältnisse feststellen.

Konflikte und Diskriminierung als Gegenstand organisationeller Reglementierung

Treten in interkulturellen Interaktionssituationen Konflikte auf, die einen Bezug zur kulturellen Herkunft der einzelnen haben, so werden diese als »harmlos« gekennzeichnet, da sie im Betrieb keine besondere »Tragweite« hätten. Es komme nicht zu schwerwiegenden Konfrontationen, und normalerweise ließen sich die Streitigkeiten in Gesprächen auch wieder regeln – die Mitarbeiter hätten, so ein türkischer Interviewpartner, bereits gelernt, miteinander umzugehen. Wenn Konflikte zwischen Individuen unterschiedlicher Kultur auftreten, so entstehen diese vor allem aufgrund fehlender Sprachkompetenz (vgl. 4.2). Es wird angenommen, daß einzelne wegen der nicht funktionierenden Verständigung benachteiligt werden. Die Tatsache, daß sich bestimmte Arbeiter nicht verständlich machen können, führt dazu, daß ab und zu auch mal jemand »ausrastet«, wobei der Meister normalerweise in der Lage ist, den Streit wieder zu schlichten.

Auch die »direkte deutsche Art« im Austausch mit den amerikanischen Kollegen rufe Konflikte hervor, da »Amerikaner« das »ein bißchen persönlicher nehmen, wenn es so zur Sache geht«, wie es eine deutsche Managerin formuliert. Was Höflichkeitsformen anbelangt, fällt insbesondere die kulturelle

Differenz zwischen Amerikanern und Deutschen auf. Die Direktheit der Deutschen kann unter Umständen auf amerikanischer Seite als unhöflich und taktlos empfunden werden; umgekehrt kann das Kommunikationsverhalten der US-Amerikaner als unkritisch verstanden werden, da häufig Höflichkeitsformeln verwendet werden, ohne Probleme konkret anzusprechen. Beide Seiten haben hier anscheinend bislang nur wenige Strategien gefunden, die eine problemlose Kommunikation ermöglichen könnten.

Eingehender thematisiert werden auch Problematiken der »Gleichbehandlung« und insbesondere der »Diskriminierung/Benachteiligung«. Für die Individuen unterschiedlicher kultureller Herkunft ist vornehmlich relevant, ob eine Ungleichbehandlung an die kulturelle Zugehörigkeit ›gekoppelt‹ ist: Man will nicht den Verdacht haben, aufgrund der eigenen »National-« und »Regionalkultur« benachteiligt zu werden. In den Vereinigten Staaten sind Diskussionen zu diesen Problemen an der Tagesordnung, und im Rahmen der Initiative der »political correctness (PC)« wurde ein Gesetzesapparat zur Sanktionierung von jeglicher Form der Benachteiligung am Arbeitsplatz aufgebaut. Die deutsche Managerin, Frau Riley, schildert folgende Situation:

FR: »... und da gibt's ja ich glaub sieben oder neun verschiedene Faktoren und da ist natürlich auch ›harassment‹ aufgrund der Hautfarbe oder Nationalität; des wird ja da strafrechtlich geahndet und da hat man dann unsere Mitarbeiter oder die haben's gelernt in- auch, daß man da also nie irgendwelche diskriminierende Aussagen machen darf, speziell in bezug auf Hautfarbe oder Geschlecht und so. Und des haben die gelernt, des haben die lernen müssen, denk ich auch. Am Anfang war des vielleicht gar nicht so wichtig, aber ich denk' so im Zuge von der inte-, interkul-, interkulturellen Vorbereitung ist des absolut ein ganz wichtiges Thema, auch.«

Deutsche Expatriates müssen sich auf amerikanische Umgangsformen einstellen, um keine Schwierigkeiten in der Begegnung mit den amerikanischen Kollegen zu bekommen. Spezielle interkulturelle Trainings informieren die Deutschen über diese Verhaltensregeln. Für das Automobilwerk in Tuscaloosa in Alabama in den Südstaaten spielen die PC-Verhaltensregeln eine zentrale Rolle, insbesondere deswegen, weil beispielsweise im Falle einer Nicht-Einstellung die womöglich strukturell benachteiligte Person gegen die Entscheidung des Unternehmens prozessieren kann – eine nicht seltene Situation. Gleichzeitig existiert innerhalb des Südstaaten-Automobilbetriebs, so zeigen die Erzählungen der ehemaligen Expatriates, eine faktische »Rassentrennung«. In der Kantine sitzen Schwarze beim Essen nur an ganz bestimmten Tischen zusammen, die Weißen nicht anders. Auch die dort beschäftigten Deutschen seien eher unter sich, vermischten sich jedoch eher mit den kulturell Anderen, wie von den Expatriates beobachtet wurde. Insgesamt tritt hier eine deutliche Segregation nach Hautfarbe und Nationalität in solchen Interaktionszusammenhängen zu Tage, in denen die interkulturellen Begegnungen auf Freiwilligkeit beruhen.

In diesem Zusammenhang, wie exemplarisch auch die nach Nationalitäten aufgeteilte Arbeitnehmervertretung im Werk Sindelfingen zeigt, könnte eine Beziehung zwischen der Thematisierung, das heißt der Hervorhebung der kulturellen Differenz, und der Segregation von kulturellen Gruppierungen bestehen. Wenn durch äußere Gegebenheiten, durch die Regelungen des Unternehmens – nach Kulturen getrennte Arbeitnehmervertretung – die kulturelle Differenz benannt und dadurch im Bewußtsein der Mitarbeiter aktualisiert wird, so wirkt sich dies auch auf die Interaktion von Individuen unterschiedlicher kultureller Zugehörigkeit aus. Die Relevanz der Kategorie der Nationalkultur wird entsprechend verstärkt, so daß in der Begegnung eine Abgrenzung aufgrund des kulturellen Andersseins vorgenommen und möglicherweise die Fremdheit verstärkt wird.

Im Arbeitskontext der Produktion ist immer wieder von »Benachteiligung« bzw. auch »Diskriminierung« die Rede, wenn entsprechende Mitarbeiter als »Ausländer« kategorisiert werden. So fühlen sich manche ausländische Mitarbeiter benachteiligt, wenn es um Entscheidungen geht, wer wann Urlaub bekommt. Insbesondere wird jedoch angemerkt, daß auf bestimmten Ebenen der Arbeitshierarchien im Betrieb kaum Ausländer vertreten seien, das heißt, daß es, so wird vermittelt, im Automobilbetrieb beispielsweise nur wenige Führungskräfte ausländischer Herkunft gebe. In diesem Zusammenhang wird erwähnt, daß auf den unteren Hierarchieebenen der Arbeiter in manchen Abteilungen ein hoher Ausländeranteil beschäftigt sei. Diesen Beobachtungen der Mitarbeiter zufolge wird nicht unbedingt von einer Gleichbehandlung im Unternehmen ausgegangen, die Verhältnisse im Betrieb seien jedoch gerechter als der Alltag außerhalb.

Warum die Diskriminierungen von ausländischen Mitbürgern bzw. Arbeitskollegen nicht vorkommen und abgeschafft werden sollten, vermittelt der schwäbische Betriebsrat Dieterle mit seinem prägnanten Erklärungsmodell der Geschichte der ausländischen Mitarbeiter nach dem Zweiten Weltkrieg:

»Man mußte in den fünfziger Jahren die Leut' holen, egal woher mußten wir holen, weil unsere Väter oder Brüder oder Schwestern noch gar nicht daheim waren von dem scheiß Spektakel, wo damals war, no ham mir ja d' Leut braucht, um d' Auto zu bauen, und da haben wir auch den Taylorismus her, kurze Arbeitstakte und und und von denen sind jetzt Kinder da und des sind in meinen Augen einfach auch (   ) ja Deutsche einfach.«

Ausgrenzung aufgrund vermeintlicher technologischer Überlegenheit: Ethnographie einer »Roboterdiskussion«

Ethnographische Beobachtungen bei Verhandlungen im Rahmen eines sogenannten »Post-Merger«-Programms, in denen insbesondere Umgangsformen und das Kommunikationsverhalten der Automobil-Experten von Daimler und von Chrysler fokussiert wurden, können verdeutlichen, inwiefern kulturelle Unterschiede in der konkreten Interaktionssituation wirksam waren:

Wenn sich eine Unternehmensfusion in den ersten Zügen befindet, dann interessiert vor allem, wie die konkrete Zusammenarbeit der beiden ›sich vereinigenden‹ Konzerne eigentlich verläuft und wie die Synergieeffekte erzielt werden können, die allenthalben in Aussicht gestellt und hoch gelobt werden. Bei einer Diskussionsrunde von Roboter-Experten von Chrysler und Daimler im zweiten Jahr der Fusion, die beim Roboter-Hersteller Kuka in Augsburg stattfand, geht es um folgende Problemstellung: Die Roboterpreise veränderten sich aufgrund einer rapiden Technologieentwicklung innerhalb der letzten zehn Jahre ausgesprochen stark – im Vergleich zum heutigen Zeitpunkt kosteten Roboter, die in der Automobilproduktion zum Einsatz gelangen, damals das Vierfache. Chrysler arbeitet im Moment mit einem anderen, wesentlich teureren japanischen Roboter-Unternehmen zusammen. Der Grund, weshalb die Kosten des Roboter-Einsatzes im amerikanischen Unternehmen besonders hoch ausfallen, besteht darin, daß sowohl Roboter-Installation als auch -Wartung an den japanischen Roboterhersteller vergeben werden. Chrysler selbst bildet keine Roboter-Experten aus, da diese von der Roboter-Firma bereit gestellt werden, und befindet sich somit in der Abhängigkeit der Zuliefer-Firma.

Das Ziel der Expertenrunde besteht nun darin, den Robotereinsatz bei Chrysler in den USA zu optimieren und Kosten einzusparen, möglicherweise durch eine Zusammenarbeit mit dem deutschen Roboter-Hersteller Kuka, mit welchem Daimler bereits gute Erfahrungen gemacht hatte. Anwesend sind sechs Amerikaner von der Firma Chrysler sowie ebenso viele Mitarbeiter von Daimler (Roboter-Fachleute, Experten für Fertigungstechnik, Verkäufer), Vertreter des Roboter-Herstellers Kuka und außerdem Vertreter einer Consulting-Firma, die mit der Koordination der Veranstaltung betraut sind. Die Verhandlungssprache ist ausschließlich Englisch, wobei die Anwesenden deutscher Herkunft fast durchweg über sehr gute Englischkenntnisse verfügen, insbesondere was die technische Fachsprache betrifft. Deutschkenntnisse sind bei den Amerikanern nur geringfügig auf Small-Talk-Niveau vorhanden, sie werden jedoch immer wieder eingebracht, um ein Interesse an der deutschen Sprache zu signalisieren. Die Diskussionsatmosphäre ist locker und offen, häufig werden Zwischenbemerkungen, auch ironischer Natur, in die Debatte mit eingeflochten – es handelt sich keinesfalls um eine Gesprächrunde, in der es zur Konfrontation der unterschiedlichen Positionen kommt.

Bereits nach kürzester Zeit hat sich innerhalb der Diskussionsrunde eine Rangordnung etabliert: Den anwesenden Experten wird ein unterschiedlicher Status zugeschrieben. Dabei wird offensichtlich, wer bezüglich der Roboterproblematik das Sagen hat und in der Lage ist, die entsprechende Kompetenz zum Ausdruck zu bringen: Daimler-Experten kontrollieren das Gespräch und können plausibel den Eindruck vermitteln, über ein hohes Maß an technischer Expertise bezüglich der Robotereinsätze zu verfügen; als Anwesender ist man schnell davon überzeugt, daß das Rederecht insbesondere den Daimler-Repräsentanten zusteht. Es wird augenscheinlich, daß Chrysler-Mitarbeiter nur sehr selten zu Wort kommen, und wenn ein Beitrag von amerikanischer Seite geleistet wird, so kann man leicht erkennen, daß auf diesen nur flüchtig eingegangen wird. Chrysler-Vertreter vermögen sich nicht zu behaupten und zu positionieren, wenn Roboter-technische Angelegenheiten diskutiert werden. Auch die Mitarbeiter des Consulting-Unternehmens werden lediglich als Diskussionsleiter respektiert; zu deren Entwurf für potentielle Änderungen des Robotereinsatzes bei Chrylser verliert kaum jemand ein Wort.

Die Tatsache, daß die Roboter-Debatte auf englisch stattfindet, bewirkt hier nicht automatisch, daß die anwesenden Amerikaner sich besser in der Diskussion artikulieren können als die deutschen Kollegen bzw. Unternehmensberater. Für den Beobachter bleibt nur schwer nachvollziehbar, weshalb die Chrysler-Vertreter sich nur zurückhaltend am Gespräch beteiligen, zumal es um potentielle Neuerungen im Produktionsbereich ihres Unternehmens in den Vereinigten Staaten geht. Auch von Chrysler sind Roboter-Experten präsent, worauf ausdrücklich hingewiesen wird – von daher kann das unausgeglichene Diskussionsverhalten auch nicht auf irgendwelche Wissensdifferenzen zurückgeführt werden. Man wird zur Vermutung veranlaßt, daß die von Daimler-Seite vorgeschlagenen Verbesserungen vielleicht von vorneherein nicht für Chrysler von Interesse sind, sofern sie niemals dem amerikanischen System der Automobilfertigung angemessen sein können. Beobachtet werden kann insgesamt, wie die Experten von Daimler sich in Szene setzen und die von ihnen dargestellten Argumentationen als kompetenter präsentieren können.

Die Analyse der Beobachtungen ergab, daß die Interaktionsteilnehmer von einer *grundsätzlichen Überlegenheit der deutschen Daimler-Vertreter* bezüglich des technischen Know-how ausgingen, wodurch den Deutschen innerhalb der spezifischen Interaktionsordnung der Diskussionssituation Vorteile ›eingeräumt‹ wurden. Diese vermeintliche Überlegenheit stützt sich auf die mutmaßliche Höherwertigkeit des prototypisch deutschen Qualitätsprodukts »Mercedes-Benz« gegenüber den Produkten des amerikanischen Partnerunternehmens Chrysler, die wahrscheinlich von den Interaktionsteilnehmern gemeinsam unterstellt wird. Das bei den Diskussionsteilnehmern beobachtete Verhalten, deren offensichtlich auf die kulturelle Herkunft Bezug nehmendes Auftreten könnte darauf hindeuten, daß im untersuchten Feld kulturelle Kategorien an die Qualität und das Prestige wirtschaftlicher Errungenschaften gekoppelt sind, wenn deren Selbstzurücknahme nicht strategisch motiviert war, was über Beobachtungen nicht beurteilt werden kann. So könnten die amerikanischen Experten im Bereich der Automobilherstellung als weniger kompetent eingestuft werden, da die Qualität der Chrysler-Autos als geringer empfunden wird. Stimmt diese Annahme, so werden die Chrysler-Mitarbeiter innerhalb der Diskussionsrunde von den vermeintlich ›kompetenteren‹, besser informierten Daimler-Vertretern strukturell benachteiligt.

4.4 Exkurs: »Merger of Equals« – die Daimler-Chrysler-Fusion als ›interkulturelles Experiment‹

Von besonderem Interesse für eine Analyse interkultureller Kommunikation ist die Ausprägung der Interkulturalität, die sich aus der Fusion von Chrysler und Daimler ergab, welche offiziell von Unternehmensseite als »Merger of Equals«, als »Zusammenschluß unter Gleichen« gekennzeichnet wurde. Eine Entscheidung auf höchster Ebene führte zur Verbindung der beiden Automobilkonzerne. Aus dem ›Deal‹ der Vorstandsvorsitzenden amerikanischer und deutscher Herkunft resultierte für viele Mitarbeiter eine Vielzahl von Veränderungen mit erheblicher Tragweite. Mit der Fokussierung dieser Untersuchung auf den Faktor »Kultur« konnte verdeutlicht werden, daß in verschiedener Hinsicht »Kultur« und in diesem Zusammenhang »kulturelle Differenz« entscheidend für die Zusammenarbeit der Individuen im neu entstandenen, transnationalen Konzern sind. Wie gezeigt werden konnte, ist das kulturelle Unterscheidungsmerkmal, dem die größte Bedeutung zukommt, dasjenige der »Nationalkultur«, aber auch die Zuschreibung »Unternehmenskultur« wird als Wahrnehmungskategorie besonders häufig verwendet (vgl. Kap. 3.2). Mit Bezug auf die Parole des »Merger of Equals«, die von zahlreichen Interviewpartnern immer wieder ins Auge gefaßt wird, soll nun auf die Spezifik der Problematik der Interkulturalität und der interkulturellen Kommunikation eingegangen werden.

Daimler-Deutschland vs. Chrysler-Amerika – »Hochzeit im Himmel« ohne Horizontverschmelzung

Wie bereits erwähnt wurde, wird der DaimlerChrysler-Merger von fast allen befragten Mitarbeitern auf beiden Seiten als ungleichgewichtiger Zusammenschluß wahrgenommen. Die meisten Kollegen scheinen die Interpretation zu teilen, daß es sich um eine Übernahme des amerikanischen Konzerns Chrysler durch das deutsche Unternehmen Daimler handelte. Vor allem von den Chrysler-Repräsentanten wird deshalb die offizielle Bezeichnung der Fusion als

»Merger of Equals« geradezu als Provokation empfunden. Ein Chrysler-Expatriate vertritt folgende Ansicht:

JD: »How do you think about the merger? HM: Umm, well initially um (--), initially I didn't, I didn't think it was a good idea. Because it was very deceiving. You know, they told us it was a merger of equals and we're not stupid. It was not merger of equals. One company bought another company!«

Innerhalb des neu geschaffenen Unternehmens erweist es sich als heikel, das Thema »Zusammenschluß« oder »Übernahme« anzusprechen, zum einen deswegen, weil kein Mitarbeiter eines Unternehmens als derjenige wahrgenommen werden möchte, dessen Konzern »übernommen« bzw. »gekauft« wurde. Zum anderen bereitet die Tatsache Probleme, daß beide Konzerne besonders eng mit einer tief verankerten »Nationalkultur« verbunden sind. So betrachtet wurde nicht nur ein Unternehmen »übernommen«, sondern ein »Unternehmen« als Repräsentant einer bestimmten Nation bzw. Nationalität. Daß es keine gemeinsame Deutung der Realisierung der Fusion gibt, macht die Äußerung eines Chrysler-Mitarbeiters deutlich:

HR: »... also von der (--) Daimler-Seite heißt es, ist ›keine Übernahme‹, ist ein ›Zusammenschluß‹; JD: aha; HR: von der Chrysler-Seite heißt's, ihr habt uns gekauft, ganz klar, aber des ist sensibel, daß man sagt, man sagt nicht, sondern s' Wertgefühl, Selbstwertgefühl soll hochgehalten werden, ah da legen sie schon Wert, also von der Chrysler-Seite, ah von der Daimler-Seite, aber Chrysler-Seite sagt ganz klar, ihr habt uns gekauft. Oder wir sind verkauft worden von unseren Vorständen.«

Es zeigt sich, daß von deutschen Daimler-Vertretern nur mit großer Vorsicht über eine »Übernahme« von Chrysler gesprochen wird, zumindest in Anwesenheit der amerikanischen Kollegen. Dementsprechend kann eine gewisse Tabuisierung der Daimler-Chrysler-Fusion festgestellt werden, wobei als offenes Geheimnis gilt, daß das amerikanische Unternehmen Chrylser vom deutschen Konzern Daimler »übernommen« bzw. »gekauft« wurde. In den Interviews wird von amerikanischer Seite besonders deutlich geäußert, daß die Einschätzung bezüglich des »Merger of Equals« insgesamt absichtlich irreführend gewählt wurde, wie ein Chrysler-Expatriate argumentiert:

»I think the initial presentation was misleading. A merger of equals it was not. Chrysler was bought – OR – Chrysler was bought by Daimler ((Räuspern)) which was fine. Call it what it is (-), it's not a merger of equals although um, we're a German company now and we're headquartered by Mr. Schrempp in Stuttgart.«

An dieser Stelle wird der neu entstandene Gesamtkonzern gar als »deutsches« Unternehmen wahrgenommen, dessen Zentrale sich in Stuttgart befindet und das vom deutschen Vorstandsvorsitzenden Jürgen Schrempp repräsentiert wird. Wiederum zeigt sich die übergeordnete Bedeutung der Kategorisierung der »Nationalität«, die als entscheidendes Wahrnehmungsmuster der DaimlerChrysler-Mitarbeiter identifizierbar wird. Für die einzelnen geht es nicht so sehr um die ursprünglichen Konzerne und um die mit ihnen in Verbindung stehenden ›brand names‹, sondern um die »nationale« Bestimmung, die das leitende Management des Gesamtkonzerns verkörpert: es geht um die »deutsche« Nationalität. Daß die Form, in der der »Zusammenschluß« der beiden Unternehmen verlief, von seiten der Chrysler-Mitarbeiter als kränkend oder auch erniedrigend empfunden wurde, wird aus einer Vielzahl von Äußerungen offensichtlich.

Transnationale Unternehmensfusionen sind in der heutigen Zeit an der Tagesordnung und stellen auch für die Interviewten keine Besonderheit mehr dar. Die Spezifik der Daimler-Chrysler-Fusion im Zusammenhang mit kulturellen Hintergründen, die die Ursprünge der beiden fusionierenden Unternehmen betreffen, zwingt die Betroffenen dazu, die Daimler-Chrysler-Geschichte genauer zu reflektieren:

»Um (4.0) I would say (1.0) what DaimlerChrysler is going through from one perspective isn't unique. What I'm going through isn't unique. There's lots of large companies out there that merge. What is unique is that it's a very large American company and a very large German company coming together to be one of the largest companies in the world. Um, and two very successful companies. You'll see large companies merge all the time (-) cause one company's having trouble, both companies are having trouble (-) so on and so on.«

Dieser Argumentation zufolge besteht das Einzigartige dieser Fusion nicht darin, daß sich zwei der größten Automobilkonzerne zusammenschließen, sondern darin, daß ein amerikanisches Unternehmen mit einem deutschen zusammengeführt wird und sich daraus einer der größten Weltkonzerne ergibt. Für die Mitarbeiter ist es insofern relevant, mit welcher Nation ihr Konzern assoziiert wird, genauer gesagt, von welcher Nationalität der neue Weltkonzern dominiert und regiert wird. Die Chefetage des Gesamtkonzerns wird in diesem Sinne nicht als ›supranational‹ bzw. ›die Nationalitäten überschreitend‹ wahrgenommen. Vielmehr werden einzelne Vorstandsmitglieder, die die Verantwortung tragen, in erster Linie als Repräsentanten ihrer »Nation« – im vorliegenden Falle der deutschen – betrachtet.

Darüber hinaus ist für beide fusionierenden Konzerne kennzeichnend, daß es sich um zwei mächtige, erfolgreiche Unternehmen handelte, die mit unterschiedlichen Nationalkulturen assoziiert sind. Demzufolge kann ein Merger von Chrysler und Daimler, insbesondere wenn dieser asymmetrisch verläuft, nicht problemlos vonstatten gehen, wie ein Chrysler-Expatriate zum Ausdruck bringt:

»So what makes this:: this environment unique, what makes the American German experience here unique is that we're very (-) uh, we're very ahead in the world of management and in the world of business. We're both on the leading edge when it comes to economies when it comes to business. So putting those two together (-) we're both on the leading edge but we're both very different. We have different approaches. The German approach is successful, the American approach is successful.«

So betrachtet ist die Nationalkultur, die die Grundlage für die jeweilige Arbeits- und Produktionsweise der entsprechenden Unternehmen bildet, auch in den Bereichen Management und Business jeweils spezifisch deutsch bzw. amerikanisch, wobei beide Modelle zu bestimmten Zeiten besonders erfolgreich funktionierten. Für den Fokus der vorliegenden Analyse ist jedoch entscheidend, wie die Individuen im Unternehmen die »Verschmelzung« der Unternehmen und Kulturen wahrnehmen und wie Mitarbeiter unterschiedlicher kultureller Affiliation in Interaktionssituationen miteinander kommunizieren. Ein amerikanischer Kollege, Herr Ellis, kommt in seiner Deutung zu folgendem Ergebnis:

»Now you're trying to bring them together, um (1.0) so that makes some difficulties. So from my perspective (-) I would say so very specific to me here in Daimler (-) the biggest issue for me is that *identity crisis* I talked about. Feeling kind of like where am I now and who am I now. Who am I in the world of Daimler and does anybody in Chrysler know I'm here anymore (-) that I exist (-) really. That's the biggest issue.«

Für Herrn Ellis erweist sich als relevant, was mit ihm persönlich aufgrund der Veränderungen der Organisation passiert: Er selbst erlebt im Rahmen der Fusionsprozesse, wie er sagt, eine »Identitätskrise« und ist sich bezüglich seiner Zugehörigkeiten zur Organisation nicht mehr sicher, insbesondere während seines Auslandsaufenthalts als Expatriate in Deutschland. Für ihn ist insofern nicht eindeutig, ob er sich weiterhin als Repräsentant von Chrysler fühlen kann, ob er in Deutschland vor allem mit Daimler assoziiert ist oder ob er sich möglicherweise über den Gesamtkonzern definieren soll. Aufgrund von Umstrukturierungen in seinem Konzern, der mutmaßlichen Übernahme durch das deutsche Unternehmen Daimler und seiner Entsendung in die Headquarters nach Stuttgart fällt es dem Amerikaner schwer, sich selbst innerhalb des neuen Gesamtkonzerns zu verorten und er spricht in diesem Sinne von einer »Identitätskrise«. Die Identifikationsmöglichkeiten mit dem neuen Konzern sind für ihn noch nicht vorhanden, und aufgrund des ›Schicksals‹ von Chrysler fühlt er sich in Deutschland verloren. An dieser Stelle wird deutlich, daß die ökonomische Rationalität, nach der der Unternehmenszusammenschluß durchgeführt wird, durch eine kulturelle Logik ›überlagert‹ und irritiert wird. Die Verunsicherung des Expatriates entsteht durch widersprüchliche Identifikationen mit National- und Unternehmenskulturen.

Repräsentanten der deutschen und der amerikanischen Kultur: Jürgen Schrempp und Bob Eaton

Zum Zeitpunkt, als der Merger verwirklicht wurde, verkörpern zwei Figuren die beiden Unternehmen Daimler und Chrysler: der Daimler-Chef und heutige Vorstandsvorsitzende von DaimlerChrysler Jürgen Schrempp und der frühere Chrysler-Chef Bob Eaton. Beide stehen jedoch nicht nur für ihre Unternehmen, sondern vor allem auch – wie von den Interviewten betont wird – für die deutsche und die amerikanische Nation. Dabei wird Schrempp als machthungriger Manager mit großem Durchsetzungsvermögen und Ambitionen wahrgenommen, der die Unternehmensfusion zielstrebig zugunsten von Daimler verwirklichte. Die Äußerung eines Amerikaners lautet folgendermaßen:

HP: »... he was the big power hungry guy who wanted a lot of power and they went through that time and saw that and now (-) with your Schrempp they, they are kinda seeing this, you know ( ). After Chrysler he wanted to buy Nissan, but they got outta that but then he went and bought part of Mitsubishi and last week part of Hyundai and, and they just think whether these things make sense or not that, that he (-) Jürgen Schrempp just wants to build the biggest empire he can build (-) and then um, and that's what he really wants to do and so (-) so the Chrysler people just feel like they're part of this big empire, you know.«

Unabhängig von der Übernahme von Chrysler, von der die interviewten Amerikaner ausgehen, stellt Schrempp diejenige erfolgreiche Führungsperson dar, die möglicherweise den Weg zu einem Weltkonzern eröffnen kann, mit der Folge, daß Chrysler eines Tages Bestandteil des von Schrempp angestrebten Imperiums sein wird. Dabei wird davon ausgegangen, daß die Überlebenschancen des Chrysler-Unternehmens, aber auch die von Daimler durch den Zusammenschluß möglicherweise gesichert werden konnten. Insofern zeigt man sich konform mit den Machtansprüchen des deutschen Vorstandsvorsitzenden. Ein deutscher Manager beschreibt die Machtunterschiede, die sich mit der Position des deutschen Vorstandsvorsitzenden abzeichnen, aus einer etwas anderen Perspektive:

»... aus welchen Gründen auch immer, sieht des natürlich nach draußen so aus, daß daß die-, daß wir Chrysler übernommen hätten, ah, sagen wir's mal so. Sicherlich hat der Schrempp des Sagen und der Schrempp ist ein Mercedesmann oder ein Daimlermann, ah nach außen hin sieht des so aus, aber im wesentlichen, sag ich's mal, ah, würd' ich sagen, die schaffen eigenständig da drüben.«

Dieser Interviewpartner versucht die Machtposition des Vorstandsvorsitzenden dadurch zu relativieren, daß er argumentiert, die Eigenständigkeit des Chrysler-Konzerns bleibe immer noch gewahrt, obwohl der Gesamtkonzern von einem deutschen Repräsentanten, der ursprünglich von Daimler stammt, regiert werde. An dieser Stelle zeigt sich möglicherweise die offizielle DaimlerChrysler-Meinung, die vom Interviewten als gehobener Führungskraft vertreten werden muß.[52] Die Tendenz wird in zahlreichen Gesprächen erkennbar, daß die deutschen Vertreter von Daimler sich eher vorsichtig zur Übernahme von Chrysler äußern und dieses Thema als ›heikel‹ erachten.

Die Kritik der amerikanischen Expatriates richtet sich jedoch insbesondere auf Schrempps Pendant während des Fusionsprozesses, Bob Eaton, der als damaliger Chrysler-Chef für den Verlauf des Zusammenschlusses eine weitreichende Verantwortung inne hatte. So wird beispielsweise von einem Chrysler-Mitarbeiter und auch von einem Kollegen in Stuttgart die Meinung vertreten, daß sich Bob Eaton – den sie teilweise persönlich kennen – ›kaufen ließ‹; weil er eine hohe Abfindung in Aussicht gestellt bekommen hätte, habe er sich auf den Daimler-Chrysler-Deal eingelassen:

»Part of the problem is, when the people deciding whether to do this merger are making eighty or a hundred million dollars in the deal; (-) it kinda distorts your perception a little bit, I mean, if I was the one and they said oh, should these two companies joining (-) and by the way you get a hundred million dollars if they do, (-) I mean, I'd think I'd say yeah, I think they should, let's do the deal and so (-) I think that's part of the problem, is that, the people who were making the decision on the Chrysler side were making so much money outta the deal. And (-) so that's (-) that's the problem. But yes, I think, I think now everyone realizes that it's not really a merger.«

Dem früheren Chrysler-Vorstandsvorsitzenden, der sich zu Beginn des Merger noch gemeinsam mit Schrempp an der Spitze des neu geschaffenen Konzerns befand, wurde vorgeworfen, sich schon bald nach dem Zustandekommen der Fusion mit einer ausgesprochen hohen Summe in den Ruhestand ›verabschiedet‹ zu haben.[53] Er wird als »schwache Persönlichkeit« dargestellt, die sehr früh aufgab, die Interessen von Chrysler innerhalb des Gesamtkonzerns zu vertreten, und die Vormachtstellung seinem deutschen Kollegen Jürgen Schrempp überließ. Für den »Abgang« eine ungemein hohe Geldsumme einkassiert zu haben, stößt auf großes Unverständnis von seiten der Chrysler-Mitarbeiter:

52 Zu dem Zeitpunkt, als das Gespräch mit dem deutschen Manager durchgeführt wurde – im Juni 2000 –, war die Äußerung Schrempps in einem Interview mit der Financial Times im Oktober 2000, die für viel Wirbel in den Medien sorgte, noch nicht gefallen; Schrempp hatte darin den »Merger of Equals« als »psychologischen Umweg« bezeichnet. Nach dieser Darstellung der Daimler-Chrysler-Unternehmensfusion wurden von Kleinaktionären, die Schrempp eine bewußte Irreführung vorwarfen, Klagen eingereicht, mit der Folge, daß in der Öffentlichkeit der »Zusammenschluß unter Gleichen« immer kontroverser diskutiert wurde.

53 Diese Bewertung der Rolle von Bob Eaton im Rahmen der Unternehmensfusion wird auch in einer Analyse zweier Journalisten mit dem Titel »Taken for a ride« vertreten (vgl. Vlasic/Stertz 2000).

»... so I think a lot of Chrysler people who had held him as a hero as somebody who came along and did great for Chrysler and really injected some positive feeling in the company and motivated people (-) all of a sudden, you know (-) it doesn't help that people hear that he made a hundred and sixty-eight million dollars with the merger and all this stuff, and people, the average worker can't relate to that.«

Nicht nur die Bob Eaton unterstellte »Käuflichkeit«, sondern die Überzeugung, daß es sich eigentlich um eine Übernahme von Chrysler handelte, wird von den interviewten Chrysler-Repräsentanten als narzißtische Kränkung und Niederlage empfunden. Sonst war es immer der Chrysler-Konzern, der andere Unternehmen ›annektierte‹, jetzt wurde Chrysler vom deutschen Daimler-Konzern übernommen, und der ehemalige Vorstandsvorsitzende Eaton, dem eigentlich Vertrauen entgegengebracht wurde, gibt das Ruder aus der Hand.

Innerhalb dieses Kontextes spielt der nationale Hintergrund der beiden Unternehmen Daimler und Chrysler die zentrale Rolle. Das klassische amerikanische Erfolgsunternehmen Chrysler, dessen Produkte geradezu geschaffen sind für die US-amerikanische Gesellschaft und das symbolisch in einem besonderen Zusammenhang mit dem *American Way of Life* steht, wird von einem deutschen Prestige-Automobilhersteller übernommen. Die Perspektive der Chrysler-Mitarbeiter kann wie folgt beschrieben werden: Der ehemalige Chrysler-Chef geht einer Auseinandersetzung mit dem deutschen Vorstandskollegen aus dem Weg, zieht sich zurück und überläßt das amerikanische Unternehmen den Deutschen. Dabei handelt es sich um eine Vorgehensweise, die eigentlich den spezifisch amerikanischen Business- und Management-Vorstellungen widerspricht, die auf Erfolg und Machterhalt ausgerichtet sind.

4.5 »Culture shouldn't merge« – die Unvereinbarkeit der Kulturen

Für die individuellen Akteure der Arbeitswelten erweist sich insgesamt die Annahme einer grundsätzlichen Unvereinbarkeit der Kulturen und der Perspektiven als charakteristisch. Dabei wird zum einen ausgeschlossen, daß »Kulturen« im allgemeinen und im spezifischen Fall »Unternehmenskulturen« miteinander »verschmelzen« (»merge«), da sich ihre Eigenheiten derart unterschieden, daß diese kulturelle Differenz nicht überwunden werden könne (vgl. 3.2.). Zum anderen ist aus der Sicht der Interviewten die Perspektive des kulturell Anderen per se nicht vollständig nachvollziehbar, da er bis zu einem gewissen Punkt immer fremd bleibe, was die Verständigung in interkulturellen Kontexten erschwere. Damit wird die in den interkulturellen Arbeitsmilieus weit verbreitete Auffassung deutlich, daß »Fremdheit« – im vorliegenden Falle insbesondere »kulturelle Fremdheit« – prinzipiell nicht bzw. »eigentlich nie ganz« überwunden werden kann (vgl. auch Kap. 3.4). Eine absolute Anpassung bzw. Assimilation der einzelnen, vor allem ausländischen Mitarbeiter kann zwar angestrebt werden, ist jedoch nie vollständig möglich.

Separation in der Führungsriege – Deutsche und Amerikaner für sich

Ein besonders markantes Beispiel für die Problematik der Unvereinbarkeit der Kulturen wird von einem Chrysler-Expatriate geschildert, der der aus dreizehn Managern bestehenden Führungsriege bei DaimlerChrysler vorwirft, unfähig zu sein, die »nationalen« Barrieren zu überwinden. Dabei bemerkt er, daß diese als leitende Führungspersonen eine Trennung nach nationalen Gesichtspunkten aufrecht erhielten:

»So this isn't something new for us, but maybe the merger will push on that. But I really think it's important for these thirteen people to set the tone. And I don't know that when they leave these meetings (-) when they're in a room with just Germans and just Americans that they're not sending a different message than they are as a group of thirteen. As a group of thirteen we're merged, we're a great company, (-) everybody let's work together but I really think when they go back to sit with their staffs. (1.0) They somehow foster that continued separation German and American. And that I think it's not good for the company as a whole (--) and I think (-) again, I think that's reflected in the stock price among other things.«

Der Sprecher unterstellt den dreizehn für den neu geschaffenen Weltkonzern verantwortlichen Führungspersönlichkeiten, daß sie im Grunde nicht die Absicht hatten, sich von ihren nationalen Sichtweisen und Positionen zum Wohle des gesamten Unternehmens zu lösen. Letztendlich könne von einem nationalen Standpunkt nicht abgerückt werden, so daß die Trennung zwischen Deutschen und Amerikanern kontinuierlich erhalten bleibe, mit negativen Folgen für den DaimlerChrysler-Konzern. Diese Spaltung resultiert der Meinung des Interviewten zufolge daraus, daß die Verantwortlichen gegenüber ihren Mitarbeitern mit gleicher Nationalität die kulturelle Differenz hervorheben und dadurch ein national geprägtes Gruppenbewußtsein fördern. Die aufgrund eines bestimmten kulturellen Hintergrunds vorhandene Perspektive der einzelnen Manager ist, so betrachtet, derart an national geprägte Überzeugungen und Werte gebunden, daß die Führungsetage sich nicht für das Wohl des Gesamtkonzerns diesen für sie relevanten ›kulturellen‹ Ansichten abstrahieren will:

»Now if at the end of the day they always sit together and talk about American ways of solving problems and German ways of solving problems which they do I'm sure, um, we're going to continue to have this struggle and this, this complexity of bringing the two companies together which would just foster a breakup some day.«

Der Interviewpartner spricht der Führungselite die Fähigkeit ab, eine globalere, die Nationalkultur überschreitende Strategie entwickeln zu können bzw. zu wollen. Da keine Absicht erkennbar sei, die Trennung nach Nationalitäten aufzugeben, würde der Kampf zwischen Deutschen und Amerikanern innerhalb des Konzerns weitergehen und eines Tages, so prophezeit der Sprecher, zum Scheitern des Merger führen. Dies kann so gedeutet werden, daß die individuelle Perspektive des jeweiligen Managers nicht zum Wohle des Kollektivs geändert wird, da für den einzelnen in erster Linie die nationalkulturellen Überzeugungen, die mit über die Spezifik der Produkte, Marken und Unternehmen von Daimler und Chrysler definiert werden, handlungsentscheidend sind.

Die prinzipielle Unvereinbarkeit der Kulturen zeigt sich ähnlich auch in der interkulturellen Arbeitswelt der Automobilfabrik, wenn die Wahrnehmungskategorie »Ausländer« als grundsätzliches Ausschlußkriterium der kulturell Anderen in Interaktionssituationen verwendet wird (vgl. Kap. 4.3). Durch die Einstufung bestimmter Kollegen als »Ausländer« werden die Betroffenen von vorneherein als Nicht-Zugehörige gekennzeichnet, was sich in den Interaktionen mit den Deutschen widerspiegelt – ein »ausländischer« Mitarbeiter argumentiert wie folgt:

HK: »... kann auch sein, daß des Sprache ist, aber (--) glaub ich nicht; glaub ich nicht; JD: was dann? HK: nicht nur an Sprache liegt. Zum Beispiel jetzt (1.0) ich bin schon dreiundzwanzig Jahre hier bei Daimler (2.0) und äh (2.0) und ich bleib trotzdem immer ein Ausländer.«

Für diese Mitarbeiter erweist es sich als nahezu unmöglich, sich von der Einstufung als »Ausländer« bezüglich der Fremdwahrnehmung lösen zu können, da auch für »Ausländer« der zweiten und dritten Generation, die sich schon weitgehend assimiliert haben, kaum eine Distanzierung vom Status des »Ausländers« gelingen kann, selbst wenn eine solche Distanzierung gewünscht wird.

Grenzen zwischen den Kulturen

Die Problematik der Unvereinbarkeit der Kulturen, die sich tendenziell für beide analysierte Arbeitswelten als virulent und bedeutsam erweist, zeigt sich massiv im Rahmen der neu entstandenen Interkulturalität im Zusammenhang mit der DaimlerChrysler-Fusion bezüglich der Ebene des internationalen Managements. Durch die Argumentationen der Mitarbeiter werden zum einen von der Managementlehre propagierte Diversity-Modelle in Frage gestellt, zum anderen jedoch insbesondere die Form der Durchführung der Unternehmensfusion kritisiert. Demzufolge wurde zu wenig berücksichtigt, welche Bedeutung den Nationalkulturen, mit welchen Daimler und Chrysler assoziiert sind, zukommt (vgl. Kap. 3.2), und vor allem auch seien die differenten Unternehmenskulturen zu wenig ernst genommen worden. Die Postulierung eines Merger, die ein Verschmelzen der Kulturen impliziert, sei in diesem Sinne irreführend und als Metapher unbrauchbar gewesen, da eine solche Verschmelzung der Kulturen prinzipiell gar nicht durchführbar sei bzw. sich niemals so in der Realität ergeben würde. Die Bemerkung eines Chrysler-Expatriates bringt dies zum Ausdruck:

»From an overall picture I would say I'm a little bit disappointed on both sides of the company for making it difficult for the company to merge. Certain areas, I would say culture, shouldn't merge and I think they tried to force things to merge and to be one culture that shouldn't be.«

Der Sprecher legt nahe, daß National- und Unternehmenskulturen sinnvollerweise nur nebeneinander existieren können, so daß jede Seite ihren kulturellen Eigenheiten, Denk- und Arbeitsweisen erfolgreich für eine Zusammenarbeit einsetzen kann. Der Fehler besteht seiner Ansicht nach darin, daß man versuche, die kulturellen Gruppierungen dazu zu zwingen, gemeinsame Strategien zu entwickeln, die unabhängig von deren kulturellem Hintergrund sind. Die Grenzen, die in diesem Zusammenhang zwischen National- und Unternehmenskulturen etabliert wurden, können nicht dahingehend überwunden werden, daß es zu der vom Konzern unterstellten »Verschmelzung« kommt.

5. Theorieentwicklung: Konstruktionsprinzipen der Interkulturalität bei DaimlerChrysler

Im Rahmen der Entwicklung einer die Wahrnehmung und Interaktion in interkulturellen Kontexten bei DaimlerChrysler betreffenden Theorie werden nun für beide analysierten Arbeitswelten – Automobilfabrik und internationales Management – übergreifend sowohl Gemeinsamkeiten als auch Eigenheiten der entsprechenden sozialen Welten dargestellt. Dabei ist von Interesse, wie »Kultur« und deren unterschiedliche Ausprägungen von den Interagierenden konstruiert werden, wie überhaupt kulturelle Differenz als Ausgangsposition für Interkulturalität herausgebildet wird und welche Bedeutung dem Rahmen Organisation für die Beschaffenheit der Interkulturalität zukommt. Nach der Darstellung der Spezifik jeder analysierten Arbeitswelt wird eine materiale Theorie präsentiert (vgl. Kap. 6.2.1), die aus der Kontrastierung beider Felder resultiert.

5.1 Arbeitswelt I: Eine ›gewachsene‹, ›gemeinsam entwickelte‹ interkulturelle Arbeitswelt im Zeichen zunehmender Gleichbehandlung

Im Daimler-Automobilbetrieb sind es vor allem die ›klassischen‹ in Deutschland vertretenen Ausländergruppierungen, aber auch in der jüngeren Vergangenheit Zugewanderte, die als die kulturell Anderen – insbesondere mit der Kategorisierung »Ausländer« – gekennzeichnet werden. Spezifische interkulturelle Umgangsformen, so wird erkennbar, haben sich über Jahrzehnte hinweg entwickelt, wobei ausländische Mitarbeiter innerhalb der Arbeitsmilieus als zum Unternehmen zugehörig eingestuft werden. Ihre kulturelle Zugehörigkeit bzw. »Nationalität« spielt im Rahmen der Fremd- und Selbstwahrnehmung für die Individuen in den Arbeitsmilieus meist dann eine Rolle, wenn auf der Ebene der Scherzkommunikation Späße gemacht werden, die auf die kulturelle Herkunft Bezug nehmen. Insgesamt wird – den Darstellungen der Informanten zufolge – ein relativ hoher Grad der »Integration« der ausländischen Mitarbeiter im Betrieb erkannt. Zumindest wird in zahlreichen Argumentationen der Interviewten hervorgehoben, daß die Welt innerhalb des Unternehmens für die ausländischen Kollegen eine »gerechtere« sei als diejenige des Alltags, wie sie »draußen« erlebt wird. Dies könnte als Beleg dafür gelten, daß Ausländer innerhalb des Betriebs stärker integriert sind als außerhalb.

Für die Beurteilung der Individuen der Automobilfabrik ist in erster Linie die Leistung des einzelnen maßgeblich, ein Kriterium, bei dem die kulturelle Herkunft vordergründig nur eine untergeordnete Rolle spielt. Nur selten werden Exklusionsprinzipien dargestellt; wenn beispielsweise beobachtet wird, daß gehobene Positionen der Arbeitshierarchien vornehmlich von deutschen Arbeitern oder Angestellten besetzt sind, wird dies als Benachteiligung der ausländischen Mitarbeiter gewertet. Daß mehr als die Hälfte aller Repräsentanten der Gewerkschaften ausländischer Herkunft sind, spricht für eine Akzeptanz der kulturell Anderen innerhalb der Arbeitnehmervertretung, da diese ihre Ämter über demokratische Wahlentscheidungen erhalten, an welchen zum größten Teil deutsche Mitarbeiter beteiligt sind. Nicht zuletzt deswegen ist von einer »gerechteren Welt als draußen« die Rede, wenn es um den häufig marginalen Status der Ausländer geht.

Da es sich, wie erwähnt, bei den untersuchten Arbeitszusammenhängen um über Jahrzehnte hinweg gewachsene interkulturelle Arbeitsmilieus handelt, ist festzustellen, daß die Individuen über Strategien des Umgangs mit den kulturell Anderen bzw. den Fremden verfügen. Von Bedeutung ist dabei vor allem die »Akzeptanz« des Anderen, wobei der Andere in seinem Anderssein respektiert und anerkannt wird, wie man beispielsweise am häufig beschriebenen Phänomen der »Kollegialität« erkennen kann. Dadurch, daß an den untersuchten Arbeitsplätzen ausländische Kollegen durch »Akzeptanz« sozusagen aufgenommen werden, wird eine Inklusion der Ausländer innerhalb der Arbeitsmilieus erreicht, so daß deren kulturelle Herkunft nicht als Merkmal der Ausgrenzung funktioniert. In ihrem Anderssein werden sie als zum Arbeitsmilieu gehörig betrachtet, das derart als ein kulturell vielfältiges konstituiert wird.

Entstehen Konflikte an den entsprechenden Arbeitsplätzen, kann dies jedoch dazu führen, daß Probleme mit der anderen Person auf deren kulturelle Zugehörigkeit zurückgeführt werden, das heißt, daß Kultur als Moment der Abgrenzung verwendet wird. Über stereotypisch festgelegte Wahrnehmungsmuster verfügen sämtliche Mitarbeiter: Diffuse Grundüberzeugungen der Mitarbeiter besagen, daß beispielsweise Italiener aufgrund ihrer südländischen Mentalität lebensfroh sind, Schwaben verschlossen und »dickköpfig«, Deutsche insgesamt zuverlässig und technisch begabt, Türken stolz und kämpferisch, wenn es darum geht, die Rechte der Arbeiter zu verteidigen, Portugiesen zurückgezogen und wortkarg, jedoch gut an die deutschen Arbeitsverhältnisse angepaßt sind oder daß »die Ostdeutschen« nicht mit Ausländern umgehen können etc. So wird im Konfliktfall auf die negativen Stereotype bezüglich der kulturell Anderen rekurriert und der andere aufgrund seiner Herkunft und absehend von seiner Leistung ausgegrenzt. Die Kultur als Merkmal der Beschreibung des einzelnen ist immer innerhalb der gegenseitigen Wahrnehmung latent vorhanden und kann in bestimmten Situationen der Begegnung ›abgerufen‹ werden.

Institutionelle Ordnung vs. Interaktionsordnung

Wenn Exklusionen der kulturell Anderen in den entsprechenden Arbeitsmilieus im Betrieb stattfinden, wenn beispielweise konkrete Diskriminierungen von ausländischen Mitarbeitern auftreten, verfügt die Organisation über einen internen Gesetzesapparat, mit dem Benachteiligungen ausländischer Kollegen streng sanktioniert werden, wobei früher bei solchen »Vorkommnissen« auch Entlassungen ausgesprochen wurden. Diese Reglementierungen etablieren unter anderem eine institutionelle[54] Ordnung innerhalb der Organisation und tragen so zum Funktionieren des zweckorientierten Systems des Unternehmens bei (Meadows 1967: 78). Für eine reibungslose bürokratische Verwaltung im Rahmen der Organisation muß unbedingt deren »rationaler Grundcharakter« (Weber 1980 [1920]: 129) erhalten werden, das heißt, daß die entsprechenden Produkte nach den Prinzipien Arbeitsteilung und Spezialisierung hergestellt werden. ›Externe‹ Störungen, die die Leistungsfähigkeit des Individuums einschränken, müssen deshalb ausgeschlossen werden, weil sie sich negativ auf die »Arbeitsökonomie« des »psychophysischen Apparats« des individuellen Arbeiters auswirken, der als ›Grundelement‹ der Organisation perfekt funktionieren muß (vgl. Weber 1998 [1908]: 42ff.). Die institutionelle Ordnung, die auf der Basis des bürokratischen Apparats der Organisation entsteht und zu der auch die Regelungen gehören, welche innerhalb der DaimlerChrysler-Automobilfabrik kulturelle Diskriminierungen sanktionieren, ist Bestandteil der *sozialen Ordnung* der Organisation insgesamt.

Ein soziologisches Grundproblem zeigt sich in diesem Zusammenhang, wenn es darum geht, herauszufinden, wie Ordnung innerhalb sich ständig

54 An dieser Stelle wird *nicht* auf den von Berger und Luckmann von Arnold Gehlen abgeleiteten anthropologischen Begriff der »Institution« Bezug genommen (vgl. Berger/Luckmann 1991 [1966]: 49ff.) – statt dessen wird hier entsprechend der angelsächsischen Tradition mit »Institution« auf die *Funktion* des sozialen Gebildes abgehoben (Parsons 1952).

verändernder Gesellschaften oder Organisationen hergestellt werden kann.[55] Um die soziale Ordnung innerhalb der Organisation trotz kontinuierlicher Veränderungen aufrecht zu erhalten, müssen ihre Mitglieder ständig an ihr ›arbeiten‹, Übereinkünfte treffen und ›Verträge‹ immer wieder neu schließen, da diese zeitlich limitiert sind. Die soziale Ordnung der Organisation muß kontinuierlich neu hergestellt, präziser gesagt »ausgehandelt« werden (Strauss et al. 1963: 148f.; Strauss 1993: 245ff.), damit auch unerwartete Veränderungen inkorporiert werden können, ohne daß die Organisation als System gefährdet ist.

Für den Automobilbetrieb unter dem Fokus der Problematik der Interkulturalität und interkulturellen Kommunikation bedeutet dies zum einen, daß innerbetriebliche Reglementierungen geschaffen werden müssen, die eine produktive Zusammenarbeit zwischen Mitarbeitern unterschiedlicher kultureller Herkunft erlauben, zum anderen müssen jedoch auch unabhängig von den institutionell vorgegebenen ›Gesetzen‹ des Betriebes in den konkreten face-to-face-Interaktionen des Arbeitsalltags fortwährend Übereinkünfte zwischen Deutschen, Türken, Portugiesen, Italienern etc. getroffen werden, mit welchen der Umgang jenseits kultureller Differenz geregelt wird. Da die kulturelle Vielfalt am Arbeitplatz natürlich auch eine Vielzahl von Problemen – beispielsweise Kommunikationsstörungen aufgrund mangelnder Sprachkompetenz – mit sich bringt, müssen für die Arbeitsmilieus spezifische Strategien des Umgangs mit dem Anderen entwickelt werden, damit eine erfolgreiche Zusammenarbeit stattfinden kann.

Die innerhalb der Organisation etablierte soziale Ordnung besteht so gesehen nicht nur aus der institutionellen, sondern darüber hinaus aus der Interaktionsordnung, die diejenigen Arbeitsumwelten beschreibt, in denen zwei oder mehr Individuen körperlich anwesend sind, und zwar so, daß sie aufeinander reagieren können (vgl. Goffman 2001 [1982]: 55ff.). Auf der Basis der Interaktionsordnung, die im alltäglichen Aufeinandertreffen der Individuen in interkulturellen Arbeitsmilieus kontinuierlich »ausgehandelt« wird, werden für die Mitarbeiter verbindliche Regeln und für das Arbeitsmilieu spezifische Werte geschaffen, die die Zusammenarbeit regulieren.[56] Entscheidend ist da-

55 Mead verwendet folgende Argumentation bezüglich des Problems der fortwährenden Ordnungskonstruktion: »How can you bring those changes about in an orderly fashion and yet preserve order? To bring about change is seemingly to destroy the given order, and yet society does and must change. That is the problem, to incorporate the method of change into the order of society itself« (Mead 1967 [1936]: 360).

56 Goffman unterstreicht die Bedeutung der »Interaktionsordnung« gegenüber der von ihm so titulierten »Wirtschaftsordnung«: »Dennoch habe ich den Eindruck, daß die Interaktionsordnung – im Sinne einer Sphäre des Handelns – in weit größerem Ausmaß als andere Bereiche geordnet ist und daß diese Geordnetheit auf einer breiten Schicht gemeinsamer kognitiver,

bei, daß die Individuen innerhalb der Interaktionsordnung, die auch als »second code« in der Unterscheidung zur institutionellen Ordnung (»first code«) verstanden wird, über bestimmte Handlungsfreiheiten verfügen:

»Unterhalb des ›first code‹ der formalen Organisation bildet sich der ›second code‹ des Interaktionssystems der alltäglich handelnden und verhandelnden Mitglieder des Unternehmens aus – das informelle, schwer regierbare, weil kaum zentral steuerbare und gerade dadurch (manchmal subversiv) ›mächtige‹ interaktive Netzwerk der konkret handelnden Individuen.« (Soeffner 2000a: 312)

Für die Arbeitsmilieus des Betriebs gelten dementsprechend bestimmte Wahrnehmungsmuster bzw. werden Interaktionsstrategien erkennbar, die sich in face-to-face-Interaktionen entwickelt haben. Der kulturell Andere wird toleriert und akzeptiert, ein kulturelles Nebeneinander ist das Produkt der Zusammenarbeit innerhalb der interkulturellen Milieus. Das Abweichende, auch Fremdartige wird akzeptiert und nach dem Prinzip oder den Regeln der Kollegialität eine funktionierende Zusammenarbeit ermöglicht. Gänzlich ignoriert wird die kulturelle Differenz jedoch keinesfalls: Die Kategorie der »Nationalität« spielt für die Mitarbeiter durchaus eine Rolle in der Selbst- und Fremdbeschreibung. Man begegnet dem Kollegen zwar nicht vordergründig und ausdrücklich mit Referenz auf dessen nationale Zugehörigkeit. Die »Nationalität« ist jedoch ein Merkmal des einzelnen Mitarbeiters, das nicht von dessen Beschreibung wegzudenken und insoweit innerhalb der gegenseitigen Wahrnehmung präsent ist. Die für die jeweiligen Arbeitsmilieus spezifischen Interaktionsordnungen, die sich im Gegensatz zur Managementebene größtenteils über Jahrzehnte hinweg entwickelten, spiegeln die Relevanz der Kategorie der »Nationalität« des Anderen und weisen gleichzeitig auch Strategien auf, die den Umgang mit der kulturellen Abweichung regulieren.

Vertrautheit und Stereotypisierung

Wie erwähnt wird in Situationen, in welchen Kommunikationsstörungen auftreten, auf die kulturelle Differenz rekurriert, so daß die Thematisierung von Fremdheit durchaus als Mittel der Exklusion verwendet werden kann. In diesen Fällen wird auf die grundsätzlich im Wissensvorrat der Mitarbeiter vorhandenen Stereotype über die kulturell Anderen zurückgegriffen, von denen

wenn nicht sogar normativer Annahmen und Beschränkungen beruht, die der Stabilisierung der Ordnung dienen. [...] Die Funktionsweise der Interaktionsordnung kann einfach als die Folge eines Systems von regelnden Konventionen angesehen werden, ähnlich etwa den Grundregeln eines Spiels, den Verkehrsregeln oder den syntaktischen Regeln einer Sprache.« (Goffman 2001 [1982]: 63f.; vgl. auch Kap. 2.1 und Knoblauch 1997: 7ff.)

man sich nie wirklich distanzieren kann, auch wenn es sich bei der Beziehung zum jeweiligen Kollegen um eine freundschaftliche handelt. Die Vertrautheit zu den Menschen der abweichenden kulturellen Zugehörigkeit ermöglicht dementsprechend eine Distanzierung von den stereotypischen Wahrnehmungsmustern, was in den ›gewachsenen‹ Milieus der Arbeitswelt des Automobilbetriebes deshalb möglich ist, weil die kulturellen Eigenheiten der anderen bereits bekannt und vertraut sind. Das Wissen, das man sich über die ausländischen Kollegen angeeignet hat, reflektiert verschiedene Grade der Vertrautheit. Wenn die kulturellen Eigenheiten der Anderen erklärt und auf deren kulturellen Hintergrund zurückgeführt werden können, geschieht dies auf der Basis eines »Vertrautheitswissens« (»knowledge about«) (Schütz 1982 [1970]: 187ff.; Schütz 2003 [1966]: 330ff.; vgl. auch Endreß 2002: 17ff.), eines Wissens, welches über ein Erklärungspotential verfügt, wie oder wieso die kulturell Anderen so denken oder so handeln.

Eine größere Vertrautheit mit dem Anderen erleichtert den Interagierenden, in den Arbeitsmilieus von stereotypischen kulturellen Kategorisierungen Abstand zu nehmen. Dabei ist es jedoch keinesfalls so, daß das kulturell Andere, das Fremde Teil der eigenen Sinnwelt der Individuen wird und sozusagen im Vertrauten der Ziel-Sinnwelt aufgeht. Vielmehr bildet sich im Rahmen der eigenen Welt in einem Prozeß der »Nostrifizierung« ein ›dritter Bereich‹, ein kommunikatives Konstrukt, das weder in der einen noch in der anderen Sinnwelt voll beheimatet ist und das so die Fremdheit spüren und zugleich verstehen läßt (Srubar 2002: 327; vgl. Kap. 2.3).

Im Automobilbetrieb besteht dieses kommunikative Konstrukt aus einem Repertoire an geteilten Stereotypen bezüglich der Kollegen und sich selbst, man weiß bereits, daß beispielsweise »die Norddeutschen« verschlossen und nicht besonderes gesprächig, die »Südländer« impulsiv etc. sind. Begründet werden diese stereotypischen Zuschreibungen dann insbesondere unter Verwendung der von nahezu allen Mitarbeitern geteilten Wahrnehmungskategorie der »Mentalität«, in welcher die kulturellen Eigenheiten ›psychisch verankert‹ sind, wie angenommen wird. Dadurch, daß man sich im interkulturellen Kontext auf solche gemeinsamen stereotypischen Wahrnehmungsmuster ›geeinigt‹ hat, indem man sie fraglos benutzt, akzeptiert, sind sie auch nicht störend innerhalb der Interaktionen im Arbeitsalltag. Es besteht beim einzelnen kein Interesse, sich Denk- und Verhaltensweisen der kulturell Anderen anzueignen und dadurch den spezifischen, kulturell geprägten Wissensvorrat zu erweitern – der Andere wird in seinem Anderssein toleriert.

Im Rahmen der spezifischen Interaktionsordnung der Arbeitsmilieus verfügen die individuellen Mitarbeiter über Alltagsmodelle des Umgangs mit den Fremden bzw. mit den kulturell anderen Kollegen, wie insbesondere das Beispiel des Herrn Meros aus Portugal zeigt (vgl. Kap. 3.1). Dieser verwendet als strategisches Wissen das Leitprinzip »es gibt überall gute und schlechte Menschen«, das eine Vielzahl von Mitarbeitern unterschiedlicher kultureller Herkunft auch heranziehen, wenn es darum geht, das häufig problematische Leben in der Fremde bzw. die konfliktgeladene Zusammenarbeit in interkulturellen Arbeitsmilieus zu bewältigen. Dieses Prinzip kann sozusagen kulturübergreifend immer dann verwendet werden, wenn Konflikte unterschiedlicher Ausprägung aufgrund des Verhaltens der Anderen auftauchen – es funktioniert in strukturell ähnlichen sozialen Konstellationen im Rahmen der Bewältigung von problematischen Arbeitssituationen, im Alltag außerhalb des Betriebes etc.

Kulturelle Vielfalt an den Arbeitsplätzen führt jedoch nicht nur zu Problemen, sondern auch zu einer Auflockerung des Arbeitsalltags: »Es geht lustiger zu« an interkulturell besetzten Arbeitsplätzen. Ein spezifischer Humor, der mit den typischerweise unterstellten kulturellen Eigenheiten der Mitarbeiter spielt, führt dazu, daß oft eintönige Arbeitszusammenhänge belebt werden. Schimpfwörter aus unterschiedlichen Sprachen, die jedoch allen bekannt und Bestandteil eines milieuspezifischen Wissensvorrats sind, werden in der alltäglichen Kommunikation bei der Arbeit verwendet und dienen dem Amüsement unter Kollegen. In diesem Sinne wurde eine gemeinsame Ebene ›überkulturell‹ konstruiert, auf der auf einem bestimmten Niveau des kollegialen, spaßigen Umgangs miteinander kommuniziert werden kann.

Partizipative Identifikationen mit Unternehmen und Marken

Was die Mitarbeiter der analysierten Arbeitsmilieus vereint, ist ihre gemeinsame Zugehörigkeit zu einem Unternehmen und die Tatsache, daß sie gemeinsam an der Herstellung von Mercedes-Automobilen beteiligt sind. Ein Großteil der Individuen ist stolz darauf, für die Fertigung der prestigeträchtigen, hochwertigen Automobile mit verantwortlich zu sein, und identifiziert sich dementsprechend mit der Marke Mercedes und dem Unternehmen Daimler. Egal welche kulturelle Herkunft oder welche Stellung sie im Unternehmen haben, in einem sind sich fast alle einig: Man stellt gemeinsam ein weltweit anerkanntes Qualitätsprodukt her, das für sie selbst und andere einen besonderen Wert repräsentiert. Als Teil des Unternehmens Daimler und Mitglied der Organisation definiert man sich über diese Form der Zugehörigkeit; man selbst als individueller Mitarbeiter repräsentiert Daimler und Mercedes – zum Gesamtkonzern DaimlerChrysler bzw. dem Partnerunternehmen Chrysler erfolgt allerdings wohl gemerkt eine Distanzierung.

Wie es die Begrifflichkeit der »partizipativen Identitätskonstruktion« (Hahn 2000: 13-115; vgl. Kap. 2.1) nahelegt, verwendet jeder individuelle Mitarbeiter die Zugehörigkeit zum Kollektiv des Unternehmens Daimler dazu, seine persönliche Identität herauszubilden. So betrachtet dient diese Mitgliedschaft der Selbst- und Fremdzuordnung der Individuen, wobei man sich von denjenigen abgrenzt, die nicht zum Kollektiv gehören – beispielsweise von den Chrysler-Mitarbeitern. Natürlich sind auch kulturelle Zugehörigkeiten relevant für die »partizipative« Identitätsbildung: Für die Daimler-Mitarbeiter spielt, wie erwähnt, die »Nationalität« die entscheidende Rolle im Rahmen einer Selbst- und Fremddefinition, die sich ausgehend von der nationalen Kollektivzuschreibung voneinander abgrenzen. Diese Form der kulturellen Differenz wird durch die gemeinsame Identifikation mit den Unternehmen ›überschattet‹, wodurch ein spezifisches Gemeinschaftsgefühl, gestärkt durch den Stolz auf Unternehmen und Marke, erzeugt wird. Die kulturelle Differenz, die aufgrund von nationalen oder auch ethnischen Zugehörigkeiten etabliert wird, tritt angesichts der Kollegialität und der gemeinsam zu erfüllenden Arbeitsanforderungen in den Hintergrund, ist jedoch trotzdem immer latent in der gegenseitigen Wahrnehmung vorhanden.

Beständigkeit der kulturellen Differenz und Kontexte ihrer kommunikativen Überwindung

Zusammengefaßt wird für die Arbeitswelt des Automobilbetriebs deutlich, daß sich hier, ausgehend von einem Sammelsurium der Kulturen, in Prozessen der Interaktion über Jahrzehnte hinweg ein Arrangement des organisierten, pragmatisch verlaufenden Umgangs mit den kulturell Anderen entwickelte. In Prozessen der Ein- und Ausgrenzung werden funktional hauptsächlich nationalkulturelle, aber auch durch regionale Herkunft bestimmte Differenzierungen vorgenommen (vgl. Matthes 1992: 3ff.), die kulturelle Unterscheidungen als Identifikationsmerkmale für die Individuen festlegen. Auch wenn sich die Sozialisation des einzelnen vollständig in Deutschland vollzog, werden kulturelle Differenzen aufgrund der Abstammung des Mitarbeiters – wenn die Eltern als »Ausländer« eingestuft werden – festgelegt bzw. wird beispielsweise aufgrund des Namens auf eine ausländische Herkunft geschlossen. Die Beschreibung »Ausländer« wird in diesem Sinne für die Konstruktion der kulturellen Differenz verwendet und bestimmt dann entscheidend die Fremd-, aber auch die Selbstwahrnehmung der Mitarbeiter. Es handelt sich um eine Zuschreibung einer Nicht-Zugehörigkeit, und es ist nahezu unmöglich, davon Abstand zu nehmen. Kulturelle Herkunft als Unterscheidungsmerkmal ist beständig und gerät so niemals völlig in Vergessenheit.

Folglich zeigt sich in der Arbeitswelt der Automobilproduktion, daß kulturelle Differenz als Unterscheidungsmerkmal für die Interagierenden relevant ist und sich als Kategorie der Wahrnehmung selbst bei einer größeren Vertrautheit des kulturell Anderen nicht auflöst. Es bleibt so gesehen trotz über Jahrzehnte hinweg ›gewachsener‹ Interkulturalität bei einem *Nebeneinander der Kulturen*, die von den einzelnen als feststehende soziale Gebilde imaginiert werden, wobei jeder Mitarbeiter einer spezifischen Kultur zugehört.

›Zwischen den Kulturen‹ bildet sich ein Bereich des Verstehens als kommunikatives Konstrukt heraus, dem die erwähnten gemeinsam geteilten Stereotype sowie milieuspezifisch entstandene Typisierungen über die unterschiedlichen Kulturen angehören. Gemeinsame Wissensbestände sind entstanden, die den Umgang der Individuen unterschiedlicher kultureller Herkunft regulieren. Dieses Resultat dauerhafter Interaktion kann besonders zutreffend mit Gadamers Begriff der »Horizontverschmelzung« (Gadamer 1990 [1960]: 311f., 380; vgl. Kap. 2.2.2) erfaßt werden. In Annäherungsprozessen, nicht durch Vermischung der Kulturen, entwickelt sich ein Verstehen der Mitarbeiter unterschiedlicher kultureller Zugehörigkeit. Verständigung ereignet sich dieser Auffassung zufolge grundsätzlich über »Vorurteile«, die jeder einzelne mitbringt; der »Horizont« des Verstehens ist durch Meinungen und Wertungen geprägt und wird in der Gegenwart auf der Basis von in der Vergangenheit gebildeten Wissensbeständen – zu denen auch Wahrnehmungsmuster der kulturell Anderen gehören – bestimmt. Diejenigen Vorurteile, die beispielsweise ›immer schon‹ über die Deutschen oder die Italiener existierten, werden untermauert, wenn sie sich in den gegenwärtigen Erfahrungen der Mitarbeiter bestätigen, wobei gemäß des Grades der Vertrautheit sich im Wissensvorrat des einzelnen neue Typisierungen ›ablagern‹. Man weiß dann zum Beispiel, daß man mit »den Italienern« aufgrund ihres südländischen Temperaments viel Spaß haben kann und daß man mit »manchen Deutschen«, die »jünger und offener« sind, »ganz gut klar kommen kann« etc.

Die in der face-to-face-Situation wirksamen »unmittelbaren Kontexte« der Kommunikation (Knoblauch 1995: 113ff.) in den Arbeitsbereichen ermöglichen nicht nur auf sprachlicher, sondern auch auf der Ebene der Gestik, daß sich ein gemeinsames Repertoire an Wissensbeständen über den Umgang mit den anderen Kulturen herausbildet. Die organisationelle Ordnung mit der grundlegenden Zielsetzung der Fertigung von Automobilen ›nötigt‹ die Individuen unterschiedlicher kultureller Herkunft, in konkreten Interaktionssituationen der täglichen Zusammenarbeit ein solches gemeinsames Wissensrepertoire herauszubilden, um funktionierende Arbeitszusammenhänge zu ermöglichen. So betrachtet gleicht der Prozeß des Verstehens ›zwischen den Kulturen‹ über kulturelle Grenzen hinweg einer »Übersetzung« zwischen pragmatischen Kontexten, wobei die Verstehensprozesse selbst pragmatische und nicht rein deskriptiv beobachtende Vorgänge sind (Renn 1998: 150). In arbeitspragmatischen Kontexten müssen die Interagierenden Lösungen für das Problem der

Überwindung des Faktors »Kultur« finden und mit dem Ziel einer mehr oder weniger funktionierenden Verständigung ›Übersetzungsmöglichkeiten‹ bereitstellen.

Kulturelle Differenz, insbesondere nationalkulturelle Differenz ist als Unterscheidungsmerkmal in den Arbeitsmilieus der Fabrik präsent, sie wirkt sich im negativen Sinne nicht auf die Kooperation der Mitarbeiter aus, da unter dem Einfluß der Organisation gemeinsam Repertoires zur Problemlösung geschaffen wurden, mit denen Verständigungsschwierigkeiten zwischen Individuen unterschiedlicher Kultur überwunden werden können. Demgemäß haben sich im Betrieb interkulturelle Interaktionszusammenhänge, hat sich eine soziale Welt entwickelt, die von den »ausländischen« Mitarbeitern – wie gesagt – als »gerechter als draußen« empfunden wird. Dies deutet darauf hin, daß die Wirtschaft über ein Potential verfügt, kulturell emanzipierte Lebenswelten zu schaffen, und daß ökonomisches Handeln in bestimmten Fällen die Kapazität zur Integration von Kulturen vorweisen kann.[57]

5.2 Arbeitswelt II: Konstruktion deutsch-amerikanischer Differenzen

Eine in vielerlei Hinsicht abweichende Situation zeigt sich bezüglich Arbeitswelt II: Dabei spielt für den Bereich des internationalen Managements bei Daimler-Chrysler eine Rolle, daß Mitarbeiter differierender kultureller Zugehörigkeit in den neu geschaffenen Arbeitszusammenhängen direkt nach dem Zusammenschluß der beiden Unternehmen nur wenige Strategien für die Begegnung mit den kulturell Anderen entwickeln konnten. So wird, wie erwähnt, die deutsche mit der amerikanischen Kultur konfrontiert, wobei die Individuen auf gängige Stereotypisierungen über die jeweiligen Anderen zurückgreifen; eine Vertrautheit mit der anderen Kultur konnte nur geringfügig ausgebildet

57 Diese Feststellung wird durch das von Joseph Schumpeter geprägte Konzept der »schöpferischen Zerstörung« unterstützt, welches von folgender Annahme ausgeht: Jede ökonomische Entwicklung baut auf dem Prozeß der »schöpferischen« bzw. »kreativen Zerstörung« auf. Durch die Zerstörung von alten Strukturen werden die Produktionsfaktoren immer wieder neu geordnet. Die Zerstörung ist also notwendig, damit eine neue Ordnung etabliert werden kann. Auslöser für die schöpferische Zerstörung sind beispielsweise Innovationen, die von den Unternehmern vorangetrieben werden mit dem Ziel, sich auf dem Markt durchsetzen zu können (vgl. Schumpeter 1993 [1942]: Kap 7.). Davon kann abgeleitet werden, daß in Wirtschaftsorganisationen dieses Potential der »schöpferischen Zerstörung« dazu führt, kulturelle Vorurteile abzuschwächen bzw. kulturelle Segregation aufzubrechen, die einer alten Ordnung angehörten.

werden. Die kulturelle Differenz in den Arbeitsmilieus des Managements wird dementsprechend besonders deutlich markiert; nationale Gesichtspunkte stehen in der Begegnung mit den kulturell Anderen im Vordergrund, da diese in einem engen Zusammenhang mit der Identifikation mit Unternehmen und Marken stehen.

Repräsentanten von Daimler und von Chrysler treten in der analysierten sozialen Welt entschieden als Vertreter ihrer jeweiligen Nationalkultur auf, und aufgrund der Äußerungen der Manager wird deutlich, daß nicht unbedingt eine Kooperation der beiden Unternehmen und auch Nationalkulturen angestrebt, sondern das Aufeinandertreffen der beiden Parteien als gegnerisch empfunden wird.

Unausgeglichene Machtverhältnisse – die Übernahmesituation

Ein im Verborgenen gehaltener, aber auch öffentlich geäußerter Konsens, daß Chrysler von Daimler übernommen wurde, kennzeichnet die Denkweisen sämtlicher Mitarbeiter. Das soziale Verhältnis, welches aufgrund der ungleichgewichtigen Unternehmensfusion geschaffen wurde, wird als unüberwindbare, asymmetrische Machtsituation empfunden. Dabei wird die Annahme vertreten, daß Daimler das dominierende Unternehmen darstellt, wogegen Chrysler über nur wenige Chancen verfügt, unternehmenspolitische Interessen zur Geltung zu bringen. Eine besondere Bedeutung erhält dieses Kräfteverhältnis dadurch, daß es sich bei Chrysler einstmals um den Konzern mit dem weitaus größeren Umsatz handelte. Die Tatsache, daß bereits nach kürzester Zeit die Führungsriege des Gesamtkonzerns nahezu ausschließlich von Daimler-Vertretern dominiert und somit in deutscher Hand war, wird von den Informanten dahingehend interpretiert, daß nicht der Gesamtkonzern als Ganzheit, sondern als legitim betrachtete Herrschaftsansprüche (vgl. Weber 1980 [1920]: 548ff.) des Daimler-Unternehmens zur Geltung kommen und auch von den Mitarbeitern so wahrgenommen werden.

Die ungleiche Machtsituation wird in der Wahrnehmung der Manager nicht nur mit den Unternehmen assoziiert, sondern auch mit den von Daimler und Chrysler repräsentierten Nationalkulturen. Das deutsche Unternehmen war in der Lage, ein einst mächtiges amerikanisches Unternehmen zu ›annektieren‹. Normalerweise, so die Überzeugung der Manager, übernehmen erfolgreiche amerikanische Konzerne andere Unternehmen; im Falle des Daimler-Chrysler-Merger zeigt sich die umgekehrte Situation. Von seiten der Chrysler-Repräsentanten wurde die Übernahme als ›narzißtische Kränkung‹ empfunden: Weil Chrysler und Daimler eine besondere Prägung durch die Nationalkultur aufweisen, wurde der Nationalstolz der Chrysler-Mitarbeiter aufgrund des Verlaufs des Fusionsprozesses in Mitleidenschaft gezogen.

Schrempp und Eaton: Erfolgreiche Machtpolitik vs. Verrat am Unternehmen

In der Wahrnehmung der Informanten manifestieren sich die Schicksale beider Konzerne ›idealtypisch‹ in den beiden Hauptdarstellern des Zusammenschlusses, Jürgen Schrempp und Bob Eaton. Schrempp wird als Visionär mit Großmachtansprüchen auf dem Weg zur Welt-AG betrachtet, während Eaton als käufliche Person eingestuft wird, die das traditionsreiche amerikanische Unternehmen Chrysler an die Deutschen verkaufte und sich daraufhin selbst aus der Verantwortung nahm. Schrempp verkörpert für die Mitarbeiter in diesem Sinne einen Zeitgeist, der von dem Primat ausgeht, daß kleinere, erfolgreiche Automobilkonzerne gegen feindliche Übernahmen durch die Konkurrenz geschützt werden müssen. Als ›Mann der Tat‹ initiierte er den spektakulären Zusammenschluß der beiden Konzerne, ausgehend vom Motiv, den erfolgreichen Daimler-Konzern vor dem potentiellen *Takeover* zu schützen. Der ›hemdsärmelige‹ deutsche Manager repräsentiert für die Mitarbeiter den Gewinner des Merger und verweist auf das Prestige einer erfolgreichen deutschen Unternehmens- und auch Nationalkultur. Eaton erhält in der Perspektive der Informanten das Image des »Verräters«, der korrumpierbar ist, den Machtkampf scheut und das amerikanische Unternehmen kampflos den Deutschen überläßt. Er ist derjenige, der sich prinzipiellen US-amerikanischen Tugenden, wie pragmatischer Kampfgeist und Zuverlässigkeit, widersetzte und Chrysler ›im Stich ließ‹.

Kooptation: Strategischer Perspektivwechsel – Koexistenz der Perspektive des Anderen

Einigkeit besteht also darüber, daß es sich bei der Unternehmensfusion nicht um den propagierten »Zusammenschluß unter Gleichen« handelt; eine machtpolitische Differenzierung innerhalb des neu geschaffenen Gesamtkonzerns wird erkennbar. Nicht nur auf der Ebene der Organisation, sondern auch in der Beziehung der Kulturen ergab sich ein Zentrum-Peripherie-Verhältnis (Lotman 1990: 134; vgl. Kap. 2.2.2) innerhalb des Konzerns DaimlerChrysler, wobei Daimler bzw. die deutsche Nationalkultur das Zentrum beanspruchen und das Partnerunternehmen Chrysler bzw. die amerikanische Nationalkultur der Peripherie zuzuordnen sind. Aufgrund einer solchen Machtkonstellation müßten eigentlich kolonisatorische Effekte vom deutschen gegenüber dem amerikanischen Unternehmen ausgehen, ein andersartiger strategischer Umgang mit dem Zentrum-Peripherie-Problem wird allerdings erkennbar:

Die Position des deutschen Managers Fischer (vgl. Kap. 4.1) beschreibt paradigmatisch die Perspektive der Daimler-Mitarbeiter, aus welcher die Fusion der beiden Unternehmen reflektiert wird. Das ›interkulturelle Experiment‹ des Merger führte zur Entwicklung der Strategie der »Kooptation« auf seiten der Repräsentanten von Daimler. Chrysler produziert, anders als der Prestige-Automobilhersteller Daimler, spezifisch für den US-amerikanischen Markt geschaffene Autos. Aufgrund konkreter Erfahrungen der deutschen Manager mit der Produktionsweise bei Chrysler in den USA gelangt man zur Überzeugung, daß es zwecklos ist, Daimler-Konventionen bei Chrysler einzuführen, da die Logik der Herstellung und Vermarktung von Automobilen in den Vereinigten Staaten völlig anders als in Deutschland funktioniere. Weil offensichtlich völlig unterschiedliche Denkmuster vorherrschen, verzichtet man bei Daimler darauf, Chrysler vorzuschreiben, wie Automobile gefertigt und welche Qualität diese vorweisen müssen.

So betrachtet vermeiden die Deutschen eine *Oktroyierung von Deutungsmustern*, die im Sinne der deutschen Machtposition nahegelegen hätte. Durch einen *Perspektivwechsel*, der sozusagen als Gedankenexperiment vorgenommen wird, gelangt man zu der Erkenntnis, daß es wohl niemals erfolgreich sein könne, die Amerikaner zu einer anderen Automobilkultur zu ›bekehren‹. Chrysler soll, so die machthabenden deutschen Manager, nach den gewohnten, bislang erfolgreichen Prinzipien Automobile herstellen und sich auf die eigenen Tugenden verlassen – solange dies durch wirtschaftlichen Erfolg belohnt wird. Die »Reziprozität der Perspektiven« (Schütz 1971 [1953]: 12ff.; Schütz 2003 [1955]: 152f.) als grundlegende, idealiter in jeder Kommunikationssituation präsente Unterstellung der Chance, die jeweils Anderen zu verstehen, ermöglicht im vorliegenden Fall den Deutschen, einen *strategischen Perspektivwechsel* vorzunehmen: Die deutschen Manager versetzen sich in die Wahrnehmungssituation der Amerikaner, können diese nachvollziehen, lehnen zwar deren kulturell geprägte Automobil-Ideale persönlich ab, können jedoch die Perspektive der anderen akzeptieren, falls das Resultat der Automobilproduktion bei Chrysler, das heißt der Umsatz stimmt. Konkrete Erfahrungen mit der Autoherstellung in den Staaten haben möglicherweise bei Vertretern von Daimler zunächst eine ablehnende Haltung hervorgerufen; trotzdem treffen sie die strategische Entscheidung, die Vorgehensweise bei Chrysler zu akzeptieren.

Damit zeichnet sich in diesem Zusammenhang ein Typus der interkulturellen Kommunikation ab, den man als *Koexistenz und strategische Duldung der Perspektive des Anderen* bezeichnen könnte. Die Perspektive des Anderen wird berücksichtigt, akzeptiert und kann, auch ohne geteilt zu werden, gleichzeitig neben der eigenen Perspektive erhalten bleiben. Da die Machtverhältnisse zwischen Daimler und Chrysler jedoch ungleich sind, wird diese Strategie von den Daimler-Managern zur »Kooptation« (vgl. Kap. 4.4), zur »freundlichen Umarmung« des unterlegenen Partners verwendet, der eigenständig wirtschaften darf, aber von der Daimler-Seite kontrolliert und gesteuert wird. Dementsprechend dürfen auch kulturelle Wahrnehmungsmuster trotz des Zentrum-Peripherie-Verhältnisses koexistieren – sollte jedoch das amerikanische Projekt nicht funktionieren, wird von den Deutschen eingegriffen und Kontrolle ausgeübt. Die hier gewählte Strategie kann als Ergänzung zur vertretenen Ansicht einer Unvereinbarkeit der Kulturen (vgl. Kap. 4.5) verstanden werden: Da die Kulturen im Gesamtkonzern nicht fusionieren können, muß eine Strategie gefunden werden, mit der sie gemeinsam existieren und erfolgreich Automobile produzieren können.

Konvergierende und divergierende Relevanzstrukturen

Beide an der Unternehmensfusion beteiligten Parteien verfügen über verschiedenartige, kulturell geprägte Wissensvorräte, sowohl was die Umgangsformen im Arbeitsalltag als auch was die Automobilherstellung und -handhabung betrifft. Damit einher geht, daß Daimler- und Chrysler-Mitarbeiter über unterschiedliche, aber auch sich überschneidende »Relevanzstrukturen« (Schütz/ Luckmann 2003 [1975]: 252ff.) verfügen, in welchen ihre Erfahrungen und Handlungen gründen. »Relevanzen« können durch die Anforderungen der Organisation auferlegt sein und sich mehr oder weniger auf die Motive des Handelns des einzelnen auswirken. Die kulturell geprägten Relevanzen der Daimler-Repräsentanten wurden durch deutsche Idealvorstellungen in bezug auf Ästhetik, Technik, Qualität, Prestige etc. definiert, die sich auf die entsprechenden Ansprüche an die Mercedes-Autos auswirken. Umgekehrt zeigen sich davon abweichende Relevanzen bei den Vertretern von Chrysler: Das Auto wird als Gebrauchsgegenstand mit kürzerer Dauer verstanden, wodurch die Qualität niedriger sein darf; US-amerikanische Ästhetik steht im Vordergrund etc.

Hieraus wird deutlich, daß die kulturell geprägten Relevanzsysteme der Daimler- und Chrysler-Mitarbeiter erheblich voneinander abweichen. Das wird solange nicht zum Problem, wie die gegenseitige Akzeptanz gesichert bzw. wenn erfolgreich kooptiert wird. Eine Konvergenz der Relevanzsysteme ist allerdings auf der ökonomischen Ebene feststellbar. Für die Vertreter beider Unternehmen ist der wirtschaftliche Erfolg unabdingbar und hat erste Priorität. Jede Seite kann, so gesehen, Automobile produzieren, wie sie möchte, solange die Regeln der Gewinnmaximierung erfüllt werden. Aus den Fallanalysen resultiert die Erkenntnis, daß die ökonomische Relevanz kulturübergreifend bzw. kulturinvariant ist.

5.3 Synthese: Symbolisch konstruierte Welten der Kulturen – Interkulturelle Wirklichkeiten als Bestandteil der Lebenswelt der Individuen

Aus der Kontrastierung der beiden Arbeitswelten werden nun zusammenfassend aus den Daten resultierende theoretische Überlegungen präsentiert, die aufzeigen, wie interkulturelle Kommunikation und Interkulturalität im allgemeinen im Unternehmen DaimlerChrysler funktionieren. Unter Abwägung der Unterschiede und Gemeinsamkeiten der beiden sozialen Welten kristallisierte sich im Forschungsprozeß heraus, daß »Kultur«, »kulturelle Differenz« und die verschiedenartigen, in den Arbeitsmilieus vorhandenen »Kulturen« prozeßartig in Interaktionskontexten rekonstruiert und konstruiert werden. Wie gesagt sind nationale kulturelle Zuordnungen von größter Bedeutung für die Fremd- und Selbstbeschreibung der Individuen, aber auch Regional- und Unternehmenskulturen – allesamt historisch ›gewachsene‹, interaktiv konstruierte Phänomene – stellen maßgebliche Unterscheidungsmerkmale für die Mitarbeiter im Unternehmen dar.

Der ›symbolische Überbau‹ des Unternehmens DaimlerChrysler

Gemäß der Prinzipien der Milieuanalyse (vgl. Kap. 6.2.3) wurden konkrete, interkulturelle Arbeitswelten konstituierende Orientierungs-, Handlungs- und Organisationsformen von Individuen und ihrer sozialen Umwelt für die Untersuchung in Betracht gezogen, was darauf hinausläuft, den übergeordneten symbolischen Zusammenhang (vgl. Soeffner 2000c: 170f.) der analysierten Arbeitskontexte zu verdeutlichen. Sowohl innerhalb der Automobilfabrik als auch im Bereich des internationalen Managements werden kulturelle Zuschreibungen mit der Hilfe von Symbolen konstruiert und aufrechterhalten. Die hier vertretene wissenssoziologische Position geht davon aus, daß zwischen Individuum und Gesellschaft bzw. Kollektiv eine »dialektische« Beziehung besteht (Kap. 2.2.1), das heißt, daß Individuen in ihrem Handeln und durch ihre Kommunikation Gesellschaft und Kollektivgebilde konstruieren, die dann wiederum die Sozialisation des einzelnen beeinflussen bzw. determinieren (vgl. Berger/Luckmann 1991 [1966]). Entscheidend ist in diesem Zusammenhang, daß soziale Wirklichkeit *symbolisch* konstruiert wird und daß insbesondere die für die Arbeitswelten relevanten Kollektive bzw. Kollektivvorstellungen wie die »Nation« als Idee mit den ihr jeweils zugehörigen »Nationalitäten«, Regionen wie »Schwaben«, »Bayern«, »Ostfriesland« etc., das Unternehmen »DaimlerChrysler«, die Marken »Mercedes« und »Chrysler«, die »türkische«, »italienische«, »deutsche«, »amerikanische Kultur« usw. über gemeinsam geteilte Symbole *repräsentiert* werden. Für die Mitarbeiter des Unternehmens eröffnet sich so ein gemeinsamer Horizont der Sinnorientierung auf der Basis einer facettenreichen kulturellen und auch *korporativen Symbolik*[58]. Diese stellt den Individuen ein Repertoire an Identifikationsmöglichkeiten zur Verfügung, mit welchen sie ihre persönliche Identität als Mitglieder von DaimlerChrysler mit unterschiedlichen kulturellen Zugehörigkeiten in den Arbeitswelten definieren können. Ein unternehmensspezifisches symbolisches Wissen lenkt die Wahrnehmung der einzelnen und stellt Handlungsorientierungen zur Verfügung – letztlich werden die institutionelle und die Interaktionsordnung (vgl. Kap. 5.1) über ein Netzwerk aus kollektiven Symbolen[59] ›zusammengehalten‹.

Symbole sind Zeichenformen, mit welchen außeralltägliche Erfahrungen und Ideen kommuniziert werden können; es sind Gegenstände, Gegebenheiten oder Geschehnisse innerhalb unserer alltäglichen Wirklichkeit, die als Sinnbilder funktionieren und auf eine Idee verweisen, die zu einer nicht alltäglichen Vorstellungswelt gehört (Schütz 2003 [1955]: 169). Als elementares Beispiel aus dem Forschungszusammenhang kann der Mercedes-Stern dienen, der als Symbol zum einen auf das Unternehmen verweist, vor allem aber hochwertige, sichere und zuverlässige Automobile mit hohem Prestige ›versinnbildlicht‹ und insgesamt eine außeralltägliche Welt des Luxus und Reichtums, der Profitabilität und der Mobilität repräsentiert. Der Mercedes-Stern als Emblem ist in beiden Arbeitswelten präsent und als Symbol für sämtliche Mitarbeiter relevant. Er wird an dieser Stelle deshalb zur Erläuterung der Funktionsweise von Symbolen in den Arbeitskontexten verwendet, da es sich in seinem Fall um ein besonders einfaches Beispiel handelt, das den Zugang zum Verständnis von Symbolik insgesamt eröffnen und exemplarisch aufzeigen kann, wie Individuen mit Hilfe von Kollektivsymbolik Identitäten konstruieren.

Dieses Symbol ziert als Emblem nicht nur die Autos, sondern auch die Arbeitskleidung, Büros, Fabrikwände oder das Fabrikgebäude und es ziert natürlich die Headquarters in Stuttgart. Es verbindet alle, die zum Unternehmen gehören, Arbeitgeber mit Arbeitnehmern, es bietet eine Möglichkeit der Identi-

---

58 Unter *korporativer Symbolik* sind diejenigen Symbolzusammenhänge zu verstehen, die durch die Organisation als soziales Gebilde vorgegeben werden, wie Satzungen, Organisationsprinzipien, Marken, Embleme, aber auch Richtlinien, die die Zusammenarbeit regulieren.

59 »Symbole, insbesondere diejenigen, die wir als Kollektivsymbole bezeichnen, sind die immer wieder neu zu bestätigenden Produkte und Instrumente menschlicher Arbeit *an* und *mit* den Bedingungen des Zusammenlebens in Gruppen, Gemeinschaft und Gesellschaft. In dieser Hinsicht konstituieren Kollektivsymbole das Gefühl der Gemeinschaft ebenso, wie sie deren (Kollektiv-)Bewußtsein und Fortbestehen zu sichern helfen.« (Soeffner 2000d: 200)

fikation für Arbeiter, Gewerkschafter bis hin zum ranghöchsten Manager. Darüber hinaus steht der Stern jedoch auch für ein typisch deutsches, in verschiedenen historischen Epochen – im Dritten Reich, im Nachkriegsdeutschland, im »neuen Zeitalter« der Fusion mit Chrysler – erfolgreiches Wirtschaftsunternehmen sowie die Marke Mercedes. Innerhalb der Arbeitswelten wird mit Hilfe des Symbols des Mercedes-Sterns, das von den Mitarbeitern bewußt und unbewußt wahrgenommen wird, immer wieder auf die unterschiedlichen Bedeutungsgehalte und -ebenen verwiesen, ohne daß diese konkret in der Kommunikation thematisiert werden müssen.[60] Dieses Symbol deutet für die einzelnen auf das Unternehmen hin, welchem sie als Mitarbeiter angehören, es erinnert an die Mercedes-Autos, an deren Herstellung sie beteiligt sind, und es löst möglicherweise bei ihnen ein Empfinden von Stolz sowohl auf Unternehmen und Produkte aus, aber auch davon abgeleitet auf die Nationalkultur, innerhalb welcher das Unternehmen gewachsen ist und von der sie selbst geprägt sind. Unternehmenszugehörigkeiten, »Unternehmenskultur«, die Identifikation mit Unternehmen und Marken, was gemeinhin unter ›corporate identity‹ verstanden wird, werden über eine von der Organisation zur Verfügung gestellte korporative Symbolik etabliert.

Sämtliche kulturelle Zugehörigkeiten und Identifikationen der Mitarbeiter werden durch Symbole konstruiert und auf Dauer gestellt. Symbole erfüllen eine »Sinnklammerfunktion« (Srubar 1988: 247), das heißt, sie stellen eine Brücke zwischen der Alltagswelt des Individuums und der Vorstellungswelt des entsprechenden Kollektivs her, mit welchem es sich identifiziert. Die »Nation« als Element einer politischen Wirklichkeit, in der man lebt – die spanische, griechische, US-amerikanische etc. –, existiert, wie bereits verdeutlicht werden konnte (Kap. 3.2), nur in unserer Vorstellung; sie gründet sich auf der »Idee der Nation« (Weber 1980 [1920]: 528), an welche ihre Mitglieder glauben und die für sie verbindlich ist. Die »Nation« als soziales Gebilde ist jedoch von den einzelnen nicht ›faßbar‹, und es ist für sie außerdem unmöglich, alle anderen Mitglieder zu treffen (Schütz 2003 [1955]: 195). Mit Hilfe von Symbolisierungsvorgängen wird sie als soziales Gebilde konstruiert, man redet über sie, thematisiert sie gemeinsam, sie wird über Flagge und Hymne ›versinnbildlicht‹, als Staatsgebilde bekommt sie eine Verfassung etc.

Entscheidend für die Funktionsweise von Symbolen und im vorliegenden Falle insbesondere für die kulturell geprägten Kollektivsymbole ist die Tatsache, daß außeralltägliche kulturelle oder politische Ideen, die gemeinsam geteilt werden, soziale Gebilde festlegen und *rückwirkend* das Handeln und die Kom-

60 In den Worten von Karl Jaspers wird dieses Potential der Symbole so dargestellt: »Das Symbol stiftet Gemeinschaft ohne Kommunikation.« (Jaspers 1973: 25)

munikation des einzelnen strukturieren und leiten (vgl. Schütz 2003 [1955]: 187ff.; Dreher 2003: 155ff.). Für uns alle existiert unsere »Nationalkultur«, an der wir uns orientieren, der Meister aus Italien im Rohbau bei Daimler empfindet »Nationalstolz«, wenn seine Fußball-Nationalmannschaft gewinnt – ähnliches gilt für die mit der Organisation in Verbindung stehenden korporativen Zugehörigkeiten. Letztlich dienen die Symbole dazu, Kollektive als solche überhaupt erst ins Leben zu rufen, deren Zusammenhalt zu sichern und für ihre Beständigkeit zu sorgen.

Symbolische Konstruktion der kulturellen Differenz bei DaimlerChrysler

Die von den Informanten im empirischen Feld zum Ausdruck gebrachten Merkmale für Kultur bzw. die für sie relevanten kulturellen Zugehörigkeiten werden durch Symbolisierungsvorgänge herausgebildet und reproduziert. In den Interaktionszusammenhängen der Arbeitswelten werden die symbolisch etablierten Kulturzugehörigkeiten in Spiegelungsprozessen zwischen den Individuen objektiviert und aktiviert. Auf diese Weise werden sie zu Kategorien der Selbst- und Fremdwahrnehmung der Mitarbeiter. Als Vorstellungswelt unter dem ›Dach‹ der Organisation hat sich ein Symbolzusammenhang entwickelt, in dem ein für die Mitarbeiter relevantes Repertoire an kulturellen Symbolen die Interaktionsvorgänge strukturiert und insbesondere für den Zusammenhalt der Kollektivgebilde sorgt: Bei den beiden Partnerunternehmen Daimler und Chrysler handelt es sich um traditionelle Konzerne, die für ihre Mitglieder entscheidende, identitätsstiftende Bedeutungen geschaffen haben. Beide Konzerne, unabhängig voneinander betrachtet, verkörpern eine spezifische Automobiltradition, haben bedeutende Automobiltypen hervorgebracht, die in der Erinnerung der Menschen verbleiben, man kann auf eine Rennsportvergangenheit zurückschauen – all diese Errungenschaften definieren auch zum heutigen Zeitpunkt die beiden klassischen Autohersteller. Ein Indiz dafür, daß jedes der beiden Unternehmen in der Lage war, symbolisch einen Zusammenhalt zu konstruieren, besteht in einer ausgeprägten Unternehmenskultur, die den Daten zufolge auf beiden Seiten existiert. Die Mitarbeiter identifizieren sich jeweils entweder mit Daimler oder mit Chrysler.

Ein völlig anderes Bild zeigt sich auf der Ebene des Gesamtunternehmens: Der Weltkonzern bietet offenkundig kaum Identifikationspotential. Daimler-Mitarbeiter fühlen sich vor allem mit ihrem Unternehmen verbunden und distanzieren sich vom Chrysler-Konzern. Insofern haben, wie erwähnt, zahlreiche der Daimler-Mitarbeiter Schwierigkeiten damit, sich mit DaimlerChrysler zu identifizieren, insbesondere deshalb, weil Qualität und Design sowie die Methoden der amerikanischen Automobilproduktion im Prinzip abgelehnt werden. Auch den Chrysler-Repräsentanten fällt es schwer, sich als Teil des Gesamtkonzerns wahrzunehmen, da der momentane ökonomische Mißerfolg ihres Unternehmens öffentlich kritisiert wird und sie als Expatriates in Deutschland vor allem im technischen Bereich der Automobilproduktion Ressentiments zu spüren bekommen.

Die Führungseliten sowie Angestellte und Arbeiter von DaimlerChrysler konnten bisher noch keine symbolische Welt erschaffen, die es den Menschen ermöglicht, sich mit dem Gesamtkonzern zu identifizieren. Mit anderen Worten: Die einzelnen Mitarbeiter greifen für die Herausbildung ihrer persönlichen Identität (Luckmann 1980) nur flüchtig auf die Vorstellung des Kollektivgebildes DaimlerChrysler zurück; sie fühlen sich noch nicht als Bestandteil dieser mit der Fusionierung neu geschaffenen sozialen Entität. Konkrete Errungenschaften, die für die Mitarbeiter den Erfolg des Weltkonzerns symbolisieren können, sind aus der Perspektive der Informanten bisher kaum erkennbar. Daß die DaimlerChrysler-Aktie kontinuierlich unterbewertet wird, wie von seiten des Konzerns argumentiert wird, spiegelt dessen Wahrnehmung durch seine Mitarbeiter. Die an der Herstellung des ausgesprochen erfolgreichen Mercedes-Produktes beteiligten Daimler-Mitarbeiter können sich nach wie vor mit ihrem Unternehmen in einer Abgrenzung zum amerikanischen Konzern identifizieren. Sie können beispielsweise nach wie vor stolz sein auf die – zum Zeitpunkt der Untersuchung – aktuellen Formel Eins-Erfolge ihrer *Silberpfeile*, mit denen Chrysler, so könnte argumentiert werden, nicht besonders viel zu tun hat.

Entscheidende Relevanz der nationalen Symbolik

Abgesehen vom Bereich der »Unternehmenskultur«, in welchem die Bezugnahme auf die von der Organisation zur Verfügung gestellte Kollektivsymbolik zentral ist, kommt der jeweiligen nationalen Symbolik, auf welche die Mitarbeiter identifikatorisch Bezug nehmen, in den analysierten Interaktionskontexten die größte Bedeutung zu. Die »Nationalität« ist das kulturelle Merkmal, das die stärkste Wirkung dann entfaltet, wenn Individuen »partizipativ« ihre persönliche Identität konstruieren (Hahn 2000: 13ff.). Die »Nationalität« ist die Eigenschaft, die einen hervorgehobenen Aspekt der persönlichen Identität des einzelnen bestimmt: Dies unterstreicht die aus den Daten resultierende Kategorie der »Primordialität des Nationalgefühls« (vgl. Kap. 4.2), das von den Interagierenden als emotionaler Wert nicht mehr hinterfragt wird. Eine besonders ausgeprägte Identifikation mit ihrer Nation ist bei den US-Amerikanern, Deutschen, Italienern, Türken, Griechen, bei nahezu sämtlichen nationalkulturellen Gruppierungen festzustellen. Die einheitsstiftende, verbindende symbolische Wirkung der »Idee der Nation« (Weber 2001 [1920]: 240-247; Weber 1980 [1920]: 527-530) für die Mitarbeiter ist von größerer Bedeutung als die Vorstellung von Ethnizität, obwohl als Ausnahme im Denken der Individuen die Zugehörigkeit zur »deutschen Nation« nach wie vor über den Abstammungsgedanken hergeleitet wird.

Für die Arbeitswelt des internationalen Managements ist die spezifische Dynamik kennzeichnend, mit der nationale und korporative bzw. unternehmenskulturelle Symbolik eng miteinander verbunden sind, das heißt, daß sowohl Daimler als auch Chrysler unabhängig von einer nationalen Kultur und Geschichte als symbolisiertes Kollektivgebilde nicht zu denken sind. Das Unternehmen Daimler und die Marke Mercedes repräsentieren symbolisch die deutsche Nation, den wirtschaftlichen Erfolg, das Prestige Deutschlands, was von den zugehörigen Mitarbeitern auch so empfunden wird. Genauso symbolisiert das Unternehmen Chrysler nicht nur seine US-amerikanische Nation, sondern auch den American Way of Life bzw. den American Dream. Diese historisch gewachsene Symbolbeziehung bleibt normalerweise auch erhalten, so kann abgeleitet werden, wenn die Unternehmen von Krisen geschüttelt werden, wobei bestimmte Grenzen des andauernden Mißerfolgs natürlich nicht überschritten werden dürfen.

Individuelle Aktivierung kultureller Identifikation – Kritik poststrukturalistischer Kulturverständnisse

Für eine Beschreibung der Identifikation der individuellen Mitarbeiter mit Unternehmen und Nation ist besonders wichtig, daß nicht nur die erwähnten allgemeinen symbolischen Bedeutungen ihrer Zugehörigkeit zu einer Nation, zu Daimler, zu Chrysler etc. in Betracht gezogen werden dürfen. Gleichzeitig wurde in der vorliegenden Studie herausgearbeitet, welche Relevanz die entsprechende Symbolik für das jeweilige Individuum hat. So versucht beispielsweise eine bestimmte Regierung, die politische Elite einer Nation oder auch ein Unternehmen wie Daimler-Chrysler eine spezifische Symbolik an die Bürger oder Mitarbeiter zu vermitteln bzw. ›aufzuoktroyieren‹. Dabei ist jedoch noch lange nicht gewährleistet, daß die vom Kollektiv zur Verfügung gestellte Symbolik – zum Beispiel die des neu geschaffenen DaimlerChrysler-Komplexes – auch von den einzelnen akzeptiert wird und bei ihnen eine identitätsstiftende Wirkung erzielt. Die ›objektiven‹, allen bekannten Bedeutungsgehalte einer bestimmten Kollektivsymbolik müssen immer auf ihre subjektive Relevanz für die Individuen (Dreher/Figueroa 2004: 3-5; vgl. Freud 2000: 117-125) zurückgeführt werden; es ging darum herauszufinden, welche symbolischen Zuschreibungen für die Mitarbeiter ›auferlegt‹ bzw. ›selbst gewählt‹ sind.

Dementsprechend kristallisierten sich als Momentaufnahme in den sich prozeßhaft entwickelnden Interaktionszusammenhängen der beiden Arbeitswelten die jeweiligen für die einzelnen subjektiv relevanten kulturellen Symboliken heraus: Für beide soziale Welten ist die Identifikation der Individuen mit ihrer Nation charakteristisch, die je nach Vertrautheit zum kulturell Anderen aktiviert wird und somit für die gegenseitige Wahrnehmung der Mitarbeiter eine Rolle spielt; bei der Identifikation mit den Unternehmen verhält es sich – wie erwähnt – entsprechend anders. Diese Erkenntnisse veranschaulichen, daß poststrukturalistische Kulturtheorien bzw. Überlegungen zur Interkulturalität (vgl. Kap. 2.2.2) zu kurz greifen, da sie in einer folgenschweren Distanz zu konkreten empirischen Sachverhalten argumentieren und das handelnde und interagierende Subjekt ignorieren. Es zeigt sich, daß kulturelle Differenz nicht nur in Diskursen produziert und reproduziert, sondern in der konkreten Begegnung der Individuen in den Arbeitszusammenhängen prozeßhaft immer wieder neu hergestellt wird. Dies geschieht durch die partizipative Identifikation des einzelnen mit den material festgelegten »Kulturen«, die – wie beschrieben – über Symbole repräsentiert werden, in spezifischen Interaktionssituationen ihre Bedeutung erlangen und für die Mitarbeiter relevant werden.[61]

Deshalb ist gerade nicht »der Gestus der Kultur immer einer des Vermischens« (Nancy 1993: 6), sondern »Kultur«, das heißt die jeweilige kulturelle Identifikation, wird von den Handlungssubjekten in der konkreten Begegnung mit dem Anderen zur Differenzierung verwendet bzw. vernachlässigt, wobei der einzelne zwischen unterschiedlichen kulturellen Symbolwelten variieren kann. »Kultur« ist nicht, wie eine semiotische Sichtweise nahelegt, »immer schon multikulturell« (vgl. ebd.), sondern von den Individuen wird viel eher eine Einheitlichkeit der Kultur unterstellt, auf welche in konkreten Handlungssituationen der Begegnung mit dem Anderen Bezug genommen werden kann. Innerhalb der Kultur ist so gesehen auch nicht eine »Anerkennung des kulturellen ›Un-eins-Seins‹« verankert (Düttmann 1997: 144); von den Individuen wird hingegen die ›kulturell andere‹ Person, die sich mit unterschiedlichen kulturellen Kollektivvorstellungen identifiziert, entweder anerkannt oder eben nicht. Entscheidend ist dafür immer eine Kombination aus der subjektiven

61 Dieser Zusammenhang wird von Ilja Srubar durch eine von Wittgenstein inspirierte Argumentation verdeutlicht: »Die gleichen Mechanismen, durch die alle Kulturformen hervorgebracht werden (Identität), bewirken auch ihre Andersartigkeit (Differenz). [...] Die Praktiken, mit deren Hilfe Menschen eine Situation, ein Sprachspiel hervorbringen und diejenigen, durch welche diese Situation/das Sprachspiel verstehen, sind die gleichen.« Daraus wird abgeleitet, »daß die menschliche Aktivität, in der die Produktion und die Ausdifferenzierung von Kulturformen verankert sind, auch immer objektivierte Praktiken mitführt, die den Kulturformen einerseits Sinn verleihen, und sie andererseits auch gegenseitig verstehbar machen.« (Srubar 2004: 4; vgl. auch Srubar 2003)

Identifikation mit einer bestimmten Kultur und der Fremdzuschreibung, mit welcher das Individuum in der Begegnung mit dem Anderen konfrontiert wird.

Nicht zuletzt können poststrukturalistische Überlegungen, die sich dem Problem der Interkulturalität ausschließlich auf der Diskursebene annähern, Fremdheitskonstruktionen nicht erfassen, die aus der konkreten Begegnung mit solchen Personen resultieren, welche sich durch ihr Äußeres unterscheiden (vgl. Kap. 3.3). Kulturelle Differenz wird häufig am Aussehen des Anderen festgemacht, wobei die Leiblichkeit des anderen Individuums in der Interaktion innerhalb der face-to-face-Situation zur Geltung kommt und in die symbolische Konstruktion der kulturellen Differenz mit einfließt. Das Anderssein des jeweiligen Mitarbeiters wird immer über die gegenseitige Wahrnehmung in den Interaktionskontexten konstituiert.

Wider die Vorstellung der kulturellen Vermischung

Zusammenfassend erweist sich für die Analyse des Phänomens der Interkulturalität im Automobilunternehmen die Erkenntnis als besonders relevant, daß individuelle Akteure als ›Träger‹ der Kultur betrachtet werden müssen, und zwar immer innerhalb des dialektischen Zusammenhangs zwischen Individuum und Kollektiv/Gesellschaft (Berger/Luckmann 1991 [1966]). Die Funktionszusammenhänge allein, die für die Organisation als zweckrational strukturiertes System entscheidend sind, reichen nicht aus, um das Handeln von Menschen innerhalb der Organisation – bei DaimlerChrysler – zu erklären. Auch kulturelle Zugehörigkeiten, die hier über die persönliche Identifikation mit der jeweiligen Nation und dem jeweiligen Unternehmen bestimmt werden, konstituieren für die Mitarbeiter eine Wertbeziehung, nach welcher sich das Handeln im Arbeitsalltag ausrichtet. Diese kulturellen Zuschreibungen werden, wie gezeigt werden konnte, über kulturelle Symbole repräsentiert und aufrechterhalten – in diesem Sinne müssen Institutionen und auch formale Organisationen, wie beispielsweise Unternehmen, als symbolische Formen beschrieben werden, die von denen, die in ihnen arbeiten, auch als solche verstanden werden (Soeffner 2000a: 322ff.). Die in den interkulturellen Arbeitswelten sich abzeichnenden Identitätskonstruktionen sind somit entscheidend vom Faktor »Kultur« abhängig, der die Handlungsentscheidungen der Mitarbeiter mit beeinflussen kann.

Die nationalkulturelle Zugehörigkeit[62] der DaimlerChrysler-Mitarbeiter sowie deren Identifikation mit den Konzernen Daimler und Chrysler und den entsprechenden Marken sind derart symbolisch ›gefestigt‹, daß eine »Vermischung der Kulturen« – wie sie in der Idee des Merger der Unternehmen impliziert wird – sich als unmöglich erweist, zumindest solange die Idee, wie gegenwärtig der Fall, ein künstliches Abstraktum in der Vorstellungswelt der Individuen ist. Auch in der ›gewachsenen‹ interkulturellen Arbeitswelt der Automobilfabrik bleiben nationalkulturelle Differenzierungen wirksam – die gegenseitige Wahrnehmung wird über die nationalen Kategorien entscheidend mitbestimmt.

Insbesondere aufgrund der über die entsprechende »Unternehmenskultur« symbolisch konstruierten Zugehörigkeit zu Daimler und zu Chrysler, die jeweils in einer Relation zur Nationalkultur steht, wird die im unternehmensinternen und auch im Management-Diskurs propagierte Idee der »Verschmelzung der Kulturen« ad absurdum geführt. Daimler bzw. Mercedes und Deutschland und auf der anderen Seite Chrysler und die USA stehen in den Vorstellungswelten der Angestellten und Arbeiter in einem symbolischen Zusammenhang, der mit der Verwirklichung der Unternehmensfusion nicht aufgebrochen werden kann. Aufgrund der symbolisch etablierten kulturellen Differenzen kann es zu Kommunikationsstörungen kommen, abhängig davon, ob ›zwischen den Kulturen‹ ein gemeinsam geteilter Wissensvorrat, ein interkulturelles Wissensrepertoire mit Strategien des Umgangs mit dem ›kulturell Anderen‹ noch kommunikativ konstruiert werden muß bzw. bereits vorhanden ist. Die kulturell Fremden können niemals vollständig verstanden werden, wobei gleichzeitig in Prozessen der »Nostrifizierung« in den Arbeitskontexten eine Annäherung an die Fremden erreicht wird. Dementsprechend repräsentiert in den analysierten Interaktionszusammenhängen bei DaimlerChrysler die grundlegende Kategorie der »kulturellen Differenz« das beherrschende Wahrnehmungsmuster der Mitarbeiter, mit der Folge, daß den Überzeugungen der Individuen zufolge symbolische Konstruktionen kultureller Differenz nicht überwunden werden können. Der Chrysler-Expatriate, der die Aktualität der

62 Hier bestätigt sich wahrscheinlich die Vermutung, daß diejenigen Kollektivsymbole, die über das größte Potential verfügen, Widersprüche zwischen Individuen zu überwinden (vgl. Soeffner 1995b) – das beste Beispiel aus dem Forschungszusammenhang ist dafür die nationale Symbolik – zugleich auch die größte Wirkung erzielen, wenn es um die Herstellung kultureller Differenz geht. Durch nationale Symbolik werden beispielsweise ethnische oder auch Sprachbarrieren überwunden, da der nationale Zusammenhalt auf diese entsprechenden Gemeinsamkeiten nicht angewiesen ist. Je nach symbolischer Festigung der kulturellen Konstruktion können diese in Interaktionszusammenhängen für Differenzbestimmungen aktiviert werden. So wird jeweils aktuell eine gemeinsame Relevanz der kulturellen Unterschiede in den entsprechenden sozialen Welten erzeugt.

Unternehmensfusion mit ihren interkulturellen Irritationen reflektiert, drückt dies in einer normativen Zuspitzung wie folgt aus: »culture shouldn't merge«.

6. Anhang: Methodische Konzeption

6.1 Konzipierung der empirischen Vorgehensweise – Feldzugang

Methodologische Vorüberlegungen

Wissenssoziologischen Überlegungen zufolge wird Gesellschaft als immer schon »sinnhaftes Gebilde« aufgefaßt. »Sinn« wird dabei als eine Kategorie der subjektiven Orientierung in der Welt verstanden, wobei subjektive Bewußtseinsleistungen in Interaktion und Kommunikation objektiviert werden und sich objektive, gesellschaftliche Sinnstrukturen herausbilden, die wiederum internalisiert werden (vgl. Kap. 2.2.1). Aus einer solchen Perspektive erweist sich »Sinn« als konstitutiv für den Gegenstand der Sozialwissenschaften.

Eine Erfahrungswissenschaft muß in erster Linie Wirklichkeit in »Daten« transformieren: Wenn also »Sinn« menschliche Wirklichkeit konstituiert, muß die Methodologie der Sozialwissenschaften darauf abzielen, »Sinn« systematisch zu rekonstruieren. »Verstehen« in diesem Zusammenhang ist zunächst einmal (aber nicht nur) Datenproduktion im Rahmen der Beschreibungspraxis der Sozialwissenschaften (Luckmann 1989: 34). In Anlehnung an Weber und Schütz geht es um eine *intersubjektiv überprüfbare Rekonstruktion des typischen Sinns typischer Handlungen in einer gegebenen Gesellschaft in einer gegebenen Epoche.* Wird die Fragestellung der vorliegenden Untersuchung genauer fokussiert, so ist insbesondere der »Sinn« des Handelns von Interesse bzw. die Handlungsorientierungen, die Individuen unterschiedlicher kultureller Zugehörigkeit in konkreten Interaktionssituationen zum Ausdruck bringen.

Die Logik der »Beschreibung« in den Sozialwissenschaften ist gemäß Luckmann zweigliedrig: Zuerst müssen die für eine gegebene Kultur und Gesellschaft typischen Verständigungsformen, ihre Ethnohermeneutik, rekonstruiert werden. Die historisch objektivierten Sinnstrukturen müssen daraufhin – und das ist von entscheidender Wichtigkeit – in eine alle Teilkulturen, Gesamtkulturen und Epochen übergreifende ›universale‹ menschliche Hermeneutik übersetzt werden (Luckmann 1989: 35). Nur so können Vergleiche (von

Kulturen), die über bloße Oberflächenerscheinungen hinausreichen, mit wissenschaftlichem Anspruch durchgeführt werden.[63]

Dies soll als Plädoyer für *soziologische Deutungen* verstanden werden, die auf genauen Beobachtungen und Beschreibungen beruhen. Der daraus folgende Fokus auf größere, mittlere, kleinere oder auch ›kleinste‹ Handlungszusammenhänge ist für Luckmann der Betrachtung von weltgeschichtlichen Entwürfen und ›simplen‹ Handlungstheorien vorzuziehen. Soziologische Deutungen müssen davon ausgehen, daß es einen rekonstruierbaren Zusammenhang zwischen den Typen subjektiven Handlungssinns, den kommunikativen Objektivierungen des Handlungssinns und deren sozialkulturellen ›Sitz im Leben‹ gibt (Luckmann 1989: 36). So gesehen geht es Luckmann um eine Analyse der Beziehung zwischen Kultur und Gesellschaft in bezug auf den »mittleren« Bereich des sinnhaften Aufbaus der sozialen Welt.

Während Luckmann an diesem Punkt seiner Argumentation systematisch auf die Analyse kommunikativer Gattungen[64] überleitet, konzentriert sich davon abweichend diese Forschungsarbeit zum einen auf die Untersuchung typischer kulturell geprägter Wahrnehmungsmuster im Sinne einer Ethnohermeneutik, zum anderen werden, darüber hinausreichend, *interkulturelle* Interaktionsmuster, die für die Arbeitsmilieus und -welten spezifisch sind, herausgearbeitet. Darüber hinaus besteht eine Zielsetzung darin, grundsätzliche Muster der interkulturellen Begegnung, Interaktion, der Wahrnehmung des Fremden, des Anderen etc. ›aufzudecken‹.

Wenn kommunikative Gesamtmuster als Bestandteile des gesellschaftlichen Wissensvorrats vorliegen und in ihrer Typik erkennbar sind, können diese als kommunikative Gattungen bezeichnet werden. Kommunikative Gattungen sind strukturanalog zu gesellschaftlichen Institutionen (Berger/Luckmann 1991 [1966]: 49ff.), welche als »Lösungen« für allgemeine Probleme gesellschaftlichen Lebens verstanden werden können, »Lösungen« von spezifisch *kommunikativen* Problemen. Diese variieren von Gesellschaft zu Gesellschaft und von Epoche zu Epoche. Entsprechend können in interkulturellen Zusammenhängen sich abzeichnende Interaktionsmuster als »Lösungen« für spezifische Probleme der Interkulturalität funktionieren und so beispielsweise Antworten auf den Umgang mit Fremdheit sein.

63 Hier deutet Luckmann das Programm einer »Protosoziologie« bzw. »universalen« phänomenologisch begründeten Hermeneutik an, deren Zielsetzung für vorliegendes Forschungsprogramm jedoch nicht im Mittelpunkt steht.

64 Bei *kommunikativen Gattungen* handelt es sich um Entwürfe aus dem kommunikativen Gesamtmuster einer Gesellschaft. Dieses Repertoire bestimmt die Auswahl der Elemente aus dem kommunikativen »Code« dieser Gesellschaft: Der Verlauf einer Handlung ist hinsichtlich dieser Elemente von den Mit- und Gegenhandelnden gut voraussagbar.

Für die Durchführung einer hermeneutischen Sequenzanalyse (vgl. unten, Kap. 6.2.2), die für diese Studie zur Anwendung gelangt, ist die Berücksichtigung der sich in den Texten widerspiegelnden sprachlichen Gattungen erforderlich. Innerhalb eines Gesprächsverlaufs ist es etwa von zentraler Bedeutung, ob eine Äußerung beispielsweise im Kontext der Einleitung oder aber eines theoretischen Exkurses des Sprechers erfolgt. Sprachstrukturell vorgegebene Gattungen ›zwingen‹ den Sprecher, seine Äußerung in einer festgelegten Form zu vollziehen; Moralisierungen, Vorwürfe oder Geständnisse etwa werden immer in einer solchen, über Sozialisation angeeigneten sprachlichen Form vermittelt. Wenn die Sequenzanalyse die entsprechende Gattung einer Textpassage für die Interpretation mit berücksichtigt, gilt das Augenmerk besonders den Abweichungen von den strukturellen Vorgaben der Gattung. Durch sie lassen sich Inkonsistenzen innerhalb einer Äußerung erschließen, sinnhafte ›Brüche‹, die für die Auswahl und Interpretation der sequenzanalytisch zu analysierenden Textstelle relevant sind.[65]

Methodisches Design der Forschungsarbeit – ›eine für den Feldzugang und die Daten adäquate Methodenkombination‹

Die Erhebung und Auswertung der Daten für diese Studie erfolgte durch verschiedene Methoden der qualitativen Sozialforschung. Für die Untersuchung der zwei entwickelten Ebenen – der subjektiven Wahrnehmung und der Interaktion (vgl. Kap. 2.3) – wurden die Daten gewonnen einmal über die Durchführung *narrativer Interviews*, darüber hinaus über die Aufzeichnung *quasinatürlicher Gespräche* sowie über *ethnographische Methoden*, das heißt *teilnehmende Beobachtung*.

1) Die Analyse der Wahrnehmung der Individuen, ihrer subjektiven Sinnwelten wurde vermittels der Erhebung der Daten über narrative Interviews in Anlehnung an die Konzeption von Fritz Schütze (1977; 1983) durchgeführt (vgl. auch Franzosi 1998). In diesen Interviews gibt der Forscher keine Antworten vor, statt dessen wird eine offene Fragestellung präsentiert, damit die Interviewten bei der Formulierung ihrer Erfahrungen, Ansichten und Re-

65 Die Feststellung von Gattungen erfolgt über die Methode des *Vergleichs*, wobei der Ablauf von unterschiedlichen Gesprächen auf Ähnlichkeiten und Verfestigungen von Erzählformen untersucht wird. Gleichförmige Abläufe von Äußerungen lassen auf das Vorhandensein von Sprachgattungen schließen – sie weisen darauf hin, inwiefern der Sprecher in seinen Formulierungen strukturell an sprachliche Muster gebunden ist. Für die Sequenzanalyse sind Abweichungen von den Vorgaben der Gattung von Bedeutung; die *Differenz* zu den ermittelten »Ähnlichkeiten« läßt auf Inkonsistenzen und Brüche schließen, die für die Sequenzanalyse zentral ist, da sie auf die Ermittlung von Idiosynkrasien abzielt.

flexionen weitgehend frei sind. Dadurch sollen die subjektiven Relevanzen der Befragten – im zu analysierenden Fall der Arbeiter bzw. Angestellten unterschiedlicher kultureller Herkunft – unverstellt zur Geltung kommen können. Auf dieser Grundlage erweisen sich narrative Interviews als geeignete Instrumente, um die Sinnwelten einzelner Handelnder zu erfassen und um die Typisierungen, aufgrund derer die Wahrnehmung des Anderen erfolgt, zu erschließen. Die Interviewpartnerinnen und -partner sollten möglichst frei über ihre Erfahrungen und für sie relevante Ereignisse in bezug auf den Themenbereich Interkulturalität berichten, wobei ihre Argumentationen, Begründungen, Motivbeschreibungen und Problemreflexionen von besonderem Interesse für diese Studie sind.

2) Die Datenerhebung für die Analyse der Interaktion bzw. interkulturellen Kommunikation erfolgte ebenfalls durch narrative Interviews, soweit die jeweiligen Situationen interkultureller Verständigung von den Interviewpartnern thematisiert wurden. Eine ›direkte‹ Untersuchung dieser Situationen war über die Aufzeichnung quasi-natürlicher Gespräche möglich. Um solche Gespräche ›einzufangen‹, wurde die Thematik an bestimmten, interkulturell geprägten Arbeitsplätzen zunächst sozusagen induziert, damit sich daraufhin die entstehende Diskussion frei entwickeln konnte – eine Vorgehensweise der Datenerhebung, die allerdings nur sehr selten möglich war. Des weiteren wurden Daten über ethnographische Methoden (Schwartzman 1993), das heißt durch teilnehmende Beobachtung (Friedrichs 1980: 288-290) am Arbeitsplatz – innerhalb der Fabrikhallen, Büroräume, Besprechungszimmer –, in Aufenthaltsräumen usw. gewonnen. Die so ermittelten Daten geben Aufschluß über die situativen Deutungen der Interagierenden. In institutionell geregelten Sozialbeziehungen ist der Forscher an der Entschlüsselung von Alltagsregeln oder der Entwicklungslogik der Kommunikation interessiert, wobei die Kommunikationssituationen mittels »extensiver Sinnauslegung« analysiert werden sollen (Wieder 1974).

Die Auswertung und Interpretation wurde mit Bezug auf beide Perspektiven mit Hilfe der Grounded Theory, Sozialwissenschaftlichen Hermeneutik und Milieuanalyse vorgenommen.[66] Die gewählte Methodenkombination wurde entsprechend dem besonderen Feldzugang konzipiert, um der Beschaffenheit des Datenmaterials, welches zur Verfügung stand, gerecht werden zu können. Die vorliegende Studie wurde *nicht* im Auftrag der Firma Daimler-

66 Die Darstellung des methodischen Vorgehens des Dissertationsprojekts wird deswegen sehr ausführlich gestaltet, um deutlich machen zu können, daß *aus den Daten heraus* eine spezielle Theorie entwickelt wird, die die Phänomene »Wahrnehmung« und »Interaktion« in einem interkulturellen Milieu zu beschreiben in der Lage ist. Diese Art der empirischen Vorgehensweise schließt die Formulierung von Hypothesen von vornherein aus.

Chrysler durchgeführt; als unabhängiger Wissenschaftler der Universität Konstanz konnte ich mir den Zugang zu einzelnen interkulturellen Arbeitswelten innerhalb des Unternehmens eigenständig erschließen. Diese Unabhängigkeit vom Unternehmen brachte den entscheidenden Vorteil mit sich, daß ich – weil ich nicht als Repräsentant des Unternehmens auftrat – die Offenheit und das Vertrauen der Interviewpartner viel leichter gewinnen konnte, egal auf welcher Ebene der Arbeitshierarchie die Interviews durchgeführt bzw. quasi-natürliche Gespräche aufgezeichnet wurden.

Für die Interpretation der *Handlungsmotive* von Individuen innerhalb von interkulturellen Interaktionszusammenhängen und um herauszufinden, ob und inwiefern die Motive mit »Kultur« in Verbindung stehen, können ethnographische Beobachtungen nur dann als Datengrundlage dienen, wenn der Forscher selbst Teil des zu analysierenden Milieus ist. In seinen Überlegungen zur »Wir-Beziehung« wird diese Problematik von Schütz folgendermaßen formuliert:

> »Besitzt der Beobachter jedoch überhaupt keine oder nicht hinreichende Erfahrungen von dem zu beobachtenden Du, dann bleibt ihm zur Ergründung seiner Um-zu-Motive nur der Rückschluß vom tatsächlichen Effekt der Handlung auf das Um-zu-Motiv des Handelns [...]. Je weiter die Interpretation vom lebendigen Zusammenhang des Wir abzurücken genötigt ist, um so fragwürdiger wird, ob, was als fraglos dargestellt wird, auch tatsächlich der Fall ist.« (Schütz 1993 [1932]: 243f.)

Gerade narrative Interviews und quasi-natürliche Gespräche, so soll an dieser Stelle angenommen werden, sind besonders für die Rekonstruktion von Handlungsmotiven geeignet, insbesondere dann, wenn die hier präsentierte Methodenkombination zu Anwendung gelangt.

Methodische Erfassung der zwei Perspektiven

Im folgenden wird erläutert, wie im Rahmen der empirischen Untersuchung ein angemessener Zugang zu den zwei mit der theoretischen Fragestellung verbundenen Perspektiven entwickelt wird. Auf welchen Wegen erschließt sich zum einen die gegenseitige Wahrnehmung von Individuen unterschiedlicher kultureller Zugehörigkeit und zum anderen die Interaktion in interkulturellen Zusammenhängen (vgl. Kap. 2.3)?

Die Rekonstruktion der subjektiven Wahrnehmung erfolgt zum einen mit Hilfe der Grounded Theory, mit welcher gerade jene kulturell geprägten Wahrnehmungs- und Deutungsmuster, als Bestandteile des subjektiven Wissensvorrats der Individuen, in ihrer Typik erforscht werden können. Durch die Anwendung der Sequenzanalyse im Sinne einer sozialwissenschaftlichen Hermeneutik kann zum anderen fallanalytisch die Besonderheit der Wahrnehmungsstrukturierung, Handlungsmotive und Sinndeutungen einer Einzelperson rekonstruiert werden, um auf die Allgemeinheit geteilter Wissensbestände kultureller Prägung schließen zu können.

Interaktionsprozesse, -strukturen, -mechanismen etc. in interkulturellen Situationen werden in ihrer Typik ebenfalls über die Grounded Theory und Sozialwissenschaftliche Hermeneutik rekonstruiert. Darüber hinaus wird mit Hilfe der Milieuanalyse der ethnographischen und Interviewdaten die von den Interagierenden verwendete kulturelle Symbolik untersucht.

6.2 Methodenkombination aus Grounded Theory, Sozialwissenschaftlicher Hermeneutik und Milieuanalyse

6.2.1 Grounded Theory – ›in den Daten begründete Theorie mittlerer Reichweite‹

Das Analyseverfahren der Grounded Theory dient dazu, das umfangreiche Datenmaterial, bestehend aus Transkripten von narrativen Interviews und quasi-natürlichen Gesprächen mit DaimlerChrysler-Mitarbeitern unterschiedlicher kultureller Zugehörigkeit, Beobachtungsprotokollen und thematisch relevanten Veröffentlichungen von seiten des Unternehmens etc., *analytisch aufzubrechen* und die für die Interagierenden relevanten Schlüsselkonzepte bzw. Schlüsselkategorien herauszuarbeiten. Die Grounded Theory ist im Bereich der »qualitativen« oder »interpretativen« Sozialforschung anzusiedeln; folgende zentrale Merkmale weisen sie als eigenständige Methodenlehre gegenüber anderen Verfahrensweisen aus: Sie fokussiert den Fall als eigenständige Untersuchungseinheit, soziologische Interpretation wird als Kunstlehre verstanden, und darüber hinaus wird von einer Kontinuität von alltagsweltlichem und wissenschaftlichem Denken sowie der Offenheit sozialwissenschaftlicher Begriffsbildung ausgegangen (vgl. Hildenbrand 1994: 11).

Der *Fall* – bezüglich des Forschungsprojekts einzelne interkulturelle Arbeitsmilieus innerhalb der beiden kontrastierten Arbeitswelten im Automobilunternehmen DaimlerChrysler – stellt insofern eine eigenständige Untersuchungseinheit dar, als er als autonome Handlungseinheit mit eigener Geschichte begriffen wird. Wenn der einzelne Fall in seiner Eigenlogik rekonstruiert werden soll, muß er auch als solcher zur Sprache gebracht werden. Seine Rekonstruktion, die auf dem Herausfiltern von zentralen Kategorien und ihren Zusammenhängen basiert, erfolgt in theoriebildender Absicht.[67] Das Ziel der Forschungsmethode besteht darin, eine Theorie, die den untersuchten Fall erfaßt, aus den Daten heraus zu *generieren* und zu *überprüfen* (Strauss 1994: 19). Die sozialwissenschaftliche Interpretation kann insofern als *Kunstlehre* aufgefaßt werden, als das Handeln des Wissenschaftlers in bezug auf den Theoriegenerierungsprozeß in die Nähe kreativen Schaffens rückt. Einerseits steht der unvoreingenommene Blick des Wissenschaftlers im Vordergrund, andererseits ist das Gestalten von Wirklichkeit in der wissenschaftlichen oder künstlerischen Auseinandersetzung mit dieser Wirklichkeit von entscheidender Bedeutung.

Die der Grounded Theory eigene Kontinuität von alltagsweltlichem und wissenschaftlichem Denken resultiert aus der Nähe des Theoretisierens zum alltäglichen Handeln, wobei das Alltagswissen eine unverzichtbare Ressource für den wissenschaftlichen Prozeß darstellt. Die Offenheit in der sozialwissenschaftlichen Begriffsbildung folgt der Annahme, daß die Wirklichkeit im wesentlichen *prozeßhaft* ist. Auch wissenschaftliches Wissen ist von daher einem steten Wandel unterworfen, weil es auf die Prozeßhaftigkeit von Sozialität reagiert. Deshalb müssen sich die im Forschungsstil der Grounded Theory entwickelten Begriffe, Konzepte und Kategorien in jeder Untersuchung immer wieder neu für das wissenschaftliche Erschließen alltäglicher Wirklichkeit als tauglich erweisen (Hildenbrand 1994: 12-14).

The Discovery of Grounded Theory

Unter methodologischen Gesichtspunkten besteht das zentrale Prinzip der Grounded Theory darin, daß Theorie aus – in der Sozialforschung systematisch gewonnenen und analysierten – Daten heraus entwickelt wird; in diesem Sinne geht es für den Forscher nicht darum, bereits existierende Theorien zu

---

67 Diese Analyse versucht nicht, für eine Gesamtheit von Menschen, wie etwa die der Industriearbeiter des Automobilunternehmens, repräsentativ zu sein, sondern konzentriert sich vielmehr darauf, *typische* Strukturen und Muster, die beispielsweise die Fremd- und Selbstwahrnehmung der Individuen betreffen und für eine Summe von Phänomenen auch verallgemeinerbar sind, zu beschreiben bzw. zu verstehen. Es geht darum, Schlüsselbegriffe und -konzepte für den vorliegenden Fall zu bestimmen, um überhaupt erst in der Lage zu sein, die »richtigen« und für den Fall relevanten Fragen zu stellen. »Untersuchungen bauen auf anderen Untersuchungen auf, nicht in dem Sinne, daß sie da weitermachen, wo andere aufgehört haben, sondern in dem Sinne, daß sie mit besseren Kenntnissen und Begriffen noch einmal tiefer in die gleichen Dinge eintauchen.« (Geertz 1999 [1973]: 36). Es soll sozusagen durch die Erforschung der Besonderheit des Falles das Allgemeine sichtbar gemacht und konkretisiert werden.

verifizieren (Glaser/Strauss 1998: 38).[68] Die Überlegung, Wirklichkeit sei prozeßhaft zu verstehen, findet eine Entsprechung in der Prämisse, daß im Rahmen der Grounded Theory auch die Theoriegenerierung als Prozeß aufgefaßt wird.[69] Aus diesen Gründen grenzen sich Barney Glaser und Anselm Strauss von anderen (insbesondere logiko-deduktiven) Verfahren der Theoriegewinnung ab. Annahmen und Konzepte aus bereits bestehenden soziologischen Theorien sollen in ihrer Anwendung auf den neuen Fall gerade nicht anhand der empirischen Forschung überprüft und verifiziert werden, Bestätigung oder Falsifikation von Hypothesen sind für diese Vorgehensweise also irrelevant. Die ›in den Daten begründete Theorie‹ wird nicht aus logischen Annahmen abgeleitet, sondern wird im Verlauf des Forschungsprozesses aus den Daten heraus entwickelt, um dem Gegenstand gerecht werden zu können. Eine solche Grounded Theory kann niemals ein perfektes Produkt sein, sondern ist in permanenter Entwicklung begriffen (ebd.: 38-40).

Als weiteres zentrales Prinzip dieser Methode ist das der komparativen (vergleichenden) Analyse zu nennen, welche auf soziale Einheiten *jeglicher* Größe angewandt werden kann. Der Argumentation von Glaser und Strauss zufolge kann sie sowohl auf kleine als auch auf große soziale Gebilde bezogen werden, das heißt sowohl auf Individuen oder ihre Rollen, aber auch auf Nationen oder Weltgegenden. Das Verfahren umfaßt Techniken der systematischen kontrastiven Auswahl und Untersuchung verschiedener Vergleichsgruppen bzw. -fälle, deren Beschaffenheit und Zusammensetzung wiederum unterschiedlichster Ausprägung sein kann.[70]

Die Zielsetzung dieser kontrastierenden Vorgehensweise besteht in der Generierung von zwei grundlegenden Typen von Theorie: von materialer (substantieller) und formaler Theorie. Als »material« werden Theorien bezeichnet, die für ein spezifisches Sachgebiet oder empirisches Feld der Sozialforschung, wie beispielsweise die Berufsausbildung, die Delinquenz in Großstädten, bestimmte Forschungseinrichtungen oder Unternehmen, entwickelt werden. Als »formal« werden jene Theorien gekennzeichnet, die für einen konzeptuellen Bereich der Sozialforschung generiert werden, also zum Beispiel Stigmata,

68 Die Entdeckung der Grounded Theory, »The Discovery of Grounded Theory« geht auf das Jahr 1967 zurück, in welchem das amerikanische Original erschien (Glaser/Strauss 1967).

69 »Eine Theorie auf der Grundlage von Daten zu generieren, heißt, daß die meisten Hypothesen und Konzepte nicht nur aus den Daten stammen, sondern im Laufe der Forschung systematisch mit Bezug auf die Daten ausgearbeitet werden. *Theorie zu generieren ist ein Prozeß.*« (Glaser/Strauss 1998: 15)

70 Die Technik der komparativen und kontrastiven Analyse als Instrument für die Generierung von Theorie wird in Kap. 6.3 noch genauer erläutert, in welchem die Kontrastierung der beiden interkulturellen Arbeitswelten Automobilfabrik und internationales Management, die dieser Studie konzeptionell zugrunde liegt, präsentiert wird.

abweichendes Verhalten, formale Organisation, Sozialisation, Statuskongruenz, Autorität und Macht, Belohnungssysteme oder soziale Mobilität (Glaser/Strauss 1998: 42). Beide Theorietypen können im Sinne der Kategorisierungen Robert K. Mertons als »Theorien mittlerer Reichweite« (»middle range theories«) betrachtet werden (Merton 1968: 5-10), das heißt, daß sie zwischen »kleinen« Alltagstheorien und »allumfassenden Totaltheorien« anzusiedeln sind.

Sowohl materiale als auch formale Theorien müssen aus der Analyse von Daten resultieren – eine materiale, der empirischen Situation verpflichtete Theorie kann nicht durch die bloße Anwendung einiger, einer bereits etablierten formalen Theorie entnommener Ideen auf den zu analysierenden Sachbereich formuliert werden. Der Feldzugang erfolgt in der Regel, indem der zu untersuchende Bereich mit einer besonderen soziologischen Perspektive, mit einer allgemeinen Frage oder einer Problemstellung fokussiert wird. Für die vorliegende Untersuchung richtet sich dieser Fokus auf die Phänomene »Interkulturalität« und »interkulturelle Kommunikation« im Automobilunternehmen DaimlerChrysler. Im Sinne der Grounded Theory wird der fragliche Bereich ohne eine vorgefaßte Theorie untersucht, die im voraus, bevor die eigentliche Forschung beginnt, die relevanten Konzepte und Hypothesen bestimmt (Glaser/Strauss 1998: 42f.);[71] eine präzise Formulierung der Forschungsfrage ist jedoch für die Bestimmung einer Ausgangssituation ungedingt notwendig.

Die Arbeitsschritte der Grounded Theory

Zu Beginn des Forschungsablaufs (vgl. Strauss 1994: 44-50) erfolgt auf der Basis erster explorativer Annäherungen an das Feld erstens eine Reflexion über mögliche Hypothesen, Konzepte und deren Zusammenhänge – generative Fragen werden gestellt. Diese ergeben sich bei der Untersuchung des Datenmaterials unter Anwendung des Kontextwissens der Forschenden.

Wenn nun zweitens innerhalb der entdeckten bzw. entwickelten Konzepte[72] erste, vorläufige Zusammenhänge hergestellt werden, das heißt bei-

---

71 Der in Kap. 2. entwickelte theoretische Rahmen dieser Studie erleichtert die Fokussierung der Fragestellung und des Forschungsgegenstands. Bezüglich der Datenanalyse mit Hilfe der Grounded Theory fließen die zu Beginn ohne empirische Grundlagen theoretisch entwickelten Begriffe jedoch nicht in die Theoriebildung mit ein, sie dienen aber auf einer fortgeschrittenen Stufe der Forschungsarbeit der Konfrontation mit der feldspezifisch entwickelten materialen Theorie. »Es ist eine wirksame und sinnvolle Strategie, die Literatur über Theorie und Tatbestände des untersuchten Feldes zunächst buchstäblich zu ignorieren, um sicherzustellen, daß das Hervortreten von Kategorien nicht durch eher anderen Fragen angemessene Konzepte kontaminiert wird.« (Glaser/Strauss 1998: 47)

72 Diese sensibilisierenden Konzepte sind als Leitideen Ausgangspunkt der Forschung und haben den Charakter von offenen Fragen (»Was geht hier vor?«) (Böhm 2000: 476).

spielsweise zentrale Begriffe herausgefiltert werden, wie sie von den Interviewpartnern mit Bezug auf Interkulturalität an deren Arbeitsplatz benannt werden, dann beginnt sich mit diesem Vorgang des Kodierens eine konzeptuell dichte Theorie abzuzeichnen.

Die Theorie wird drittens nicht nur einfach entdeckt, sondern auch *verifiziert*, wenn die vorläufigen Zusammenhänge in den danach folgenden Forschungsphasen an neuen Daten und durch neues Kodieren überprüft werden.

Viertens muß das Kodieren, also das Herauslösen bzw. Festlegen zentraler Begriffe oder Konzepte, immer mehr verfeinert werden und mit der Untersuchung und Erhebung neuer Daten eng verbunden sein.

Nun folgt fünftens der Vorgang der Integration, bei welchem die Dimensionen derjenigen Kategorien festgestellt werden, die die größte Bedeutung haben und den Kern der entstehenden Theorie darstellen; dies geschieht auch, indem Zusammenhänge mit anderen Kategorien oder Differenzen zwischen ihnen beschrieben werden. Dabei lassen sich eine oder mehrere Schlüsselkategorien bestimmen, die alle übrigen Kategorien zusammenhalten und miteinander verknüpfen.

Sechstens werden die theoretischen Gedanken weiter entwickelt und mit Hilfe von Theorie-Memos kontinuierlich in einen Zusammenhang gebracht und ausgebaut. Bei diesen Memos handelt es sich um Berichte, in denen der Forscher theoretische Fragen, Hypothesen usw. festhält; das Erstellen der Theorie-Memos ist ein notwendiges Vorgehen, mit dem Kodierergebnisse aktualisiert und weitere Kodiervorgänge angeregt werden, wodurch nach und nach die Integration der Theorie erfolgen kann.

Von grundlegender Bedeutung ist siebtens, daß der Forscher sowohl den *temporalen* als auch den *relationalen* Aspekt der Triade der analytischen Operation, nämlich Daten erheben, Kodieren, Memoschreiben, klar erkennt und in seinem Vorgehen berücksichtigt. Die Rückkehr zu den alten Daten ist in jeder Projektphase möglich. Das Kodieren führt zu Memoschreiben und bestimmt die Suche nach neuen Daten; die Analyse der neuen Daten hat zusätzliches Kodieren und Memoschreiben zur Folge usw.

Sollte sich achtens am Ende herausstellen, daß die erreichte Integration der Kategorien, Schlüsselkategorien und ihrer Zusammenhänge innerhalb der entwickelten Theorie nicht genügt, wird gegebenenfalls eine Rückkehr zu den alten Daten beziehungsweise die Erhebung von neuen Daten erforderlich. Schließlich steht das Verfassen des Forschungsberichts an, wobei dieser eine analytisch wertvolle und kreative Arbeit darstellen soll, die nicht einfach den Inhalt der Theorie-Memos wiedergibt.

Das Kodierverfahren als Quintessenz einer in den Daten begründeten Theorie

Das grundlegende Verfahren des Kodierens bedarf an dieser Stelle einer kurzen Erläuterung: Dem sogenannten »Kodierparadigma«[73] folgend, werden Daten nach der Relevanz für die Phänomene, auf die durch eine gegebene Kategorie verwiesen wird, kodiert. Der erste Vorgang innerhalb des Kodierverfahrens ist das offene Kodieren, womit das uneingeschränkte Kodieren der zur Verfügung stehenden Daten gemeint ist (Glaser 1978: 56ff.; Strauss 1994: 57ff.). Dabei werden die Daten, die zumeist als Text vorliegen, analytisch ›aufgeschlüsselt‹, indem sukzessive Konzepte entwickelt werden, die schließlich als Bausteine für ein Modell der zu generierenden, dem Fall entsprechenden Theorie dienen sollen. Insbesondere geht es um ein ›Herauslösen‹ der In-vivo-Codes, die als umgangssprachliche Deutungen der Phänomene direkt aus der Sprache des Feldes stammen, das heißt von den Produzenten des jeweiligen Textes selbst so formuliert wurden (Böhm 2000: 478). Es handelt sich bei diesen »natürlichen Begriffen«, die die Informanten in milieuspezifischen Situationen verwenden, um sogenannte »Konstruktionen erster Ordnung« (Schütz 1971 [1953]: 5ff.), die in typisierter Form Bestandteil des Alltagswissens der Individuen sind.[74] Diese Konstruktionen sind von den Begriffen bzw. Konzepten zu unterscheiden, die der Sozialwissenschaftler aus den Daten ableitet, die als »Konstruktionen zweiter Ordnung« Konstruktionen von denjenigen Konstruktionen darstellen, die im Forschungsfeld von den Handelnden selbst gebildet werden (ebd.: 7).[75]

Der zweite Schritt des Kodierverfahrens besteht im axialen Kodieren; dabei werden bestimmte, sich als besonders relevant erweisende Konzepte, die

---

73 Das Kodierparadigma leitet sozusagen explizit oder auch implizit die Kodiervorgänge an, indem nach den Kriterien der Bedingungen für bestimmte Handlungen, hinsichtlich der Interaktionen zwischen den Akteuren, in bezug auf die von den Interagierenden eingesetzten Strategien und Taktiken und auch der Konsequenzen der untersuchten Interaktionen kodiert wird (Strauss 1994: 57).

74 »Unser gesamtes Wissen von der Welt, sei es im wissenschaftlichen oder im alltäglichen Denken, enthält Konstruktionen, das heißt einen Verband von Abstraktionen, Generalisierungen, Formalisierungen und Idealisierungen, die der jeweiligen Stufe gedanklicher Organisation gemäß sind. Genau genommen gibt es nirgends so etwas wie reine und einfache Tatsachen.« (Schütz 1971 [1953]: 5)

75 »Natürliche Codes« – wie Strauss formuliert – zeichnen sich durch ihre Bildhaftigkeit und Lebendigkeit aus, da sie der Vorstellungswelt der Menschen im Feld bzw. den dort stattfindenden Kommunikationen entstammen. Sie haben deshalb eine »erhebliche analytische Kraft, weil sie von den Akteuren mit Leichtigkeit und mit ausreichend präziser Bedeutung verwendet werden« (Strauss 1994: 64). Soziologisch konstruierte Codes sind vom Forscher entwickelte Konstrukte, die aus einer Kombination seines Fachwissens und seiner Kenntnis des zu untersuchenden Forschungsfeldes resultieren, die zwar wenig ›Vorstellung‹ vermitteln, aber analytisch gesehen wertvoll sind, weil sie klar und systematisch konstruiert sind.

nun den Status von Kategorien erlangen, auf der Basis des Kodierparadigmas gezielt und besonders intensiv analysiert. Damit soll das Wissen über eine Kategorie – in diesem Moment die Achsenkategorie, die ein spezifisches Phänomen beschreibt – und ihrer Beziehungen zu anderen Kategorien und Subkategorien vermehrt werden (Strauss 1994: 63). In einem sich verdichtenden Gewebe von Konzeptualisierungen werden nun auch Verbindungen hergestellt zu derjenigen Kategorie, die schließlich als Schlüsselkategorie ausgewählt wird.

Der darauf folgende Vorgang des selektiven Kodierens beinhaltet das systematische Kodieren im Hinblick auf die sich ›herauskristallisierende‹ Schlüssel- oder Kernkategorie. Der Kodierprozeß fokussiert und begrenzt sich nun auf solche Codes, die mit dieser zentralen Kategorie in Verbindung stehen – in diesem Sinne wird die Schlüsselkategorie jetzt zur Richtschnur für das Theoretical Sampling[76] und die weitere Datenerhebung. In der Phase des selektiven Kodierens werden die analytischen bzw. theoretischen Memos verdichtet und sind in diesem Stadium geeignet, zur Integration[77] der sich aus den Daten ergebenden Theorie beizutragen (Glaser 1978: 61f.; Strauss 1994: 64f.). Wenn weitere Analysen nicht mehr zu neuen Erkenntnissen über eine Kategorie verhelfen, ist hier von einer theoretischen Sättigung die Rede.

Von wesentlicher Bedeutung ist jene »theoretische Feinfühligkeit« (»theoretical sensitivity«) des Forschers, die – Glaser zufolge – sich in bezug auf die vorliegenden Daten ergibt. Aufgrund dieser Kompetenz werde im Laufe des Analyseprozesses die sich entwickelnde Theorie immer ›dichter‹. So werde an dem sich darstellenden sozialen Prozeß immer deutlicher, wie dieser die sozialpsychologischen Probleme der Interagierenden eines bestimmten Forschungsfeldes löst. Dieser Sensibilisierungsvorgang ermöglicht, schon zu Beginn jeder Untersuchung Anhaltspunkte und Richtlinien bezüglich des Verlaufs der empirischen Analyse entstehen zu lassen. Er soll außerdem dazu dienen, Daten zu entdecken, die mit anderen qualitativen Verfahren nicht erkannt worden wären (vgl. Glaser 1978: 1ff.). Diese Sensibilisierung schärft den Fokus auf die analysierte soziale Realität – eine komplexe und prozeßhafte Realität, in der soziale Probleme immer wieder neu bewältigt werden.

---

76 Unter Theoretical Sampling versteht man das Heranziehen von Beispielen von Vorkommnissen, Ereignissen, Handlungen, Populationen usw., die mit bestimmten Kategorien in Verbindung stehen. Es wird von der sich entwickelten Theorie geleitet, wobei diese Beispiele für Vergleiche der unterschiedlichen Ausprägungen der Kategorien verwendet werden (Strauss 1994: 49). Mit dieser kontinuierlichen vergleichenden Analyse wird auch die weitere Datenerhebung angeleitet, die durch die Suche nach immer neuen Vergleichsmöglichkeiten bezüglich eines Phänomens bestimmt wird (Glaser 1978: 36ff.).

77 Mit Integration ist in diesem Zusammenhang die ständig komplexer werdende Organisation oder Formulierung von Bestandteilen der Theorie gemeint, durch welche gezielt eine sich abzeichnende Kernkategorie eingekreist wird (Strauss 1994: 49).

Die drei Verfahrensschritte der Datenerhebung, Analyse und Theoriebildung, die den Forschungsprozeß ausmachen, bauen nicht als Abfolge von Forschungsschritten aufeinander auf, sondern sind als drei dynamisch miteinander verknüpfte, parallel zu vollziehende Modi des Forschungshandelns zu verstehen (Strauss 1994: 46). Dementsprechend ergibt sich ein zyklisches Prozeßmodell, das sich durch seine Gerichtetheit auszeichnet, da in ihm eine fortwährende Überprüfung der Ergebnisse stattfindet und ein sukzessiver Erkenntnisfortschritt angestrebt wird, der in einer immer weiter ausgearbeiteten, gegenstandsbezogenen Theorie Ausdruck findet (Strübing 2002: 329f.). Dieser Forschungsverlauf gewährleistet, daß Konzepte kontinuierlich »entdeckt, ausgearbeitet und vorläufig bestätigt« (Strauss/Corbin 1996: 8) werden; er umfaßt demgemäß die zyklische Verbindung der analytischen Vorgehensweisen der Abduktion, Deduktion und Induktion und sorgt in diesem Sinne für eine Angemessenheit und Zuverlässigkeit der Forschungsergebnisse.

6.2.2 Sozialwissenschaftliche Hermeneutik – das Verfahren der Sequenzanalyse

Ergänzend zur Grounded Theory wird zur Interpretation der Interviews das Verfahren der Sozialwissenschaftlichen Hermeneutik verwendet, das versucht, die interpretativen Kompetenzen der Alltagshandelnden sowie deren typische Wahrnehmungsmuster systematisch auszuformulieren. Für jeden einzelnen Interakt – im vorliegenden Fall beispielsweise eine verschriftlichte Äußerung des Interviewten – werden verschiedene Interpretationsmöglichkeiten gesucht, die dann unter Formulierung von Ausschlußkriterien wieder fallengelassen werden können. Daraus erfolgt die hypothetische Rekonstruktion einer Handlungs- und Problemsituation; in dieser Situation bestehen jeweils objektiv mögliche Handlungs- und Bedeutungsalternativen, die dann mit den zu erschließenden fallspezifischen Bedeutungen verglichen werden sollen.[78]

Die Interpretation des konkreten Falles soll in zwei Richtungen Anspruch auf Objektivität erheben (Soeffner/Hitzler 1994: 111): erstens hinsichtlich ihrer Überprüfbarkeit, das heißt Offenlegung des Auslegungsverfahrens und des in sie eingehenden Vorwissens der Interpreten sowie ihrer Überprüfungspflicht; zweitens hinsichtlich der Analyse des sozial »objektiv« Wirksamen, also

78 Durch dieses Interpretationsverfahren kann somit überprüft werden, ob beispielsweise die Interviewten stringent argumentieren oder möglicherweise ihre Antworten auf die potentiellen Erwartungen des Interviewers hin formulieren. Jeweils unterschiedliche Möglichkeiten, ›was jemand mit einer Äußerung gemeint haben könnte‹, sollen verglichen und so die plausibelste Erklärungsmöglichkeit ausgewählt werden.

der jeweiligen, für den Fall bedeutsamen gesellschaftlichen Institutionen, deren historisch gültiger Sinn als Handlungsdeterminanten und der für den Handelnden möglicherweise verborgenen, »latenten« Sinnstruktur des Handelns (Oevermann et al. 1979: 366ff.).[79]

Dieses Interpretationsverfahren ist für die Dateninterpretation im Rahmen der Forschungsarbeit besonders deswegen geeignet, weil es durch eine künstliche Form des Verstehens auf die Erkenntnis des Typischen abzielt, und zwar sowohl auf das typische Handeln als auch das mit diesem zusammenhängende typische Wissen sowie auf das typische alltägliche Verstehen (Soeffner/Hitzler 1994: 128f.). Für die Sozialwissenschaftliche Hermeneutik ist nicht nur das Beobachten, Verstehen und Erklären des Sozialen von Bedeutung, sondern sie versucht gleichzeitig, auf das Soziale der artspezifischen, historisch sich verändernden Wahrnehmungs- und Artikulationsmuster und der Zwecke des Beobachtens, Beschreibens, Verstehens und Erklärens einzugehen. »Hermeneutik ist also sozusagen eine Datenproduktionsmethode für einen Teilbereich des Gegenstands der Sozialwissenschaften. Sie ist aber vor allem auch eine andere Form des theoretischen Zugriffs in eine spezifisch menschliche Daseinsweise, die historische.« (Luckmann 1981: 522)

Der Textbegriff, der dieser hermeneutischen Vorgehensweise zugrunde liegt, umfaßt alles, was zum Gegenstand von Deutungen gemacht werden kann, das heißt als sinnhaft postuliert und zeichenhaft repräsentiert angesehen wird, insbesondere menschliche Äußerungs-, Erscheinungs- und Darstellungsformen, also Rede, Gesten, Handlungen, Produkte, Kleidung, Bilder, Photos etc. Der universale Auslegungsanspruch der Hermeneutik läßt sich mit der Bezugnahme auf das der phänomenologisch orientierten Sozialphilosophie oder Protosoziologie entlehnte Konzept des »Milieus« erläutern, mit welchem die konkrete Umgebung eines Menschen beschrieben wird, die Gesamtheit dessen, was von ihm als auf ihn wirksam erlebt und erfaßt wird, ungeachtet der Frage nach dem, was ›objektiv‹ einwirkt (Gurwitsch 1977: 86, zitiert in: Soeffner 1982: 19). Als immer schon sich alltäglich vollziehender – und daher wissenschaftlich auch rekonstruierbarer und methodisierbarer – deutender menschlicher Zugriff auf die Welt und die menschliche Existenz in ihr ist die Hermeneutik zum einen ihrem Anspruch nach ›universal‹. Zum anderen sind aufgrund der Abhängigkeit des Deutenden, der Deutung und der Deutungsobjekte von ihrer jeweiligen Einbettung in Milieus, Geschichte, Geschichten und Deutungsgemeinschaften die jeweiligen Resultate hermeneutischer Aus-

79 »Die Spezifik des Falles, seine ›Subjektivität‹, besteht in der selektiven Konkretisierung einer der objektiv gegebenen Welten aus dem gesellschaftlichen Kosmos der objektiv möglichen. Die Interpretation rekonstruiert diese Welt, ihre Aufbauprinzipien und die interaktionsstrukturellen und historischen Gründe ihrer Wahl.« (Soeffner 1982: 18)

legung jedoch ›relativ‹ (vgl. ebd.: 20). Diese ›Relativität‹ der Ergebnisse der Interpretationen ist jedoch nicht *beliebig*; innerhalb der wissenschaftlichen Hermeneutik wird deren Gültigkeit durch kontrollierte Überprüfungsprozesse gesichert, die *intersubjektiv* vermittelbar sein müssen.

Das sequenzanalytische Interpretationsverfahren

Die wissenssoziologisch rekonstruktive Methode der Sozialwissenschaftlichen Hermeneutik besteht in der Sequenzanalyse. Die im Rahmen dieser Studie vorliegenden Texte, das heißt die Verschriftlichungen von Interviews und quasinatürlichen Gesprächen, sind Protokolle vergangener, irreversibler Interaktions- und Interpretationssequenzen. In dieser Annahme ist die Prämisse enthalten, daß die in den Transkripten dokumentierten Sequenzen einen Handlungszusammenhang repräsentieren, »innerhalb dessen die Einzeläußerungen grundsätzlich über sich selbst hinausweisen und immer den Handlungsrahmen als ganzen, als Horizont mit in Rechnung stellen« (Soeffner/Hitzler 1994: 117). Damit ergibt sich für die Interpretation, daß es innerhalb des Textes keine Äußerungen gibt, die allein ›für sich‹ interpretierbar sind. Eine Äußerung bezieht sich immer auf die vorausgehenden Äußerungen und den Handlungskontext insgesamt, auf die unmittelbar vorausgehende Äußerung, auf die erwarteten und erwartbaren Nachfolgeäußerungen, auf den Handlungs- und Sinnhorizont des Interaktionszusammenhanges als ganzem; außerdem repräsentiert und reproduziert jeder Interaktionsprozeß eine ihm zugrunde liegende spezifische Interaktionsstruktur in einer historisch konkreten Textform, in der auch die historischen Rahmenbedingungen zum Ausdruck kommen (vgl. ebd.). Interpretieren ist dabei immer die Rekonstruktion der Textbedeutung »in der Linie des Geschehens« (Dilthey, zitiert nach ebd.) – so betrachtet ist Interpretation immer Sequenzanalyse.

Die Sozialwissenschaftliche Hermeneutik ist primär als Interaktionstheorie einzustufen. Sie zielt darauf ab, den »Sinn« von Interaktionsbedingungen, Interaktionsabläufen und Interaktionsrepertoires (Muster, Strategien, Taktiken, Möglichkeiten) zu interpretieren; »Sinn« wird hierbei als ein Interaktionsprodukt verstanden. In konkreten Interaktionsabläufen ergibt sich immer notwendigerweise ein Dissens, wobei in jeder Interaktion immer auch ein prinzipieller Konsens kontrafaktisch wirksam ist. Von den Interaktionspartnern wird trotz eines manifesten aktuellen Dissenses[80] latent ein immer schon für alle

80 »Sie [die Hermeneutik, J.D.] arbeitet an Hypothesen über unser Wissen von der Welt und in der Welt und entdeckt, daß sowohl unsere Umwelt als auch unser Wissen über sie und über uns selbst hypothetisch ist. Sie rekonstruiert und konstruiert Irrtümer, um selbst die Chance

gemeinsamer Interaktionssinn – als objektiver Sinn – präsupponiert, und zwar als Basis gegenseitiger Interpretation. Dieser objektive Sinn konstituiert seinerseits die Sinnhaftigkeit der Interaktion und damit auch die Interaktion selbst – darin sind im übrigen die allgemeinen Bedingungen symbolischer Interaktion zu sehen. Außerdem werden in konkreten Interaktionsabläufen historische, sozialisatorische und individuelle (gleichfalls natürlich historische) Vorgaben strukturell wirksam (Soeffner 1989: 186f.). Die daraus resultierenden Interaktionsprodukte repräsentieren zwei Aspekte:

1) In der Interpretation kann nicht eine Individualität ›an sich‹, sondern lediglich eine in ihren Handlungen sinnhaft typisierte Individualität rekonstruiert werden. Das Eigentliche, was tatsächlich ›im Bewußtsein des Individuums‹ vorgeht, kann nicht erschlossen werden. Individualität wird nun durch die Interpretation so erfaßt, daß ein Moment der Identität in der sinnhaften Verklammerung von Einzelhandlungen und Einzeläußerungen als gegeben angenommen wird. Durch die typisierende Übernahme einer einheitlichen, monothetischen (Schütz 1993 [1932]), egologischen Perspektive wird versucht, dieses Moment der Identität nachzuzeichnen. Indem die idealisierte Perspektive des Anderen (sowohl vom Interaktionspartner als auch vom Wissenschaftler) eingenommen wird, schließen sich die Handlungen des Anderen als subjektive monothetisch zu einer Sinneinheit zusammen. Diese Sinneinheit ist es, die unterstellt und interpretierend erschlossen wird.

2) Historisch-individuelle Interpretationsprodukte repräsentieren darüber hinaus den objektiven Sinn von in der Sozialisation erworbenen Interaktionsrepertoires, das heißt von Verhaltensmustern und Handlungsplänen, deren Umsetzung Hans-Georg Soeffner als »Interaktionskonfigurationen« bezeichnet. Die Interpretation im Rahmen der Sozialwissenschaftlichen Hermeneutik soll den objektiven Sinn von Interaktionen erschließen, wobei konkrete typisierbare Interaktionskonfigurationen herausgearbeitet werden sollen. Dabei geht es um das Ausformulieren des »tacit knowledge«, desjenigen Wissens, das immer schon von den Handelnden in ihren Interaktionen eingesetzt und ›stillschweigend‹ vorausgesetzt wird (Soeffner 1989: 188f.).

Der Ausgangspunkt der Interpretation ist, wie erwähnt, die aus der ›Alltagshermeneutik‹ phänomenologisch erschlossene, idealtypische Konstruktion der egologisch-monothetischen Perspektive der Selbstdeutung von Individuen und der mit dieser verbundenen einheitlichen ›subjektiven‹ Singgebung von Interaktionsprodukten (»Identitätspostulat«). Die Analyse rekonstruiert interpretierend in der Übernahme der idealisierten Perspektive eine erstens bereits

zu eröffnen, diese Irrtümer wissentlich zu begehen und ihnen damit nicht ganz ausgeliefert zu sein.« (Soeffner 1982: 48).

im Interaktionsbeitrag typisierte, subjektive Sinnfigur einer zweitens ebenfalls typisierten Individualität. Wenn nun diese Perspektive methodisch eingenommen wird, schließen sich die Äußerungen des Sprechers als Sinneinheit zusammen, die objektiv zugänglich wird, und zwar deswegen, weil in der Rekonstruktion die strukturell vorgegebenen, objektiven Regeln der Sinnkonstitution eingesetzt werden. Im Sinne der handlungstheoretischen Überlegungen von Schütz sind die Regeln der Konstruktion und Rekonstruktion von egologisch-monothetischen Sinneinheiten repräsentiert in der Wirkungsweise von »Um-zu-« und »Weil-Motiven« (Schütz 1993 [1932]: 115ff.); damit werden konsistente Deutungs- und Selbstdeutungsmuster generiert (Soeffner 1989: 191-193).[81]

Wenn nun Um-zu- und Weil-Motive formuliert werden, kommt es zu einer Verkürzung des entfalteten Sinnhorzionts der einzelnen Äußerungen, sobald man die idealisierte Perspektive des Sprechers einnimmt. Jedes Detail der vorausgegangenen Interpretation muß sich Soeffner zufolge mit der Motivangabe widerspruchslos verrechnen lassen. Erstens sollen die manifesten Weil-Motive (Überzeugungen, Ansichten, Gründe für Handlungen etc.), zweitens die mit ihnen verbundenen, wirkenden Um-zu-Motive (von den Handelnden beschriebene Handlungsziele) ausformuliert werden, woraufhin in einem dritten Schritt die Analyse des Verknüpfungs- und Sinnzusammenhangs von Um-zu- und Weil-Motiven erfolgt. Aus monothetischer, egologischer Perspektive des idealtypisch rekonstruierten »einsamen Ich« soll eine Verklammerung der Um-zu- und Weil-Motive vorgenommen werden; beide sollen zu einem derart idealisierten subjektiven, in sich geschlossenen einheitlichen Sinn zusammengefaßt werden (Schütz 1993 [1932]: 192ff.).

Diese Rekonstruktion dieser Handlungsmotive ermöglicht zum einen für die analytische Perspektive der Wahrnehmung die Beschreibung von im subjektiven Wissensvorrat abgelagerten kulturspezifischen Wahrnehmungs- und Deutungsmustern, zum anderen können mit den hermeneutischen Verfahren bezüglich der zweiten Perspektive auch Interaktionsstrategien der Begegnung mit dem kulturell Anderen herausgearbeitet werden (vgl. Kap. 2.3).

81 Die Rekonstruktion der egologisch-monothetischen Perspektive erweist sich nur dann als sinnvoll, wenn sie für die Beantwortung der Fragestellung notwendig ist, beispielsweise für die Untersuchung biographischer Interviews. Sie soll nur dann verwendet werden, wenn überhaupt die Analyse des Individuellen, Persönlichen der befragten Personen von Interesse ist und wenn nicht (nur) auf die Rekonstruktion der in Interaktionen gemeinsam geteilten Denk- und Deutungsmuster abgezielt wird.

Auswahl von Schlüsselstellen aufgrund von Inkonsistenzen

Für die konkrete Durchführung von sequenzanalytischen Interpretationen wurden ausschließlich spezifische Schlüsselstellen – die sich zumeist während der Kodierungen im Rahmen der Grounded Theory-Analysen ergeben – aus den entsprechenden narrativen Interviews ausgewählt. Dies geschieht nach folgenden Kriterien:[82] Zum einen muß eine Textstelle bestimmt werden, in welcher die ›idealisierten‹ Vorstellungen des Sprechers bezüglich des Themas Interkulturalität bzw. interkulturelle Kommunikation im Automobilunternehmen *leitmotivisch* angesprochen werden. Diese Textpassage muß zum anderen inhaltliche Lücken oder Unbestimmtheiten, also Inkonsistenzen und Widersprüche aufweisen (vgl. Soeffner 1989: 191). Der Interpret muß die für ihn auffälligen oder von den Interagierenden – im vorliegenden Falle den Sprechern – selbst akzentuierten Inkonsistenzen als Verdeckung von Sinnkonsistenz behandeln, er muß sie als Interaktionsstörung betrachten, deren latenter Sinn auf einer noch verdeckten, zu erschließenden Sinnkonsistenzebene liegt, von der aus die Unbestimmtheitsphänomene sinnhaft produziert werden (Soeffner/Hitzler 1994: 122).

Die augenscheinlichsten Beispiele für Äußerungen mit solchen Inkonsistenzen sind Freud'sche Fehlleistungen, bei denen der Sprecher versehentlich das formuliert, was er ›eigentlich‹ denkt, obwohl er es selbst nicht offen aussprechen wollte (vgl. Freud 1996 [1954]). Eine solche Interaktionsstörung wird vom Interpreten wahrgenommen und dafür verwendet, die ›konsistente‹ Denk- und Wahrnehmungsstruktur des Sprechers bzw. die jeweils vom Sprecher unterstellte ›konsistente‹ Interaktionsstruktur nachzuzeichnen. Im Sinne von Ulrich Oevermann als Hauptvertreter einer Objektiven Hermeneutik kann gar die »objektive Struktur« des Falles, eine in einer besonderen Interaktionssituation sich verwirklichende Struktur, an unterschiedlichen Stellen eines Textes durch sequenzanalytische Interpretation rekonstruiert werden. Rein methodisch betrachtet kann so gesehen jede Sequenzanalyse an einer beliebigen Stelle des zu untersuchenden Textes ansetzen (Oevermann 1999: 81-84).[83]

---

82 Vollständige Interviewtexte bzw. längere Interviewpassagen können realistischerweise nicht sequenzanalytisch interpretiert werden, da der zeitliche Aufwand für solch ausführliche Interpretationen zu groß wäre und auch, wie noch gezeigt werden wird, keine Notwendigkeit für eine solche Vorgehensweise besteht.

83 Allerdings erweist sich der Strukturbegriff von Oevermann als nicht unproblematisch: Er nimmt an, daß Individuen aufgrund von ›objektiven‹ Bedingungen wie Alter, Geschlecht, Konfession etc. strukturell dazu ›gezwungen‹ sind, in Interaktionssituationen auf eine ganz bestimmte, durch den Kontext festgelegte Art und Weise zu handeln. In Interaktionssituationen besteht demnach für die Interagierenden eine übersituative, »objektive Struktur«, durch welche die soziale Begegnung so fixiert ist, daß nur eine bestimmte Variante des Interaktionsab-

Die für das vorliegende Forschungsprojekt durchgeführten sequenzanalytischen Falluntersuchungen dienen dementsprechend sowohl der Rekonstruktion der typisierten ›subjektiven‹ Wahrnehmung der DaimlerChrysler-Mitarbeiter unterschiedlicher kultureller Zugehörigkeit, das heißt von deren spezifischen Wahrnehmungs- und Deutungsmustern, als auch der Rekonstruktion typischer, von den Sprechern verwendeter und unterstellter interkultureller Interaktionsmuster, die sich in den Interviewsituationen widerspiegeln und in quasi-natürlichen Gesprächen abzeichnen.

Für die Analysepraxis dieser hermeneutischen Feinanalyse ist es unbedingt von Vorteil, Interpretationen in Gruppenarbeit durchzuführen, da insbesondere für die Bildung der Lesarten an bestimmten Textstellen eine Perspektivenvielfalt von Nutzen ist. Darüber hinaus ist die Tatsache, daß Mitglieder des Interpretationsteams nicht über ein Kontextwissen bezüglich des Datenmaterials verfügen und insofern nahezu unvoreingenommen an der Analyse teilnehmen können, von zentraler Bedeutung.[84]

6.2.3 Milieuanalyse – Symboliken interkultureller Arbeitsmilieus

Als Variante innerhalb der Methode und der Methodologie der Sozialwissenschaftlichen Hermeneutik ist die Milieuanalyse hervorzuheben, die im Rahmen der empirischen Ausrichtung dieser Forschungsarbeit einen besonderen Status innehat. Die empirische Milieuanalyse, die auch als Lebensweltanalyse bezeichnet wird, zielt darauf ab, die konkreten Orientierungs-, Handlungs- und Organisationsformen von Individuen in und mit ihrer Umwelt zu beschreiben und konkretes Handeln vor diesem Hintergrund zu interpretieren (Soeffner/

---

laufs gegeben ist. »Texte« als Interaktionsprodukte werden auf handlungsgenerierende latente Sinnstrukturen untersucht. In Interaktionen gilt es nun, die spezifische Struktur der Interaktionssituation nachzuvollziehen. Soeffner (1982) geht in seinen methodologischen Überlegungen davon aus, daß auf der Basis von Einzelfallanalysen allgemeine Strukturen des sozialen Handelns erforscht werden können. Dabei handelt es sich um fallübergreifende und zugleich fallgenerierende Strukturen, die in Interaktionen das Handeln der Interaktionspartner leiten. Das Problem bei dieser Annahme könnte – ähnlich wie auch bei Oevermann – darin bestehen, daß auch hier von einer übersituativen, latenten Sinnstruktur des Handelns ausgegangen wird, die unabhängig von der Interaktionssituation für die Interaktionspartner vorhanden ist. Woher stammt nun diese übersituative Struktur, wenn sie nicht erst in der Interaktion selbst generiert wird? Bezüglich des Soeffnerschen Ansatzes würde sich das Problem auflösen, wenn man annimmt, daß die latente Sinnstruktur im gemeinsamen Handlungswissen der Interagierenden repräsentiert ist.

84 Die für die vorliegende Untersuchung relevanten sequenzanalytischen Interpretationen wurden in einer Arbeitsgruppe bestehend aus Doktoranden der Fachgruppe Soziologie der Universität Konstanz gemeinsam durchgeführt.

Hitzler 1994: 107f.). Ausgehend vom erläuterten phänomenologischen Milieubegriff, der die Gesamtheit dessen umschreibt, was als konkrete Umgebung des Individuums von ihm als wirksam erlebt wird (vgl. oben, Kap. 6.2.2), soll hier das Konzept des Milieus für die empirische Analyse fruchtbar gemacht und konkretisiert werden. So dokumentieren Deskriptionen von Milieus bzw. kleinen »Lebens-Welten« (vgl. Luckmann 1970) – neben gesprochenen und transkribierten Texten – die Modi der Orientierung eines Menschen im Raum, in der konkreten Umgebung, in der gelebten Zeit, gegenüber der eigenen Leiblichkeit und gegenüber anderen Personen. Entscheidend ist dabei, daß diese Beschreibungen damit die weitgehend nichtsprachliche Produktion und Reproduktion eines sozialen Interaktionsgefüges dokumentieren, dessen Versprachlichung sich als nicht unproblematisch erweist (Soeffner 2000c: 170).

Diese nichtsprachliche Ebene ergibt sich dadurch, daß sich über der sinnlich wahrnehmbaren Welt eine eigene Welt kollektiver Zeichen und Symbole aufbaut, die die sinnlich erfahrbare ordnet, klassifiziert und im voraus mit Deutungen versieht, sowohl was die Sprache als auch das Handeln und die Orientierungen der Individuen anbelangt. In diesem Sinne sind kleine Alltagswelten, Milieus und die in ihnen stattfindenden und sie gestaltenden Handlungen *symbolhaft konstituiert*: »Leben in sozialer Ordnung und in Milieus als Bestandteilen dieser Ordnung bedeutet Leben in zeichenhaft organisierten Verweisungszusammenhängen und Symbolen« (ebd.). Milieu- und Sprachanalyse erweisen sich insofern immer als Symbolanalyse mit dem Schwerpunkt einer Rekonstruktion des symbolischen Gesamtzusammenhangs menschlicher Handlungs-, Orientierungs- und Wissensformen.

Konkret geht es dabei um eine Rekonstruktion der Struktur des zumeist fremden Milieus, indem dessen historisches Gewachsensein berücksichtigt wird und indem außerdem versucht wird zu beschreiben, welche symbolischen Zusammenhänge für die Individuen in ihren Milieus relevant sind bzw. welche Symboliken mit den zu analysierenden Dokumenten in Verbindung stehen. Das Fremde soll zum Sprechen gebracht werden, indem Milieus, Kontexte und Bedeutungen intersubjektiv nachvollziehbar gemacht werden. Was nun die analysierten interkulturellen Arbeitsmilieus anbelangt, so resultieren aus den Interviewdaten Bedeutungswelten, die auf übergeordnete Symbolzusammenhänge schließen lassen. Darüber hinaus können durch die ethnographischen Beobachtungen Beschreibungen der Symboliken vorgenommen werden, die von den Arbeitern und Angestellten über Kleidung, Büroeinrichtungen, Fotos etc. zum Ausdruck gebracht werden. Hypothetisch wird davon ausgegangen, daß die Identifikation mit Kulturen, Unternehmen bzw. den Produkten über symbolische Zuordnungen verläuft, die für die Mitarbeiter in den Arbeitsmilieus relevant sind.

Eine weiterführende, für den bestehenden Forschungszusammenhang besonders zweckdienliche Verwendung des Milieubegriffs erfolgt aus strukturtheoretischer Perspektive: Ulf Matthiesen (1998) setzt sich mit milieuanalytischen Untersuchungen auseinander, die sich insbesondere auf mesosoziale Einbettungsformen mikro-, makro- und/oder global dimensionierter Prozesse konzentrieren; Mesostrukturen werden als Vermittlungsebene zwischen Mikro- und Makroprozessen, von global bestimmten Entwicklungsprozessen zwischen Individuum und Gesellschaft betrachtet. Es gilt dabei herauszufinden, wie ökonomische oder politisch-administrative Organisationsstrukturen durch mesosoziale informelle, ›nicht-finalisierbare‹ Einbettungsformen determiniert werden – die Analyse konzentriert sich auf die Konstituierung von milieubildenden Strukturkohärenzen auf einer symbolischen, informellen Ebene. Milieuanalyse zielt darüber hinaus auf die Untersuchung neuer symbolisch konstituierter Raum- und Milieuformen und vor allem auf die Erforschung der Selbstorganisationskapazitäten und »autopoietischen« Potentiale milieutypischer Strukturierungsprozesse (Matthiesen 1998: 22-24). Das Zusammenwirken der Funktionsbereiche der Organisation, die formalen Regeln und Richtlinien unterliegen, mit den entsprechenden symbolisch determinierten Milieus steht dabei im Mittelpunkt des Interesses.

Für die Analyse interkultureller Arbeitsmilieus und Arbeitwelten wird die symbolische Konstituierung von »Kultur« bzw. »kultureller Zugehörigkeit« fokussiert, die insbesondere über die spezifischen Milieukontexte mitbestimmt wird. Erst mit der Analyse milieuspezifischer Faktoren symbolischer Ausprägung, die ausschlaggebend für kulturelle Aus- und Eingrenzungsmechanismen sind, können Organisationszusammenhänge insgesamt untersucht werden. So können in bestimmten Fällen milieuspezifische Distinktionspraktiken, wie beispielsweise Fremdenfeindlichkeit, präziser erfaßt werden.

6.3 Kombinierbarkeit der Methoden

Während die Grounded Theory in der Lage ist, umfangreiches Datenmaterial ›aufzubrechen‹ und zu analysieren, zentrale und besonders relevante Konzepte und Kategorien ohne ›mikroskopische‹, zeitintensive Feinanalysen aus den Daten heraus zu entwickeln, konzentriert sich die hermeneutische Sequenzanalyse auf fallspezifisch festgelegte Textpassagen mit einem andersartigen Fokus. Das hermeneutische Verfahren intendiert eine detaillierte Rekonstruktion der Sinnzusammenhänge von konkreten Handlungs- und Problemsituationen, die sich in einzelnen Äußerungen des individuellen Sprechers abzeichnen. Hier wird die Rekonstruktion der Besonderheit des einzelnen Falles dazu verwendet, Einsichten in die Allgemeinheit von Deutungsmustern, Handlungstypiken, Persönlichkeitstypen etc. oder in die sich im Besonderen widerspiegelnden allgemeinen Weltsichten und Weltanschauungen der Individuen zu gewinnen. Im Rahmen der Grounded Theory werden fortwährend anhand der Kontrastierung von Einzelfällen, Personen, Milieus oder sozialen Welten entsprechende Codes, Konzepte und Kategorien – durchaus auch über die Häufigkeit, mit welcher diese auftreten – nach deren Relevanz für umfassendere soziale Zusammenhänge aus den Daten entwickelt. Wenn bestimmte natürliche Begriffe, Ideen, Konzepte oder Kategorien sich als besonders bedeutsam für verschiedenartige soziale Welten erweisen und sich kontinuierlich im Datenmaterial abzeichnen, kann dadurch auf deren ›allgemeine‹ Gültigkeit für den jeweils erforschten sozialen Bereich geschlossen werden, wobei sich materiale und formale Theorien mittlerer Reichweite ergeben können (vgl. oben, Kap. 6.2.1).

Angesichts der voneinander abweichenden Fokussierungen von Grounded Theory und Sozialwissenschaftlicher Hermeneutik – auf der einen Seite die stetige Kontrastierung verschiedener Bereiche sozialer Interaktion unter Verwendung von umfangreichem Datenmaterial, auf der anderen Seite die sequentielle Feinanalyse einzelner Textpassagen – wird die Argumentation vertreten, daß beide Forschungsmethoden sich besonders fruchtbar ergänzen können. Zum einen können während der Grounded Theory-Kodierungen jene markanten Textstellen (»Schlüsselstellen«) ›aufgespürt‹ werden, die Inkonsistenzen, also Widersprüche innerhalb von Äußerungen aufweisen, die thematisch besonders relevant sind und deshalb für die sequenzanalytische Interpretation verwendet werden können. Die Rechtfertigung der Auswahl dieser »Schlüsselstellen« aus der Gesamtheit eines zusammenhängenden Textes erfolgt auf der Basis der Kodiervorgänge. Aus den Sequenzanalysen gewonnene Erkenntnisse können durch den Abgleich mit den Kodierungen des Gesamttextes überprüft werden, womit festgestellt werden kann, ob weitere nachfolgende Feinanalysen notwendig sind.

Durch die Methodenkombination aus Grounded Theory und Sozialwissenschaftlicher Hermeneutik – respektive der Milieuanalyse – kann dem häufig gegen die hermeneutische Vorgehensweise erhobenen Einwand, der das Problem der Generalisierbarkeit der Ergebnisse von fallspezifischen Sequenzanalysen formuliert, entgegnet werden. In Frage gestellt wird vor allem, daß auf der Basis von nur wenigen Fallanalysen Erkenntnisse über die Allgemeinheit getroffen werden können. Das Fehlen von Vergleichsmöglichkeiten bei ausschließlicher Verwendung der hermeneutischen Methode, so der Vorwurf, könnte die Gefahr mit sich bringen, daß die Besonderheit bzw. Absonderlichkeit eines Falles, die sich in der »Schlüsselstelle« widerspiegelt, übersehen wird und somit (besonders bei objektiv-hermeneutischen Analysen) fälschlicherweise Generalisierungen vorgenommen werden. Die komparative Analyse der Grounded Theory bietet in diesem Sinne eine Möglichkeit, die Verallgemeinerbarkeit der hermeneutischen Interpretationen zu sichern, indem kontinuierlich Vergleiche zu weiteren Fällen vorgenommen werden.

6.4 Kontrastierung der Arbeitswelten

6.4.1 Das Paradigma der vergleichenden Analyse

Die Gesamtkonzeption dieser Forschungsarbeit betreffend, richtet sich das Projekt nach dem der Grounded Theory entlehnten Prinzip der Kontrastivität, indem zwei durch Interkulturalität geprägte, sich unterscheidende soziale Welten – Automobilfabrik und internationales Management – als Teilbereiche des Gesamtkonzerns DaimlerChrysler vergleichend analysiert werden. Die beiden interkulturellen Arbeitswelten verbindet, daß sie dem gleichen normativen und symbolischen ›Überbau‹ DaimlerChrysler zugehören, jedoch stark voneinander abweichen, was den Status und die Geschichte betrieblicher Interaktionszusammenhänge betrifft. Somit ist bereits in der Forschungskonzeption die kontrastierende vergleichende Analyse der Daten angelegt.

Die »constant comparative analysis« (Glaser/Strauss 1967: 101ff.) als grundlegendes Paradigma der Grounded Theory geht davon aus, daß theoretische Konzepte wesentlich aus dem fortgesetzten und systematischen Vergleich empirischer Daten zum fraglichen Phänomen zu gewinnen sind. Die Heuristik, die damit verbunden ist, besteht in Ähnlichkeit und Unähnlichkeit: Es stellt sich die Frage, unter welchen Bedingungen ein bestimmtes Phänomen in immer gleicher Weise auftritt und welche veränderten Bedingungen zu abweichenden Phänomenen führen (Strübing 2002: 330).[85] Das erste Vertrautwerden mit dem empirischen Feld, beispielsweise mit Hilfe der Durchführung von explorativen Interviews, vermittelt dem Forscher ein Vor- bzw. Kontextwissen bezüglich der zu analysierenden soziologischen Fragestellung und in bezug auf die Beschaffenheit des zu untersuchenden Datenmaterials. Mit diesem Vorverständnis für das zuerst untersuchte Milieu bzw. die soziale Welt kann nun die entsprechende Vergleichspopulation, die sich durch Ähnlichkeit und Unähn-

85 »This constant comparison of the incidents very soon starts to generate properties of the category.« (Glaser/Strauss 1967: 106)

lichkeit mit der Ausgangspopulation auszeichnet, festgelegt werden.[86] Das Prinzip des kontinuierlichen Vergleichs steht jedoch für die Analyse von Interaktionszusammenhängen innerhalb der Arbeitswelten, für die Auswahl der analysierten, sich unterscheidenden Milieus oder Informanten immer im Zentrum des methodischen Vorgehens.

Ausgehend vom angesprochenen Vorverständnis, erfolgt mit Hilfe des kontinuierlichen Vergleichs eine systematische Kontrolle der Erkenntnisse, die induktiv aus konkreten sozialen Handlungsprozessen in konkreten sozialen Welten gewonnen werden. So besteht das Hauptanliegen von Strauss, der die Soziologie ähnlich wie Max Weber als Wirklichkeitswissenschaft betrachtet, darin, materiale mit formaler Theorie zu kombinieren. In Anlehnung an die Entwicklung von theoretischen Begriffen bei Weber konzentriert sich Strauss auf die Entwicklung von ›in den Daten begründeten‹ Konzepten aus Fallstudien und dem systematischen Vergleich von kontrastierten Fällen. Bei dieser Vorgehensweise kommt es nicht zur Konstruktion von Idealtypen, sondern es ergibt sich eine »dichte Beschreibung« (»thick description«) im Sinne von Geertz, die einen Bezug zu konkreten sozialen Welten aufweist. Der kontinuierliche Vergleich wird dazu verwendet, eine Theorie zu entwickeln, die möglichst eng mit der Realität und der »Sprache des Falles« ›verwoben‹ ist. In diesem Sinne besteht das zentrale Prinzip der Grounded Theory darin, Variabilität in Theorien ein- und umzubauen (vgl. Soeffner 1995: 31).

86 Die Idee einer Erforschung der Bedeutung von Interkulturalität und interkultureller Kommunikation in Organisationen, im Spezifischen bei der Firma DaimlerChrysler, entstand insbesondere aufgrund zahlreicher Aufenthalte als Ferienarbeiter im Werk Sindelfingen, zu einer Zeit, als Daimler-Benz noch nicht mit Chrysler fusioniert war. Mit der Entstehung der ›neuen‹ interkulturellen Arbeitswelten im Bereich des internationalen Managements nach dem Merger wurde gerade dieser Bereich für eine kontrastierende Analyse mit der Welt der Automobilfabrik ausgewählt.

Literatur

Adorno, Theodor W. (1995) [1950]: *Studien zum autoritären Charakter*. Frankfurt a. M.: Suhrkamp.

Anderson, Benedict (1993): *Imagined Communities. Reflections on the Origins and Spread of Nationalism*. London, New York: Verso.

Appel, Holger und Christoph Hein (1998): *Der DaimlerChrysler Deal*. Stuttgart: Deutsche Verlags-Anstalt.

Bade, Klaus J. (Hg.) (1996): *Migration – Ethnizität – Konflikt: Systemfragen und Fallstudien*. Osnabrück: Universitätsverlag Osnabrück.

— (Hg.) (1997): *Fremde im Land. Zuwanderung und Eingliederung im Raum Niedersachsen seit dem Zweiten Weltkrieg*. Osnabrück: Universitätsverlag Rasch.

Barth, Fredrik (1969): *Ethnic Groups and Boundaries. The Social Organization of Culture Difference*. Oslo: Universitets Forlaget.

Bentham, Jeremy (1970) [1789]: *An Introduction to the Principles of Morals and Legislation*. London: The Athlone Press.

Bergemann, Niels (2003): *Interkulturelles Management*. Berlin: Springer.

Berger, Peter L. und Thomas Luckmann (1991) [1966]: *Die gesellschaftliche Konstruktion der Wirklichkeit. Eine Theorie der Wissenssoziologie*. Frankfurt a. M.: Fischer.

Böhm, Andreas (2000): »Theoretisches Codieren: Textanalyse in der Grounded Theory«. In: *Qualitative Forschung. Ein Handbuch*, hg. v. Uwe Flick/Ernst von Kardorff/Ines Steinke. Hamburg: Rowohlt, S. 475-484.

Bohnsack, Ralf und Winfried Marotzki (Hg.) (1998): *Biographieforschung und Kulturanalyse. Transdisziplinäre Zugänge qualitativer Forschung*. Opladen: Leske & Budrich.

Bohnsack, Ralf und Arnd-Michael Nohl (1998): »Adoleszenz und Migration – Empirische Zugänge einer praxeologisch fundierten Wissenssoziologie«. In: *Biographieforschung und Kulturanalyse*, hg. v. Ralf Bohnsack/Winfried Marotzki, S. 260-282.

Bolten, Jürgen (1999): *Cross culture – Interkulturelles Handeln in der Wirtschaft*. Sternenfels: Wissenschaft & Praxis.

Bommes, Michael und Jost Halfmann (Hg.) (1998): *Migration in nationalen Wohlfahrtsstaaten. Theoretische und vergleichende Untersuchungen*. Osnabrück: Universitätsverlag Rasch.

Bourdieu, Pierre (1989): »Delegation und politischer Fetischismus«. In: *Anatomie des politischen Skandals*, hg. v. Ralf Ebbinghausen/Sighard Neckel. Frankfurt a. M.: Suhrkamp, S. 36-54.

— (1991): *Die feinen Unterschiede. Kritik der gesellschaftlichen Urteilskraft*. Frankfurt a. M.: Suhrkamp.

— (1994): *Zur Soziologie der symbolischen Formen*. Frankfurt a. M.: Suhrkamp.

Brecht, Bertold (1997) [1928]: *Die Dreigroschenoper.* In: ders., *Ausgewählte Werke, Bd. 1.* Frankfurt a. M.: Suhrkamp, S. 191-284.

Clarke, Adele E. (1991): »Social Worlds/Arenas Theory as Organizational Theory«. In: *Social Organization and Social Process. Essays in Honor of Anselm Strauss*, hg. v. David R. Maines. New York: Aldine de Gruyter, S. 119-158.

Czyzewski, Marek et al. (Hg.) (1995): *Nationale Selbst- und Fremdbilder im Gespräch. Kommunikative Prozesse nach der Wiedervereinigung Deutschlands und dem Systemwandel in Ostmitteleuropa.* Opladen: Westdeutscher Verlag.

Dreher, Jochen (2003): »The Symbol and the Theory of the Life-World. ›The Transcendences of the Life-World and their Overcoming by Signs and Symbols‹« In: *Human Studies*, 26, 2, S. 141-163.

— (2004): »Prämissen der internationalen Mobilität von Fachkräften und Tranzsparenz von Bildungsabschlüssen im europäischen Automobilsektor«. In: *Transparenz von Bildungsabschlüssen in Europa. Sektorale Studien zur Mobilität von Arbeitskräften*, hg. v. Ralf Mytzek/Klaus Schömann. Berlin: Edition Sigma, S. 85-114.

Dreher, Jochen und Silvana Figueroa (2004): »Tracing Symbols. The Hermeneutic Analysis of Paradoxical Constructions within Argentine Collective Symbolism«. In: *Recent Developments and Applications in Social Research. Proceedings of the 2004 Sixth International Conference on Social Science Methodology (ISA)*, hg. v. Cor van Dijkum. Amsterdam: SISWO, S. 1-11.

Düttmann, Alexander García (1997): *Zwischen den Kulturen. Spannungen im Kampf um Anerkennung.* Frankfurt a. M.: Suhrkamp.

Elias, Norbert und John L. Scotson (1993): *Etablierte und Außenseiter.* Frankfurt a. M.: Suhrkamp.

Endreß, Martin (2002): *Vertrauen.* Bielefeld: transcript.

Erickson, Frederick und Jeffery Shultz (1982): *The Counselor as Gatekeeper: Social Interaction in Interviews.* New York: Academic Press.

Esser, Hartmut (Hg.) (1979): *Arbeitsmigration und Integration. Sozialwissenschaftliche Grundlagen.* Königstein/Ts.: Hanstein.

— (1980): *Aspekte der Wanderungssoziologie. Assimilation und Integration von Wanderern, ethnischen Gruppen und Minderheiten. Eine handlungstheoretische Analyse.* Darmstadt, Neuwied: Luchterhand.

— (1988): »Ethnische Differenzierung und moderne Gesellschaft«. In: *Zeitschrift für Soziologie*, 17, 4, S. 235-248.

— (1996): »Die Mobilisierung ethnischer Konflikte«. In: *Migration – Ethnizität – Konflikt: Systemfragen und Fallstudien*, hg. v. Klaus J. Bade, S. 63-88.

Foucault, Michel (1990): *Die Ordnung der Dinge. Eine Archäologie der Humanwissenschaften.* Frankfurt a. M.: Suhrkamp.

Franzosi, Roberto (1998): »Narrative Analysis - or Why (and How) Sociologists Should be Interested in Narrative«. In: *Annual Review Sociology*, 24, S. 517-554.

Freud, Sigmund (1996) [1954]: *Zur Psychopathologie des Alltagslebens. Über Vergessen, Versprechen, Vergreifen, Aberglauben und Irrtum.* Frankfurt a. M.: Fischer.
— (2000): »Die Methode der Traumdeutung: Die Analyse eines Traummusters«. In: ders., *Studienausgabe, Bd. II: Die Traumdeutung,* hg. v. Alexander Mitscherlich/Angela Richards/James Strachey. Frankfurt a. M.: Fischer, S. 117-140.
Friedrichs, Jürgen (1980): *Methoden empirischer Sozialforschung.* Opladen: Westdeutscher Verlag.

Gadamer, Hans-Georg (1990) [1960]: *Wahrheit und Methode, Bd. I. Grundzüge einer philosophischen Hermeneutik.* Tübingen: Mohr.
Geertz, Clifford (1997): *Spurenlesen. Der Ethnologe und das Entgleiten der Fakten.* München: C. H. Beck.
— (1999) [1973]: *Dichte Beschreibung. Beiträge zum Verstehen kultureller Systeme.* Frankfurt a. M.: Suhrkamp.
Geißler, Rainer (1996): *Die Sozialstruktur Deutschlands. Zur gesellschaftlichen Entwicklung mit einer Zwischenbilanz zur Vereinigung.* Opladen: Westdeutscher Verlag.
Glaser, Barney G. (1978): *Theoretical Sensitivity. Advances in the Methodology of Grounded Theory.* Mill Valley, CA: The Sociology Press.
Glaser, Barney G. und Anselm L. Strauss (1967): *The Discovery of Grounded Theory. Strategies of Qualitative Research.* New York: Aldine Publishing Company.
— (1971): *Status Passage.* London: Routledge & Kegan Paul.
— (1998): *Grounded Theory. Strategien qualitativer Forschung.* Bern: Hans Huber.
Goffman, Erving (1991) [1961]: *Asylums. Essays on the Social Situation of Mental Patients and Other Inmates.* London: Penguin Books.
— (2001) [1982]: »Die Interaktionsordnung«. In: ders., *Interaktion und Geschlecht,* hg. v. Hubert Knoblauch. Frankfurt: Campus, S. 50-104.
Goodenough, Ward H. (1971): *Culture, Language and Society.* Reading: Adisson-Wesley.
Grässlin, Jürgen (1995): *Daimler-Benz. Der Konzern und seine Republik.* München: Knaur.
— (1998): *Jürgen E. Schrempp. Der Herr der Sterne.* München: Droemer.
Grondin, Jean (1991): *Einführung in die philosophische Hermeneutik.* Darmstadt: Wissenschaftliche Buchgesellschaft.
Gumperz, John J. et al. (1979): *Crosstalk. A Study of Cross-Cultural Communication.* Southall: NCILT.
Günthner, Susanne (1993): *Diskursstrategien in der interkulturellen Kommunikation. Analysen deutsch-chinesischer Gespräche.* Tübingen: Niemeyer.
Gurwitsch, Aron (1977): *Die mitmenschlichen Begegnungen in der Milieuwelt.* Berlin, New York: de Gruyter.

Habermas, Jürgen (1981): *Theorie des kommunikativen Handelns. Bd. 1. Handlungsrationalität und gesellschaftliche Rationalisierung.* Frankfurt a. M.: Suhrkamp.
Hahn, Alois (2000): *Konstruktionen des Selbst, der Welt und der Geschichte. Aufsätze zur Kultursoziologie.* Frankfurt a. M.: Suhrkamp.
Han, Petrus (2000): *Soziologie der Migration. Erklärungsmodelle, Fakten, politische Konsequenzen, Perspektiven.* Stuttgart: Lucius & Lucius.
Heckmann, Friedrich (1992): *Ethnische Minderheiten, Volk und Nation. Soziologie inter-ethnischer Beziehungen.* Stuttgart: Enke.

Hegel, Georg Wilhelm Friedrich (1970) [1830]: *Enzyklopädie der philosophischen Wissenschaften. Dritter Band.* In: ders., *Theorie-Werkausgabe*, Bd. X. Frankfurt a. M.: Suhrkamp.

Heidegger, Martin (1993) [1927]: *Sein und Zeit.* Tübingen: Niemeyer.

Heine, Wolfgang (1983): *Methodologischer Individualismus. Zur geschichtsphilosophischen Begründung einer sozialwissenschaftlichen Konzeption.* Würzburg: Königshausen & Neumann.

Heitmeyer, Wilhelm, Joachim Müller und Helmut Schröder (1997): *Verlockender Fundamentalismus. Türkische Jugendliche in Deutschland.* Frankfurt a. M.: Suhrkamp.

Hildenbrand, Bruno (1994): »Vorwort«. In: *Grundlagen qualitativer Sozialforschung. Datenanalyse und Theoriebildung in der empirischen und soziologischen Forschung.*, hg. v. Anselm Strauss. München: Fink, S. 11-17.

Hoffmann-Nowotny, Hans-Joachim (1970): *Migration. Ein Beitrag zu einer soziologischen Erklärung.* Stuttgart: Enke.

— (1973): *Soziologie des Fremdarbeiterproblems. Eine theoretische und empirische Analyse am Beispiel der Schweiz.* Stuttgart: Enke.

Hoffmann-Nowotny, Hans-Joachim und Karl-Otto Hondrich (Hg.) (1981): *Ausländer in der Bundesrepublik Deutschland und in der Schweiz. Segregation und Integration: Eine vergleichende Untersuchung.* Frankfurt a. M., New York: Campus.

Hofstede, Geert H. (1994): *Uncommon Sense about Organizations. Cases, Studies, and Field Observations.* Thousand Oaks: Sage.

— (1997a): *Cultures and Organizations. Software of the Mind.* New York: McGraw-Hill.

— (1997b): *Culture's Consequences. International Differences in Work-Related Values.* Newbury Park: Sage Publications.

— (1997c): *Lokales Denken, globales Handeln. Kulturen, Zusammenarbeit und Management.* München: dtv.

Honer, Anne (1993): *Lebensweltliche Ethnographie. Ein explorativ-interpretativer Forschungsansatz am Beispiel von Heimwerker-Wissen.* Wiesbaden: DUV.

Honneth, Axel (1992): *Kampf um Anerkennung. Zur moralischen Grammatik sozialer Konflikte.* Frankfurt a. M.: Suhrkamp.

Jahnke, Ralph (1996): *Wirtschaftlichkeitsaspekte interkultureller Kommunikation. Interkulturelle Kommunikation in international tätigen Unternehmen unter besonderer Berücksichtigung von Führungskräften.* Sternenfels: Wissenschaft & Praxis.

Jaspers, Karl (1973): *Philosophie III. Metaphysik.* Berlin, Heidelberg, New York: Springer.

Jung, Rüdiger H. (2003): »Diversity Management – Der Umgang mit Vielfalt als Managementaufgabe«. In: *Vielfalt gestalten – Diversity Management. Kulturenvielfalt als Herausforderung für Gesellschaft und Organisation in Europa*, hg. v. Rüdiger H. Jung/Helmut M. Schäfer. Frankfurt a. M., London: IKO, S. 91-110.

Jung, Rüdiger H. und Helmut M. Schäfer (Hg.) (2003): *Vielfalt gestalten – Managing Diversity. Kulturenvielfalt als Herausforderung für Gesellschaft und Organisationen in Europa.* Frankfurt a. M., London: IKO.

Käbisch, Markus (2002): *Pragmatische Mittelinterpretation und Innovationsentstehung. Eine semiotische Untersuchung technischer Aspekte des Handelns.* Leipzig: Leipziger Universitäts-Verlag.

Kant, Immanuel (1994) [1785]: *Grundlegung zur Metaphysik der Sitten.* Hamburg: Meiner.

Kartari, Asker (1997): *Deutsch-türkische Kommunikation am Arbeitsplatz. Zur interkulturellen Kommunikation zwischen türkischen Mitarbeitern und deutschen Vorgesetzten in einem deutschen Industriebetrieb*. München: Waxman.

Knoblauch, Hubert (1995): *Kommunikationskultur. Die kommunikative Konstruktion sozialer Kontexte*. Berlin, New York: de Gruyter.

— (1996): »Arbeit als Interaktion. Informationsgesellschaft, Post-Fordismus und Kommunikationsarbeit«. In: *Soziale Welt*, 47, S. 344-362.

— (1997): »Die kommunikative Konstruktion postmoderner Organisationen: Institutionen, Aktivitätssysteme und kontextuelles Handeln«. In: *Österreichische Zeitschrift für Soziologie*, 22, 2, S. 6-23.

— (2001): »Communication, Contexts and Culture. A Communicative Constructivist Approach to Intercultural Communication«. In: *Culture in Communication. Analyses of Intercultural Situations*, hg. v. Aldo Di Luzio/Susanne Günthner/Franca Orletti. Amsterdam, Philadelphia: John Benjamins Publishing Company, S. 3-33.

König, René (1985): »Der Wandel der Problematik der sozialen Klassen und Minoritäten«. In: *Sozialstruktur im Umbruch. Karl Martin Bolte zum 60. Geburtstag*, hg. v. Stefan Hradil. Opladen: Leske & Budrich, S. 11-28.

Koser, Khalid und Helma Lutz (Hg.) (1998): *The New Migration in Europe. Social Constructions and Social Realities*. Houndsmils, London: MacMillan.

Kurt, Ronald (2002): *Menschenbild und Methode der Sozialphänomenologie*. Konstanz: UVK.

Levi-Strauss, Claude (1993): *Traurige Tropen*. Frankfurt a. M.: Suhrkamp.

Lotman, Yuri M. (1990): *Universe of the Mind. A Semiotic Theory of Culture*. London, New York: Tauris.

Luckmann, Benita (1970): »The Small Life-Worlds of Modern Man«. In: *Social Research*, 4, S. 580-596.

Luckmann, Benita und Thomas Luckmann (1993): *Wissen und Vorurteil, Teil 1: Erfahrung und Alltag*. Hagen: Fernuniversität.

Luckmann, Thomas (1980): »Persönliche Identität als evolutionäres und historisches Problem«. In: ders., *Lebenswelt und Gesellschaft. Grundstrukturen und geschichtliche Wandlungen*. Paderborn, München, Wien, Zürich: Schöningh, S. 123-141.

— (1981): »Zum hermeneutischen Problem der Sozialwissenschaften«. In: *Text und Applikation. Theologie, Jurisprudenz und Literaturwissenschaft im hermeneutischen Gespräch*, hg. v. Manfred Fuhrmann/Hans Robert Jauß/Wolfhart Pannenberg. München: Fink, S. 513-523.

— (1989): »Kultur und Kommunikation«. In: *Kultur und Gesellschaft*, hg. v. Max Haller. Frankfurt, New York: Campus, S. 33-45.

MacKinnon, Donald (1968): »Creativity I: Psychological Aspects«. In: *International Encyclopedia of the Social Sciences*, Bd. 3, hg. v. David L. Sills. New York: MacMillan, S. 434-442.

Maeder, Christoph (1995): *In totaler Gesellschaft. Eine ethnographische Untersuchung zum offenen Strafvollzug (Dissertation)*. Bamberg: Difo-Druck.

Mannheim, Karl (1964): »Beiträge zur Theorie der Weltanschauungs-Interpretation«. In: ders., *Wissenssoziologie*, hg. v. Kurt H. Wolff. Neuwied am Rhein, Berlin: Luchterhand, S. 91-154.

Marx, Karl (1987) [1844]: *Pariser Manuskripte. Ökonomisch-philosophische Manuskripte aus dem Jahre 1844*. Westberlin: Verlag Das Europäische Buch.

Matthes, Joachim (1992): »›Zwischen‹ den Kulturen?« In: *Zwischen den Kulturen? Die Sozialwissenschaften vor dem Problem des Kulturvergleichs*, hg. v. Joachim Matthes, Soziale Welt, Sonderband 8. Göttingen: Schwartz, S. 3-9.

Matthiesen, Ulf (1998): »Milieus in Transformationen. Positionen und Anschlüsse«. In: *Die Räume der Milieus. Neue Tendenzen in der sozial- und raumwissenschaftlichen Milieuforschung, in der Stadt- und Raumplanung*, hg. v. Ulf Matthiesen. Berlin: Sigma, S. 17-88.

Mead, George Herbert (1967): *Mind, Self, and Society. From the Standpoint of the Social Behaviorist.* Chicago, London: University of Chicago Press.

— (1967) [1936]: »The Problem of Society – How we Become Selves«. In: ders., *Movements of Thought in the Nineteenth Century*, hg. v. Merritt H. Moore. Chicago: University of Chicago Press, S. 360-361.

Meadows, Paul (1967): »The Metaphors of Order: Toward a Taxonomy of Organization Theory«. In: *Sociological Theory: Inquiries and Paradigms*, hg. v. Llewellyn Gross. New York: Harper & Row, S. 77-103.

Merton, Robert K. (1968): *Social Theory and Social Structure*. New York: The Free Press.

Molter, Günther (1990): *Werk Sindelfingen. Karosserie- und Montagewerk der Mercedes-Benz Aktiengesellschaft. Ein historischer Überblick*. Sindelfingen: Mercedes-Benz.

Münz, Rainer, Wolfgang Seifert und Ralf Ulrich (Hg.) (1997): *Zuwanderung nach Deutschland. Strukturen, Wirkungen, Perspektiven*. Frankfurt a. M., New York: Campus.

Nancy, Jean-Luc (1993): »Lob der Vermischung«. In: *Lettre internationale*, 21, S. 6-7.

Oevermann, Ulrich (1999): »Strukturale Soziologie und Rekonstruktionsmethodologie«. In: *Ansichten der Gesellschaft. Frankfurter Beiträge aus Soziologie und Politikwissenschaft*, hg. v. Wolfgang Glatzer. Opladen: Leske & Budrich, S. 72-84.

— (2001) [1973]: »Zur Analyse der Struktur von sozialen Deutungsmustern«. In: *Sozialer Sinn*, 1/2001, S. 3-33.

Oevermann, Ulrich, Tilmann Allert, Elisabeth Konau und Jürgen Krambeck (1979): »Die Methodologie der ›objektiven Hermeneutik‹ und ihre allgemeine forschungslogische Bedeutung in den Sozialwissenschaften«. In: *Interpretative Verfahren in den Sozial- und Textwissenschaften*, hg. v. Hans-Georg Soeffner. Stuttgart: Metzler, S. 352-434.

Parsons, Talcott (1952): *The Social System*. London: Tavistock.

Plessner, Helmuth (1975): *Die Stufen des Organischen und der Mensch*. Berlin, New York: de Gruyter.

Pries, Ludger (Hg.) (1997): *Transnationale Migration*. Baden-Baden: Nomos.

— (1999): *Auf dem Weg zu global operierenden Konzernen? BMW, Daimler-Benz und Volkswagen: Die Drei Großen der deutschen Automobilindustrie*. München: Mering.

Renn, Joachim (1998): »Übersetzungskultur. Grenzüberschreitung durch Übersetzung als ein Charakteristikum der Moderne«. In: *Sociologia Internationalis*, 36, S. 141-171.

Rieger, Stefan, Schamma Schahadat und Manfred Weinberg (1999): »Vorwort«. In: *Interkulturalität: zwischen Inszenierung und Archiv*, hg. v. Stefan Rieger/Schamma Schahadat/Manfred Weinberg. Tübingen: Narr, S. 9-26.

Schiffauer, Werner (1983): *Die Gewalt der Ehre. Erklärungen zu einem türkisch-deutschen Sexualkonflikt.* Frankfurt a. M.: Suhrkamp.

— (1987): *Die Bauern von Subay. Das Leben in einem türkischen Dorf.* Stuttgart: Klett-Cotta.

— (1991): *Die Migranten aus Subay. Türken in Deutschland: Eine Ethnographie.* Stuttgart: Klett-Cotta.

Schumpeter, Joseph Alois (1993) [1942]: *Kapitalismus, Sozialismus und Demokratie.* Tübingen: Francke.

Schütz, Alfred (1971) [1939]: »Phänomenologie und die Sozialwissenschaften«. In ders., *Gesammelte Aufsätze, Bd. 1. Das Problem der sozialen Wirklichkeit.* Den Haag: Nijhoff, S. 136-161.

— (1971) [1953]: »Wissenschaftliche Interpretation und Alltagsverständnis menschlichen Handelns«. In: ders., *Gesammelte Aufsätze, Bd. 1.* Den Haag: Nijhoff, S. 3-54.

— (1982) [1970]: *Das Problem der Relevanz.* Frankfurt a. M.: Suhrkamp.

— (1984) [1956]: »Die Notizbücher«. In: *Strukturen der Lebenswelt, Bd. 2*, hg. v. Alfred Schütz/Thomas Luckmann. Frankfurt a. M.: Suhrkamp, S. 215-404.

— (1993) [1932]: *Der sinnhafte Aufbau der sozialen Welt. Eine Einleitung in die verstehende Soziologie.* Frankfurt a. M.: Suhrkamp.

— (2003) [1966]: »Strukturen der Lebenswelt«. In: ders., *Werkausgabe, Bd. V.1: Theorie der Lebenswelt 1. Die pragmatische Schichtung der Lebenswelt*, hg. v. Martin Endreß/Ilja Srubar. Konstanz: UVK, S. 325-347.

— (2003) [1955]: »Symbol, Wirklichkeit und Gesellschaft«. In: ders., *Werkausgabe, Bd. V.2: Theorie der Lebenswelt 2. Die kommunikative Ordnung der Lebenswelt*, hg. v. Hubert Knoblauch/Ronald Kurt/Hans-Georg Soeffner. Konstanz: UVK, S. 117-220.

Schütz, Alfred und Thomas Luckmann (2003) [1975]: *Strukturen der Lebenswelt.* Konstanz: UVK.

Schütze, Fritz (1977): *Die Technik des narrativen Interviews in Interaktionsfeldstudien - dargestellt an einem Projekt der kommunalen Machtstrukturen.* Bielefeld (Manuskript).

— (1983): »Biographieforschung und narratives Interview«. In: *Neue Praxis*, 13, S. 283-293.

Schwartzman, Helen B. (1993): *Ethnography in Organizations.* Newbury, London, New Delhi: Sage Publications.

Selznick, Philip (1966): *TVA and the Grass Roots. A Study in the Sociology of Formal Organization.* New York: Harper Row.

Simmel, Georg (1999) [1908]: »Exkurs über den Fremden«. In: ders., *Soziologie. Untersuchungen über die Formen der Vergesellschaftung*, hg. v. Otthein Rammstedt. Frankfurt a. M.: Suhrkamp, S. 764-771.

Smircich, Linda (1983): »Concepts of Culture and Organizational Analysis«. In: *Administrative Science Quarterly*, 28, S. 339-358.

Soeffner, Hans-Georg (1982): »Statt einer Einleitung: Prämissen einer sozialwissenschaftlichen Hermeneutik«. In: *Beiträge zu einer empirischen Sprachsoziologie*, hg. v. Hans-Georg Soeffner. Tübingen: Narr, S. 9-48.

— (1989): *Auslegung des Alltags – der Alltag der Auslegung. Zur wissenssoziologischen Konzeption einer sozialwissenschaftlichen Hermeneutik*. Frankfurt a. M.: Suhrkamp.

— (1995a): »The Art of Experienced Analysis. Anselm Strauss and his Theory of Action«. In: *Mind, Culture, and Activity*, 2, 1, S. 29-32.

— (1995b): »Der fliegenden Maulwurf (Der taubenzüchtende Bergmann im Ruhrgebiet) – Totemistische Verzauberung der Realität und technologische Entzauberung der Sehnsucht«. In: ders., *Die Ordnung der Rituale. Die Auslegung des Alltags 2*. Frankfurt a. M.: Suhrkamp, S. 131-156.

— (2000a): »Individuelle Macht und Ohnmacht in formalen Organisationen«. In: ders., *Gesellschaft ohne Baldachin. Über die Labilität von Ordnungskonstruktionen*. Göttingen: Velbrück, S. 310-353.

— (2000b): »Kulturmythos und kulturelle Realität(en)«. In: ders., *Gesellschaft ohne Baldachin. Über die Labilität von Ordnungskonstruktionen*. Göttingen: Velbrück, S. 153-179.

— (2000c): »Sozialwissenschaftliche Hermeneutik«. In: *Qualitative Forschung. Ein Handbuch*, hg. v. Uwe Flick/Ernst von Kardorff/Ines Steinke. Hamburg: Rowohlt, S. 164-174.

— (2000d): »Zur Soziologie des Symbols und des Rituals«. In: ders., *Gesellschaft ohne Baldachin. Über die Labilität von Ordnungskonstruktionen*. Göttingen: Velbrück, S. 180-208.

Soeffner, Hans-Georg und Ronald Hitzler (1994): »Qualitatives Vorgehen – ›Interpretation‹. 3. Kapitel«. In: *Enzyklopädie der Psychologie, Ser. 1, Bd. 1.*, hg. v. Theo Herrmann. Göttingen: Hogrefe, S. 98-136.

Srubar, Ilja (1988): *Kosmion. Die Genese der pragmatischen Lebenswelttheorie von Alfred Schütz und ihr anthropologischer Hintergrund*. Frankfurt a. M.: Suhrkamp.

— (2002): »Strukturen des Übersetzens und interkultureller Vergleich«. In: *Übersetzung als Medium des Kulturvergleichs und sozialer Integration*, hg. v. Joachim Renn/Jürgen Straub/Shingo Shimada. Frankfurt, New York: Campus, S. 323-345.

— (2003): »Unterwegs zu einer vergleichenden Lebensform-Forschung. Die pragmatische Lebenswelttheorie als Grundlage interkulturellen Vergleichs«. In: *Lebensformen im Widerstreit. Integrations- und Identitätskonflikte in pluralen Gesellschaften*, hg. v. Burkhard Liebsch/Jürgen Straub. Frankfurt a. M.: Campus, S. 105-135.

— (2004): »Die pragmatische Lebenswelttheorie als Grundlage interkulturellen Vergleichs«. Manuskript.

Strauss, Anselm L. (1993): *Continual Permutations of Action*. New York: Aldine de Gruyter.

— (1994): *Grundlagen qualitativer Sozialforschung. Datenanalyse und Theoriebildung in der empirischen und soziologischen Forschung*. Müchen: Fink.

Strauss, Anselm L. und Juliet Corbin (1996): *Grounded Theory: Grundlagen qualitativer Sozialforschung*. Weinheim: Beltz/PVU.

Strauss, Anselm L., Leonard Schatzman, Danuta Ehrlich, Rue Bucher und Melvin Sabshin (1963): »The Hospital and Its Negotiated Order«. In: *The Hospital in Modern Society*, hg. v. Eliot Freidson. New York: The Free Press, S. 147-169.

Strübing, Jörg (2002): »Just do it? Zum Konzept der Herstellung und Sicherung von Qualität in grounded theory-basierten Forschungsarbeiten«. In: *Kölner Zeitschrift für Soziologie und Sozialpsychologie*, 54, 2, S. 318-324.

VDWF (1999): »Automobilindustrie auf dem Weg in die Zukunft«. In: *VDWF aktuell*, 11.

Vlasic, Bill und Bradley A. Stertz (2000): *Taken For a Ride. How Daimler-Benz Drove Away With Chrysler.* Chinchster, Weinheim: Wiley.

Waller, David (2000): *Die Stunde des Strategen. Jürgen Schrempp und der DaimlerChrysler-Deal.* München: Econ.

— (2001): *Wheels on Fire. The Amazing Inside Story of the DaimlerChrysler Merger.* London: Hodder & Stoughton.

Walter-Busch, Emil (1996): *Organisationstheorien von Weber bis Weick.* Amsterdam: Fakultas.

Watzlawick, Paul, Janet H. Beavin und Don D. Jachson (1982): *Menschliche Kommunikation. Formen, Störungen, Paradoxien.* Bern: Huber.

Weber, Max (1980) [1920]: *Wirtschaft und Gesellschaft. Grundriß der verstehenden Soziologie.* Tübingen: Mohr.

— (1988) [1904]: »Die ›Objektivität‹ sozialwissenschaftlicher und sozialpolitischer Erkenntnis«. In: ders., *Gesammelte Aufsätze zur Wissenschaftslehre.* Tübingen: Mohr, S. 146-214.

— (1988) [1894]: »Entwicklungstendenzen in der Lage der ostelbischen Landarbeiter«. In: ders., *Gesammelte Aufsätze zur Sozial- und Wirtschaftsgeschichte*, hg. v. Marianne Weber. Tübingen: Mohr, S. 470-507.

— (1998) [1908]: »Zur Psychophysik der industriellen Arbeit«. In: ders., *Zur Psychophysik der industriellen Arbeit. Schriften und Reden, 1908-1912. Studienausgabe der Max-Weber-Gesamtausgabe: Abt. I, Schriften und Reden; Bd. 11*, hg. v. Wolfgang Schluchter. Tübingen: Mohr, S. 42-177.

— (2001) [1920]: *Gesamtausgabe, Bd. 22. Wirtschaft und Gesellschaft: Die Wirtschaft und die gesellschaftlichen Ordnungen und Mächte. Nachlaß, Teilbd. 1: Gemeinschaften*, hg. v. Wolfgang J. Mommsen. Tübingen: Mohr.

Wieder, Lawrence D. (1974): *Language and Social Reality.* The Hague, Paris: Mouton.

Willems, Herbert und Alois Hahn (1999): »Einleitung: Modernisierung, soziale Differenzierung und Identitätsbildung«. In: *Identität und Moderne*, hg. v. Herbert Willems/Alois Hahn. Frankfurt a. M.: Suhrkamp, S. 9-29.

Wittgenstein, Ludwig (1995) [1953]: *Philosophische Untersuchungen.* In: ders., *Werkausgabe Band 1. Tractatus logico-philosophicus. Tagebücher 1914-1916. Philosophische Untersuchungen*, Bd. 1. Frankfurt a. M.: Suhrkamp, S. 225-580.

Zorzi, Olaf (1999): *Gaijin, Manager, Schattenspieler. Eine Ethnographie Schweizer Expatriates in Japan (Dissertation).* Bamberg: Difo-Druck OHG.

Verzeichnis der Transkriptionssymbole

=	schneller Anschluß einer nachfolgenden Äußerung, oder auch schnelles Sprechen innerhalb einer Äußerung
(8.0)	Pause; Dauer in Sekunden
(-)	kurzes Absetzen (Dauer ca. 1/4 Sekunde)
ja:::	Dehnung; Anzahl der Doppelpunkte entspricht der Länge der Dehnung
°ja°	leise
nein	betont
NEIN	laut
,	schwach ansteigende Intonationskontur
?	stark ansteigende Intonationskontur
;	schwach fallende Intonationskontur
.	stark fallende Intonationskontur
viellei-	Abbruch eines Wortes
°hh	hörbares Atmen
(ach)	unsichere Transkription
( )	Sprecher unbekannt oder Inhalt der Äußerung unverständlich
(( ))	Umschreibung von para-linguistischen, mimisch-gestischen und gesprächsexternen Ereignissen

Die in den Transkripten erwähnten Personennamen wurden durch Pseudonyme ersetzt.

Danksagung

Mein größter Dank gilt sämtlichen Interviewpartnerinnen und -partnern von DaimlerChrysler, deren Namen hier nicht genannt werden dürfen und die mir bereitwillig über das Thema ›kulturelle Vielfalt‹ Auskunft gaben. Die Offenheit des DaimlerChrysler-Unternehmens bezüglich meiner Forschungen war für die Durchführung vorliegender Studie entscheidend. Meinen Dank bekunden möchte ich außerdem meinen beiden Betreuern Prof. Dr. Hans-Georg Soeffner und Prof. Dr. Hubert Knoblauch, die mir eine Vielzahl von Ideen für die Durchführung der Forschungsarbeit lieferten und die mir reichlich Geduld entgegenbrachten. Für die Herstellung einschlägiger Interviewkontakte bei DaimlerChrysler danke ich meinem Vater Günther Dreher sowie Otto Chladek und Beate Kanisch. Ohne intensive Korrekturen von Bernd Schüler, Andreas Göttlich, Bettina Grimmer und Michael Walter, Transkriptionsarbeiten von Barbara Bücheler und Deborah Allen und Formatierungshilfen von Doreen Szalma wäre die Realisierung dieser Forschungen nicht möglich gewesen. Darüber hinaus seien meine Co-Interpretinnen und -Interpreten der Arbeitsgruppe »Sequenzanalyse«, Sandra Basset, Thilo Raufer und Dariuš Zifonun, an dieser Stelle dankend erwähnt. Mit Hilfe der Landesgraduiertenförderung Baden-Württemberg, die mir mit einem Stipendium finanziell unter die Arme griff, konnte dieses Dissertationsprojekt verwirklicht werden. Unbedingt zu erwähnen sind meine Eltern Edeltraud und Günther Dreher, auf deren vorbehaltlose Unterstützung ich immer zählen konnte. Zu guter Letzt gilt mein innigster Dank meiner Frau Silvana Figueroa, die mich mit Beharrlichkeit emotional und fachlich unterstützte und dem kleinen Salomon, der meine häufige Abwesenheit ertragen mußte.